2025년 23회 대비

나눔의집 사회복지사1급

강의로 쌓는
기본개념

2과목 | 사회복지실천

4영역
사회복지실천기술론

사회복지교육연구센터 편저

사회복지 전문출판 나눔의집

CONTENTS

2024년 제22회
사회복지사1급 국가자격시험 결과

22회 필기시험의 합격률은 지난 21회 40.70%보다 10%가량 떨어진 29.98%로 나타났다. 많은 수험생들이 3교시 과목을 어려워하는데, 이번 22회 시험의 3교시는 순간적으로 답을 찾기에 곤란할 만한 문제들이 더러 포진되어 있었고 그 결과가 합격률에 고르란히 나타난 듯하다. 이번 시험에서 정답논란이 있었던 사회복지정책론 19번 문제는 최종적으로 '전항 정답' 처리되었다.

제22회 사회복지사1급 응시현황 및 결과

합격자 수 **7,633**명

합격률 **29.98**%

접수인원	응시인원	결시인원	응시율
31,608명	25,458명	6,150명	80.5%

※이는 필기시험 결과이다.

1회~22회 사회복지사1급 국가시험 합격률 추이

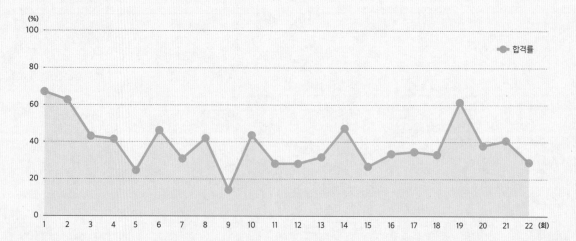

22회 기출 분석 및 23회 합격 대책

실천모델, 가족치료모델, 개입기술 등에서 이론을 상세하게 살펴보는 문제나 사례를 분석해야 하는 고난이도 문제가 없어 점수 획득이 쉬웠을 것이다. 다만, 정신역동모델의 개입과정을 순서대로 나열하는 문제, 위기개입모델의 과정별 활동을 파악하는 문제 등이 처음 출제된 유형이어서 생소하게 느껴졌을 수 있다.

23회 합격 대책

22회 시험을 기준으로 생각하면 절대 안 된다. 사례제시형 문제가 몇 문제 등장하는지, 얼마나 어렵게 제시되는지, 모델들의 특징이나 개념이 얼마나 구체적으로 다뤄지는지 등에 따라 득점 편차가 크게 나타난다. 언제든 복병이 될 수 있는 영역이기 때문에 각 모델들의 주요 특징과 개입기술을 정확히 파악하고 사례에 적용할 수 있도록 준비해야 한다.

22회 출제 문항수 및 키워드

장	22회	키워드
1	2	사회복지사가 가져야 할 지식, 비자발적 클라이언트에 대한 공감
2	1	정신역동모델의 개입과정
3	2	심리사회모델의 특징 및 개입기법, 각 실천모델별 개입기법 종합
4	2	인지행동모델의 개입기법, 각 실천모델의 주요 특징 종합 비교
5	1	과제중심모델의 특징
6	1	위기개입모델의 과정별 활동
7	2	가족체계 관련 개념, 가족의 변화
8	0	–
9	5	다세대 가족치료의 개념과 사례, 사티어의 의사소통 유형, 전략적 가족치료의 특징, 해결중심모델의 개입목표 설정 원칙, 각 가족치료모델의 개입목표 종합 비교
10	3	집단 실천의 장점, 역기능적 집단의 특성, 토스랜드와 리바스의 집단 모델
11	4	개방형 집단과 폐쇄형 집단의 특징 비교, 집단 사정의 자료, 집단 중간단계의 개입기술, 집단 종결단계에서의 과업
12	1	기록에 포함되는 내용
13	1	단일사례설계 사례 문제

합격을 잡는 학습방법

아임패스와 함께하는 단계별 합격전략

나눔의집의 모든 교재는 강의가 함께한다. 혼자 공부하느라 머리 싸매지 말고, 아임패스를 통해 제공되는 강의와 함께 기본개념을 이해하고 암기하고 문제풀이 요령을 습득해보자. 또한 아임패스를 통해 선배 합격자들의 합격수기, 학습자료, 과목별 질문 등을 제공하고 있으니 23회 합격을 위해 충분히 활용해보자.

기본개념 학습 과정

강의로 쌓는 기본개념

어떤 유형의, 어떤 난이도의 문제가 출제되더라도 답을 찾기 위해서는 기본적인 개념이 탄탄하게 잡혀있어야 한다. 기본개념서를 통해 2급 취득 후 잊어버리고 있던 개념들을 되살리고, 몰랐던 개념들과 애매했던 개념들을 정확하게 잡아보자. 한 번 봐서는 다 알 수 없고 다 기억할 수도 없지만 이제 1단계, 즉 이제 시작이다. '이렇게 공부해서 될까?'라는 의심 말고 '시작이 반이다'라는 마음으로 자신을 다독여보자.

기본개념 완성을 위한 학습자료

기본개념 강의, 기본쌓기 문제, ○X 퀴즈, 기출문제, 정오표, 묻고답하기, 지식창고, 보충자료 등을 아임패스를 통해 만나실 수 있습니다.

1단계

실전대비 과정

강의로 완성하는 FINAL 모의고사 (3회분)

그동안의 학습을 마무리하면서 합격에 대한 확신을 가져보자. 답안카드를 포함하고 있으므로 시험시간에 맞춰 풀어보기 바란다.

강의로 잡는 회차별 기출문제집

학습자가 자체적으로 모의고사처럼 시험시간에 맞춰 풀어볼 것을 추천한다.

4단계

기출문제 번호 보는 법

22-01-25
기출회차 / 영역 / 문제번호

'기출회차-영역-문제번호'의 순으로 기출문제의 번호 표기를 제시하여 어느 책에서든 쉽게 해당 문제를 찾아볼 수 있도록 하였다.

기출문제 풀이 과정

2단계

강의로 복습하는 기출회독

한 번을 복습하더라도 제대로 된 복습이 되어야 한다는 고민으로 만들어진 책이다. 기출 키워드마다 다음 3단계 과정으로 학습해나간다. 기출회독의 반복훈련을 통해 내 것이 아닌 것 같던 개념들이 내 것이 되어감을 느낄 수 있을 것이다.
1. 기출분석을 통한 이론요약
2. 다양한 유형의 기출문제
3. 정답을 찾아내는 훈련 퀴즈

강의로 잡는 장별 기출문제집

기본개념서의 목차에 따라 편집하여 해당 장의 기출문제를 바로 풀어볼 수 있다.

요약정리 과정

예상문제 풀이 과정

3단계

강의로 끝내는 핵심요약집

8영역을 공부하다 보면 먼저 공부했던 영역은 잊어버리기 일쑤인데, 요약노트를 정리해두면 어디서 어떤 내용을 공부했는지를 쉽게 찾아볼 수 있다.

강의로 풀이하는 합격예상문제집

내 것이 된 기본개념들로 문제의 답을 찾아보는 시간이다. 합격을 위한 필수문제부터 응용문제까지 다양한 문제를 수록하여 정답을 찾는 응용력을 키울 수 있다.

강의로 쌓는 기본개념 활용맵

★ QR코드를 활용하세요!

스마트폰의 카메라, 네이버의 '스마트렌즈', 카카오톡의 '코드스캔' 기능으로 QR코드를 찍으면 관련 동영상 강의를 바로 볼 수 있습니다.

★ 장별 학습내용 안내

본격적인 학습에 앞서 각 장에서 어떤 내용을 다루고 있는지를 전체적으로 확인해볼 수 있도록 마련하였다.

한눈에 쏙

각 장에서 학습하게 될 내용들을 안내함과 동시에 그동안의 출제율을 반영하여 중요도 및 23회 출제 부분을 표시하였다.

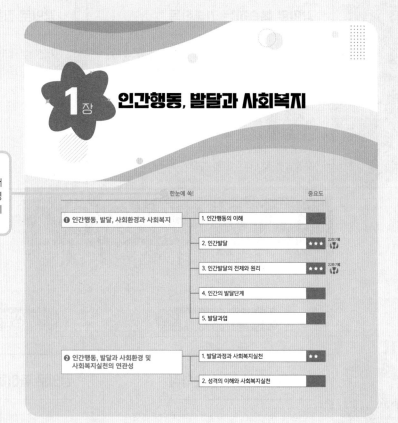

1장 인간행동, 발달과 사회복지

한눈에 쏙!	중요도
❶ 인간행동, 발달, 사회환경과 사회복지	
1. 인간행동의 이해	
2. 인간발달	★★★ 22회 기출
3. 인간발달의 전제와 원리	★★★ 22회 기출
4. 인간의 발달단계	
5. 발달과업	
❷ 인간행동, 발달과 사회환경 및 사회복지실천의 연관성	
1. 발달과정과 사회복지실천	★★
2. 성격의 이해와 사회복지실천	

18회 시험부터 22회 시험까지 최근 5개년의 기출문제를 분석하여 관련 정보를 안내하였다.

기출 포인트

최근 5개년 출제 분포와 함께 시험 경향을 안내하여 어떤 점에 유의하면서 학습해야 하는지를 안내하였다.

핵심 키워드

최근 10개년의 기출문제를 분석하여 핵심 키워드를 선정하였다. 나눔의집의 학습전략 2단계 기출회독 시리즈는 각 영역별로 핵심 키워드에 따라 복습하도록 구성되어 있다.

아임패스와 함께

기본개념 강의를 비롯해 아임패스에서 제공하는 다양한 학습자료들을 보다 편리하게 이용할 수 있도록 각 장마다 QR코드로 안내하고 있다.

기출경향 살펴보기

이 장의 기출 포인트

많이 출제될 때는 5문제까지도 출제되는 비중있는 장이다. 비스텍의 관계형성 7대 원칙은 필수적으로 알아두어야 하며, 자칫 소홀하게 보는 전문적 관계의 특징, 원조관계의 요소 등도 빈출 키워드이므로 놓치지 말아야 한다. 2장에서 배운 갈등 상황 등과 함께 묶어 사회복지사의 태도 등을 묻는 문제가 출제되기도 한다.

최근 5개년 출제 분포도

연도별 그래프
문항수

회차	18	19	20	21	22
문항수	3	4	3	5	4

평균출제문항수 **3.8** 문항

2단계 학습전략

데이터의 힘을 믿으세요!
강의로 복습하는 **기출회독 시리즈**

기출회독

3회독 복습과정을 통해
최신 기출경향 파악

최근 10개년 핵심 키워드

기출회독 080	관계형성의 7대 원칙(Biestek)	11문항
기출회독 081	전문적 관계형성의 요소	8문항
기출회독 082	전문적 관계의 특징	6문항
기출회독 083	관계형성의 장애요인 및 사회복지사의 대처	7문항

기본개념 완성을 위한 학습자료 제공

기본개념 강의, 기본쌓기 문제, O X 퀴즈, 기출문제, 정오표, 묻고답하기, 자식창고, 보충자료 등을 **아임패스**를 통해 안내하실 수 있습니다.

공부하는 내용이 많다 보니 어느 부분이 중요한지, 어떤 내용이 출제되는지를 파악하는 것은 매우 중요하다.
좀 더 효율적으로 학습할 수 있도록 본문에 기출과 관련된 사항들을 안내하였다.

기출회차
1회부터 지금까지 얼마나 자주 출제된
내용인지를 알 수 있도록 출제된 회차
를 표시하였다.

중요도
그동안의 기출경향을 파악하여 학습의
포인트를 짚어주었다.

중요도 ●●●

2. 분석심리이론의 개요

(1) 개념 및 특징
- 인간행동은 의식과 무의식의 상반되는 두 가지 힘에 의해서 형성된다.
- 무의식을 개인무의식과 집단무의식으로 구분하였다.
- 융은 아동기보다는 성인기의 발달에 더 관심을 두었다.

22회 기출
22회 시험에 출제된 부분은 별도로 표
시하였다.

중요도 ●●●

2. 분석심리이론의 개요

(1) 개념 및 특징
- 인간행동은 의식과 무의식의 상반되는 두 가지 힘에 의해서 형성된다.
- 무의식을 개인무의식과 집단무의식으로 구분하였다.
- 융은 아동기보다는 성인기의 발달에 더 관심을 두었다.

꼭!
꼭! 봐야 할 내용을 놓치지 않게 한 번
더 강조하였다.

강화(reinforcement) ★
- 강화란 보상을 제공하여 행동에 대한 반응을 강력하게 하는 것을 말한다.
- 행동의 결과로서 그 행동을 좀 더 자주 유지하도록 했다면 그 결과를 강화
라고 한다.
- 강화물은 반응을 증가시키는 행위나 사물로 행동을 강화함으로써 미래에
그 행동을 다시 할 가능성을 높이는 역할을 한다.
  철수가 심부름을 하자(행동) 엄마가 아이스크림을 사주었다(행동의 결과). 그랬더니 철수가 그 뒤로도
  심부름을 자주하더라(행동빈도의 증가 혹은 유지). 이때 행동의 결과인 '아이스크림 사주기'는 강화에
  해당한다.
- 강화에는 즐거운 결과를 부여하여 행동 재현을 가져오도록 하는 (긍)정적
강화와 혐오스러운 결과를 제거함으로써 바람직한 행동 재현을 유도하는
부(정)적 강화가 있다.

간단한 개념정리, 함께 봐두면 도움이 될 만한 내용, 쉽게 헷갈릴 수 있는 내용들에 대해 안내하였다.

잠깐

용어의 정의나 개념 등을 간략히 설명하였다.

> **잠깐!**
> 용의 자아와 자기 개념들의 차이
> • 자아: 일상적·경험적인 나, 의식세계의 중심
> • 자기: 본래적·선험적인 나, 의식과 무의식을 모두 포괄하는 인격과 정신의 중심
>
> **② 자기(self)**
> • 자아가 의식된 나라면, 자기는 의식과 무의식의 세계를 모두 포괄하는 진정한 나를 의미하며 통합성을 추구하는 원형이다.
> • 집단무의식 내에 존재하는 타고난 핵심 원형으로서 모든 의식과 무의식의 주인이며, 모든 콤플렉스와 원형을 끌어들여, 성격을 조화시키고 통일시키

합격자의 한마디

선배 합격자들이 공부하면서 헷갈렸던 내용들이나 암기하는 요령 등에 대해 짚어주었다.

> **합격자의 한마디**
> 중개자와 중재자, 헷갈리지 마세요~
> 중개자는 클라이언트를 자원이나 서비스와 연결시키는 역할이며, 중재자는 체계 사이의 갈등이나 의견 차이를 조정하는 역할입니다.
>
> **(2) 중재자(mediator)** ★
> • 양자 간의 논쟁에 개입하여 타협, 차이점 조정 혹은 상호 만족스러운 합의점을 도출해내는 역할이다.
> • 미시, 중범위, 거시체계 사이의 논쟁이나 갈등을 해결한다. 견해가 다른 양자 간의 의사소통을 향상하고 타협하도록 돕는 역할로, 중립을 유지하며 논쟁에서 어느 한쪽 편도 들지 않는다.
> • 중재자는 자신의 위치를 분명히 하고, 의사를 잘못 전달하는지 인식하며, 관련 당사자가 입장을 명확히 밝히도록 도와준다.

한걸음 더

본문에서 미처 다루지 못했지만 한번쯤 살펴볼 만한 내용을 담았다.

> **한걸음 더**
> **개입수준에 따른 사회복지사의 역할**
>
> 마일리 등(Miley et al.)이 제시한 개입수준에 따른 역할 구분이다. 사회복지사1급 시험 초창기에 한 번 출제된 적이 있으나 이후로는 출제되지 않고 있다.
>
> 간혹 옹호가 미시 차원인지 거시 차원인지에 대한 질문을 받는데, 우리가 공부하는 옹호는 개인이나 가족 외에 집단, 지역사회 차원에서도 이루어지기 때문에 미시 차원에서만 이루어진다고 말할 수는 없다. 다만, 옹호자의 역할을 미시 차원이라고 보는 문제나 설명이 있다면 이 학자의 구분에 따른 것이라고 생각하면 된다.
>
> | 개입수준 | 대상 | 역할 |
> | --- | --- | --- |
> | 미시 차원 | 개인, 가족 등 | 조력자, 중재자, 옹호자, 교사 |
> | 중범위 차원 | 조직, 집단 | 촉진자, 중재자, 훈련가 |
> | 거시 차원 | 지역사회 또는 전체 사회 | 계획가, 행동가, 현장개입가 |
> | 전문가 차원 | 동료 및 전문가집단 | 동료, 촉매자, 연구자/학자 |

QR코드로 보는 보충자료

시험에 출제되지는 않았지만 이전 수험생들이 궁금해 했던 내용이나 이해를 도울 수 있는 추가 자료를 따로 담았다. 홈페이지 아임패스 [impass.co.kr]를 통해 확인해볼 수 있다.

>
> 보충자료
> 파슨즈의
> 4가지 기능적 요건
>
> **(3) 사회체계의 구조와 기능**
> • 파슨즈(Parsons)에 의하면 모든 사회체계는 다음 두 축을 중심으로 구조적으로 분화되며 안정상태를 유지한다.
> – 수직적 축: 외적(외부환경) 차원 – 내적(체계 내부)차원
> – 수평적 축: 도구(수단) 차원 – 완성(목적) 차원
> • 파슨즈는 이 두 축으로 사회체계가 안정상태를 유지하기 위해 성공적으로 해결해야 할 기능을 적응, 목표달성, 통합, 형태유지의 4가지로 제시했다.

사회복지사1급의 모든 것

사회복지사1급의 모든 것
4,840문항 모든 기출을 분석해 찾은 데이터 기반 학습법

1998년부터 27년 동안 사회복지 분야의 책을 전문적으로 출판해온 나눔의집은 2002년부터 사회복지사1급 국가시험 대비 수험서를 출간하기 시작하여 현재 22번째 개정판을 출간하였습니다.

2012년부터는 매년 가채점 데이터를 축적하여 최근 13년간 출제된 2,680문항에 대한 21,947명의 마킹률 데이터를 보유하고 있습니다.

이를 바탕으로 분석한 출제율 96.5%의 핵심키워드 250개와 마킹률 데이터를 통해 수험생에게 필요한 자세한 내용 분석을 제공할 수 있게 되었습니다.

나눔의집 사회복지사1급 수험서는 종이에 인쇄된 단순한 책이 아닙니다.
나눔의집을 만나는 순간, 당신의 합격을 위한 최고의 전략을 만나게 될 것입니다.

강의로 쌓는 기본개념 **사회복지실천기술론**

5년간 데이터로 찾아낸 합격비책

여기에서 **82.4%**(21문항) 출제

순위	장	장명	출제문항수	평균문항수	22회 기출	체크
1	9장	가족 대상 실천기법	23	4.6	🏆	✓
2	10장	집단 대상 실천기법	16	3.2	🏆	✓
3	11장	집단발달단계	14	2.8	🏆	✓
4	1장	사회복지사의 전문성	13	2.6	🏆	✓
5	4장	인지행동모델	12	2.4	🏆	✓
6	6장	기타 실천모델	10	2.0	🏆	✓
7	8장	가족문제 사정	8	1.6		✓
8	7장	가족에 대한 이해	7	1.4	🏆	✓

강의로 복습하는 기출회독 **사회복지실천기술론**

10년간 데이터로 찾아낸 핵심키워드

여기에서 **84.4%**(21문항) 출제

순위	장		기출회독 빈출키워드 No.	출제문항수	22회 기출	체크
1	7장	108	가족 관련 개념 및 특성	15	🏆	✓
2	9장	115	해결중심 가족치료	14	🏆	✓
3	6장	107	위기개입모델	13	🏆	✓
4	1장	095	사회복지실천기술에 대한 이해	11	🏆	✓
5	4장	102	인지행동모델의 개입기법	11	🏆	✓
6	8장	109	가족사정도구	10		✓
7	9장	112	구조적 가족치료	10		✓
8	11장	121	집단 준비단계(계획단계)	10	🏆	✓
9	4장	101	인지행동모델의 주요 특징	9		✓
10	10장	117	집단의 유형	9		✓
11	3장	099	심리사회모델의 개입기법	8	🏆	✓
12	10장	120	집단 지도자의 역할 및 기술	8		✓
13	13장	128	단일사례설계	8	🏆	✓
14	8장	110	가족사정의 요소들	7		✓
15	9장	113	경험적 가족치료	7	🏆	✓
16	9장	114	전략적 가족치료	7	🏆	✓
17	10장	118	집단역동성(집단역학)	7	🏆	✓
18	1장	096	사회복지실천의 전문적 기반	6	🏆	✓
19	4장	103	행동주의이론, 행동수정모델	6	🏆	✓
20	5장	104	과제중심모델의 주요 특징 및 개념	6	🏆	✓
21	6장	106	역량강화모델	6		✓
22	9장	111	다세대 가족치료	6	🏆	✓
23	11장	122	집단 사정단계	6	🏆	✓
24	12장	127	기록의 특징, 목적 및 용도	6	🏆	✓
25	10장	119	집단의 치료적 효과	5	🏆	✓

사회복지사1급 국가시험 안내문

※ 다음은 2024년 1월 13일 시행된 22회 시험에 대한 공고 내용이다. 시험공고는 시험일로부터 대략 3개월 전에 발표되고 있다.

시험방법

시험과목수	문제수	배점	총점	문제형식
3과목(8영역)	200	1점 / 1문제	200점	객관식 5지 선택형

시험과목 및 시험시간

구분	시험과목	시험과목	입실시간	시험시간
1교시	사회복지기초(50문항)	· 인간행동과 사회환경(25문항) · 사회복지조사론(25문항)	09:00	09:30-10:20 (50분)
		휴식시간 10:20 ~ 10:40 (20분)		
2교시	사회복지실천(75문항)	· 사회복지실천론(25문항) · 사회복지실천기술론(25문항) · 지역사회복지론(25문항)	10:40	10:50-12:05 (75분)
		휴식시간 12:05 ~ 12:25 (20분)		
3교시	사회복지정책과 제도(75문항)	· 사회복지정책론(25문항) · 사회복지행정론(25문항) · 사회복지법제론(25문항)	12:25	12:35-13:50 (75분)

※ 이는 일반수험자 기준이며, 장애인수험자 등 응시편의 제공 대상자는 1.5의 시간을 연장함
※ 시험관련 법령 등을 적용하여 정답을 구하여야 하는 문제는 시험 시행일 현재 시행 중인 법령을 기준으로 출제함

합격(예정)자 결정기준(사회복지사업법에 의거)

· 시험의 합격결정에 있어서는 매 과목 4할 이상, 전 과목 총점의 6할 이상을 득점한 자를 합격예정자로 결정
· 사회복지사1급 국가시험 합격예정자는 한국사회복지사협회에서 응시자격 서류심사를 실시하며, 응시자격서류를 정해진 기한 내에 제출하지 않거나 심사결과 부적격자인 경우에는 최종불합격 처리함
· 최종합격자 발표 후라도 제출된 서류 등의 기재사항이 사실과 다르거나 응시자격 부적격 사유가 발견될 때에는 합격을 취소함

※ 시험관련 정보는 한국산업인력공단 사회복지사1급 홈페이지(http://www.q-net.or.kr/site/welfare)와 한국사회복지사협회 홈페이지(http://www.welfare.net)에서 확인할 수 있다.

사회복지사1급 국가시험 응시자격

대학원 졸업자

고등교육법에 따른 대학원에서 사회복지학 또는 사회사업학을 전공하고 석사학위 또는 박사학위를 취득한 자(시험 시행년도 2월 28일까지 학위를 취득한 자 포함). 다만, 대학에서 사회복지학 또는 사회사업학을 전공하지 아니하고 동 석사학위를 취득한 자는 보건복지부령이 정하는 사회복지학 전공교과목과 사회복지관련 교과목 중 사회복지현장실습을 포함한(2004. 7. 31 이후 입학생부터 해당) 필수과목 6과목 이상(대학에서 이수한 교과목을 포함하되, 대학원에서 4과목 이상을 이수하여야 한다), 선택과목 2과목 이상을 각각 이수하여야 한다.

대학교 졸업자

① 고등교육법에 따른 대학에서 보건복지부령이 정하는 사회복지학 전공교과목과 사회복지관련 교과목을 이수하고 학사학위를 취득한 자(시험 시행년도 2월 28일까지 학사학위를 취득한 자 포함)
② 법령에서 고등교육법에 따른 대학을 졸업한 자와 동등 이상의 학력이 있다고 인정하는 자로서 보건복지부령으로 정하는 사회복지학 전공교과목과 사회복지관련 교과목을 이수한 자(시험 시행년도 2월 28일까지 동등학력 취득자 포함)

외국대학(원) 졸업자

외국의 대학 또는 대학원(단, 보건복지부장관이 인정한 대학 또는 대학원)에서 사회복지학 또는 사회사업학을 전공하고 학사학위 이상을 취득한 자로서 대학원 졸업자와 대학교 졸업자의 자격과 동등하다고 보건복지부장관이 인정하는 자

전문대학 졸업자

① 고등교육법에 의한 전문대학에서 보건복지부령이 정하는 사회복지학 전공교과목과 사회복지관련 교과목을 이수하고 졸업한 자로서 (시험 시행년도 2월 28일을 기준으로) 1년 이상 사회복지사업의 실무경험이 있는 자
② 법령에서 고등교육법에 따른 전문대학을 졸업한 자와 동등 이상의 학력이 있다고 인정하는 자로서 보건복지부령이 정하는 사회복지학 전공교과목과 사회복지관련 교과목을 이수한 자로서 (시험 시행년도 2월 28일을 기준으로) 1년 이상 사회복지사업의 실무경험이 있는 자

사회복지사 양성교육과정 수료자

① 고등교육법에 따른 대학을 졸업하거나 이와 동등 이상의 학력이 있는 자로서 보건복지부장관이 지정하는 교육훈련기관에서 12주 이상의 사회복지사업에 관한 교육훈련을 이수한 자로서 (시험 시행년도 2월 28일을 기준으로) 1년 이상 사회복지사업의 실무경험이 있는 자
② 사회복지사 3급 자격증 소지자로서 (시험 시행년도 2월 28일을 기준으로) 3년 이상 사회복지사업의 실무경험이 있는 자

※ 다음 각 호의 어느 하나에 해당하는 자는 사회복지사가 될 수 없음.
가. 피성년후견인
나. 금고이상의 형의 선고를 받고 그 집행이 끝나지 아니하였거나 그 집행을 받지 아니하기로 확정되지 아니한 자
다. 법원의 판결에 따라 자격이 상실되거나 정지된 자
라. 마약 · 대마 또는 향정신성의약품의 중독자
마. 정신건강복지법에 따른 정신질환자(다만, 전문의가 사회복지사로 적합하다고 인정하는 사람은 예외)

> ※ 응시자격에 대한 자세한 사항은 한국산업인력공단 HRD고객센터(1644-8000),
> 한국사회복지사협회(02-786-0845)로 문의

일러두기

● 이 책은 한국사회복지교육협의회의 『사회복지 교과목 지침서 2022』를 바탕으로 하면서도 시험의 출제경향, 대학교재의 공통사항, 학습의 편의성 등을 고려하여 구성하였다.

● <사회복지법제론>을 비롯해 수험서에서 다루고 있는 법률은 2024년 3월 초 현재 시행 중인 규정을 따랐다. 이후 추가적인 개정사항이 있을 시 주요 사항을 정리하여 아임패스 내 '학습자료'를 통해 게시할 예정이다.

● 이 책에서 발생할 수 있는 오류사항에 대해서는 아임패스 내 '정오표' 게시판을 통해 정정할 예정이다.

● 학습 중 헷갈리거나 궁금한 내용이 있을 때에는 아임패스 내 '과목별 질문' 게시판을 이용할 수 있다.

기본개념 마스터 하기
아임패스는 사회복지사1급 나눔의집에서 운영하는 학습지원 사이트로 강의수강 및 수험서 안내 등이 제공됩니다.

I'MPASS
기본개념 마스터하기

I'MPASS
사회복지실천기술론

교과목 목표

● 사회복지실천론에서의 자기인식 및 현장에 대한 이해를 바탕으로 개인, 집단, 가족을 대상으로 한 사회복지실천의 사정-면접 및 개입-종결에 필요한 구체적인 기술을 익힌다.

● 사회복지실천 현장에서 요구하는 실천기술을 다양한 클라이언트의 욕구충족과 문제해결에 적용할 수 있는 실천모델의 주요과정과 기법을 적용하고 활용할 수 있다.

● 사회복지실천의 사정 및 개입기법에 대한 역량강화를 통해 클라이언트의 변화에 초점을 두도록 한다.

● 현장에서 많이 활용되고 최신의 흐름을 반영하는 다양한 모델의 주요 기법을 익힌다.

● 어려운 클라이언트, 다양한 유형의 가족 등과 일하기 등 사회복지실천론에서 다루기에 한계가 있는 대상과 일하는 주요 기법을 익힌다.

● 집단대상 실천기술을 강화하여 실천현장에서 요구하는 집단프로그램 운영 능력을 향상시킨다.

1장 사회복지사의 전문성

한눈에 쏙!

중요도

❶ 사회복지실천의 전문적 기반

1. 과학적 기반과 예술적 기반 ★

2. 사회복지실천의 지식 기반 ★ 22회 기출

❷ 사회복지실천기술에 대한 이해

1. 사회복지실천의 기본적 가치

2. 사회복지실천기술의 개념과 특징

3. 사회복지실천기술의 유형과 내용

4. 주요 실천기술 ★★★ 22회 기출

5. 사회복지실천 과정별 주요 과업 ★

기출경향 살펴보기

이 장의 기출 포인트

1장 내용은 실천론에서 학습한 내용과 겹친다. 실제 시험에서도 실천론에서 출제되기도 하고 기술론에서 출제되기도 한다. 다만, 기술론에서 출제되는 경우 기술이나 과정 등이 사례로 출제되어 다소 정답률이 낮게 나타나기도 했다는 점에 유의하자.

최근 5개년 출제 분포도

연도별 그래프

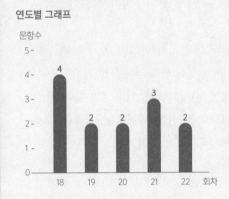

평균출제문항수

2.6 문항

2단계 학습전략

데이터의 힘을 믿으세요!
강의로 복습하는 **기출회독 시리즈**

3회독 복습과정을 통해
최신 기출경향 파악

최근 10개년 핵심 키워드

| 기출회독 095 | 사회복지실천기술에 대한 이해 | 11문항 |
| 기출회독 096 | 사회복지실천의 전문적 기반 | 6문항 |

기본개념 완성을 위한 **학습자료 제공**

기본개념 강의, 기본쌓기 문제, ○X 퀴즈, 기출문제, 정오표, 묻고답하기, 지식창고, 보충자료 등을 **아임패스**를 통해 만나실 수 있습니다.

기출회차				
1	2	3	4	5
6	7	8	9	10
11	12	13	14	15
16	17	18	19	20
21	22			

강의로 복습하는 기출회독 시리즈

Keyword 096

1 사회복지실천의 전문적 기반

1. 과학적 기반과 예술적 기반

중요도 ★

출제빈도가 높은 편은 아니지만, 과학적 기반과 예술적 기반을 구분하는 문제가 출제되기도 하며 사회복지실천의 기반을 전반적으로 살펴보는 문제에서 등장하기도 한다.

- 사회복지실천은 과학(science)과 예술(art)의 조화라고 한다. 과학적 지식에만 의존하는 실천은 기계적인 수행에 그치게 되며 과학성이 결여된 예술성만으로는 효과적인 실천이 이루어질 수 없게 된다. 과학성과 예술성은 상호보완적인 관계이다.
- 사회복지실천에 있어서 사회복지사는 클라이언트의 변화를 돕기 위해 창의성, 직관적 감정, 개성, 관심, 애정 등을 갖춰야 한다(=예술적 기반). 동시에 인간행동, 사회환경, 변화환경에 대한 지식과 기술이나 절차를 이용할 줄 아는 능력이 결합되어야 하며, 변화노력을 위한 체계적인 지침을 제공하는 문제해결의 방법과 결합시켜야 한다(=과학적 기반).

(1) 사회복지실천의 과학적 기반(과학성)

① 개념과 특징

- 사회복지실천에서의 과학적 기반 혹은 과학성은 효과적인 개입을 위해서 사회현상, 사회적 조건과 문제, 사회정책과 프로그램, 사회복지 전문직, 다양한 실천이론과 관련된 지식에 바탕을 두고 이를 적용, 활용하는 것을 의미한다.
- 과학적 방법은 현상을 연구하고 지식을 형성하기 위한 구체적 접근방법인데 과학성에 기반을 둔 사회복지실천은 편견이나 주관성으로 인한 판단상의 오류를 줄여주고 사회복지실천이 좀 더 효과적이고 효율적이 될 수 있게 한다.

② 사회복지실천의 과학적 기반(과학성)에 해당되는 요소
- 사회적 조건과 문제에 관한 지식
- 사회정책과 프로그램에 관한 지식
- 사회현상에 관한 지식
- 사회복지 전문직에 관한 지식

- 사회복지실천 지식
- 인간행동과 사회환경에 대한 지식

(2) 사회복지실천의 예술적 기반(예술성)

① 개념과 특징
- 사회복지실천에서의 예술적 기반 혹은 예술성은 사회복지사의 개인적인 특성이나 예술적 혹은 직관적 능력 등을 과학적 기반과 더불어 적절히 활용하는 것을 말한다.
- 사회복지사의 다양한 활동이나 개입이 효과적이기 위해서 사회복지사는 클라이언트를 충분히 이해하고 공감하며, 원조관계를 형성·유지하며, 저항이나 양가감정을 다루고 클라이언트가 문제해결에 적극적으로 참여하여 변화를 일으킬 수 있도록 원조해야 한다.
- 사회복지사는 지식과 기술로 문제를 이해하며 적절한 개입방법을 선택하는 동시에 그것을 적용시키는 데는 창의성과 직관 같은 예술성이 필요하다. 그 이유는 과학적 지식이 완전할 수는 없으며 각 상황이 각기 독특한 면을 갖기 때문이다.

② 사회복지실천의 예술적 기반(예술성)에 해당하는 요소
전문적 관계형성, 동정심, 용기, 감정이입, 온화함, 진실성, 상상력과 창의적 사고, 융통성, 인내심, 희망, 에너지, 건전한 판단력, 적절한 가치 기준, 직관적 능력 등

2. 사회복지실천의 지식 기반(=전문지식)  22회 기출

사회복지실천의 전문적 기반 중에 과학적 기반은 사회복지사가 과학적 이론과 지식을 바탕으로 사회복지실천을 수행해야 한다는 것을 의미한다. 사회복지사가 과학적 이론과 지식에 근거하여 실천을 하기 위해서는 다양한 지식이 필요한데, 여러 학자들이 다양하게 제시하였다. 이를 차례대로 소개한다.

(1) 햅워스 등이 제시한 '사회복지사에게 필요한 지식' [1]

① 인간행동과 사회환경에 관한 지식
- 개인이 생활하는 사회체계(가족, 집단, 조직, 지역사회) 영역에 있어서 인

중요도

사회복지실천을 위해 어떤 지식을 가져야 하는지를 훑어보고, 패러다임-관점-이론-모델-실천지혜로 이어지는 지식의 구성수준을 확인해두자.

잠깐!

사회복지실천의 3대 축

전문지식
실천기술 · 가치

간의 생태-심리-사회적 발달에 대한 지식은 사회복지사로서 효과적인 업무 수행을 위해 필요하다.
- 인간의 문제에 접근하기 위해서 사회복지사는 각각의 발달시기에 관련된 욕구와 자원에 대해 알아야 한다. 또한, 이러한 욕구는 어떻게 정의되고 다양한 문화와 어떻게 만나는지 알아야 한다.

② 사회복지정책과 서비스에 관한 지식
사회경제적 정의의 원칙 내에서 정책, 정책형성과정, 사회정책분석에 영향을 미치는 정치적 · 조직적 과정에 대한 지식이 필요하다.

③ 사회복지실천방법에 관한 지식
- 클라이언트의 사회적 기능을 향상시킬 수 있는 지식과 실천기술이 필요하며 이를 토대로 전문직으로서의 신념과 목표를 성취할 수 있다.
- 실천방법의 지식과 기술들은 사회복지사가 관여하는 클라이언트 체계 수준에 따라 다양하다. 그 수준은 미시(micro), 중범위(mezzo), 거시(macro) 등으로 구분되는데 효과적인 실천을 위해서는 세 가지 영역에 관계된 지식이 모두 필요하다.

④ 조사 및 연구에 관한 지식
- 실천을 위한 지식을 형성하고 실천의 모든 영역에서 서비스 전달을 평가하기 위해 과학적 · 분석적으로 접근하는 데 필요한 이해와 설명을 제공해 준다.
- 사회복지사들은 조사연구에서 얻은 정보를 실천에 활용할 수 있어야 하는데 이를 위해서는 조사설계 지식과 경험적 자료에 기반을 둔 결론과 검증되지 않은 다른 결론들을 구별하는 능력이 필요하다.

(2) 존슨 등이 제시한 '사회복지사의 지식기반' [2]

① 광범위한 인문학적 지식
- 사회과학 분야의 지식: 인간사회 및 인간의 본질에 대한 이해를 위해 심리학, 사회학, 인류학, 정치학, 경제학과 같은 사회과학 분야의 지식을 필요로 한다.
- 자연과학 분야의 지식: 과학적인 사고와 인간의 육체적 측면의 이해를 위해 필요하다.

② 인간, 인간의 상호작용, 사회상황에 대한 기초지식

정서적·인지적·행동적·발달적인 측면에서 인간을 이해하기 위한 지식이 필요하며, 인간의 다양성과 상호작용에 대한 지식이 요구된다.

③ 실천이론에 관한 지식

원조관계에서의 상호작용, 원조과정, 다양한 상황 및 체계에 적합한 개입전략에 초점을 둔 실천이론에 관한 지식이 필요하다.

④ 특정 분야나 클라이언트 집단에 대한 지식

특정한 상황에 처한 특정 집단인 클라이언트에 대한 이해가 있어야 효과적인 실천이 가능하며 상황과 대상에 적합한 지식을 선택할 수 있다.

⑤ 지식 사용에 있어 창조적이고 심사숙고적인 태도와 능력

인간과 환경에서 강점을 찾아내는 것과 미래를 위한 비전을 형성하기 위해 강점들을 사용하는 것은 사회복지실천에서 매우 중요하므로 다양한 원천에서 얻어진 지식들을 창조적이고 심사숙고적인 태도로 사용하는 능력이 필요하다.

⑥ 사회복지사 자신에 대한 인식

- 사회복지실천에 영향을 미치는 전문가의 감정이나 태도, 행동 등을 인식해야 한다.
- 사회복지사 자신에 대한 인식은 사회복지실천에 대해 책임감을 갖도록 도와준다.

(3) 미국사회복지사협회(NASW)의 규정: 효과적인 사회복지실천을 위해 필요한 지식 [3]

- 사회복지실천이론 및 기법에 관한 지식
- 지역사회자원과 서비스에 관한 지식
- 사회서비스 프로그램과 그 목적에 대한 지식
- 기본적인 사회경제이론과 정치이론에 관한 지식
- 인종, 민족 등 한 사회의 문화집단에 대한 지식과 그 집단의 가치와 생활, 현대사회에서의 이슈
- 실천에 적합한 전문적·과학적 조사에 관한 지식
- 사회계획의 개념과 기법에 대한 지식
- 사회복지실천의 슈퍼비전 및 슈퍼비전의 이론과 개념에 대한 지식
- 인력관리의 개념과 이론에 관한 지식

- 일반적인 사회통계와 심리학적 통계방법론 및 기법, 다양한 연구방법 및 기법에 관한 지식
- 사회복지행정의 개념과 이론에 대한 지식
- 클라이언트에게 영향을 주는 사회적 · 환경적 요소에 대한 지식
- 심리적 사정과 개입의 이론과 방법, 진단에 대한 지식
- 조직 및 사회체계이론과 행동, 촉진적인 변화방법의 이론과 행동에 대한 지식
- 지역사회조직이론 및 기법에 대한 지식
- 인간의 성장과 발달이론 및 가족과 사회의 상호작용이론에 대한 지식
- 소집단이론과 행동역학에 관한 지식
- 집단 상호작용과 치료적 개입이론에 대한 지식
- 위기개입이론과 기법에 관한 지식
- 옹호이론과 기법에 관한 지식
- 사회복지실천의 윤리적 기준에 관한 지식
- 사회복지동향 및 정책에 대한 지식
- 사회서비스 및 의료서비스에 영향을 미치는 법체계에 대한 지식

(4) 사회복지실천지식의 차원 ★꼭!

사회복지실천지식은 사회복지실천에 영향을 주는 구체성의 정도에 따라 패러다임, 시각(관점), 이론, 모델 등의 형태로 나누어진다.

① 패러다임(paradigm)

- 가장 추상적인 개념적 틀로서 세계관과 현실에 대한 인식 방향을 결정하는 역할을 한다.
- 사회복지실천의 패러다임은 진단과 치료를 중심으로 사회복지실천과정을 인식하였던 의료적 개념에서부터 인간과 환경 사이의 적응적 관계를 중심으로 한 생태적 개념까지 다양한 흐름을 반영하고 변화해왔다.

② 시각(=관점, perspective)

- 패러다임보다 조금 더 구체적인 수준에서 사회복지실천에 영향을 주는 실천지식이다.
- 관심영역과 가치, 대상들을 규정한다.
- 사회복지실천에서는 병리적 관점, 강점관점, 생태체계적 관점 등이 사회복지실천에 영향을 주었다.

③ 이론(theory)

- 특정 현상을 설명하기 위한 가설이나 개념, 의미의 집합체이다.
- 정신분석이론, 인지행동이론, 학습이론, 일반체계이론, 임파워먼트 이론 등이 사회복지실천에 영향을 미쳤다.

④ 모델(model)

- 일관된 실천활동의 원칙과 방식을 구조화시킨 것으로서 실천과정에 직접적으로 필요한 기술적 적용방법을 제시한다.
- 모델은 이론을 기반으로 도출되기도 하고(에 정신분석이론과 정신분석모델, 행동주의이론과 행동수정모델 등), 다양한 이론들이 절충되어 하나의 모델이 만들어지기도 한다(에 심리사회모델, 과제중심모델).

⑤ 실천지혜/직관/암묵적 지식

- 이는 실천현장에서 경험적, 귀납적으로 만들어진 지식을 말한다.
- 사회복지사의 직관에 따른 비구조화된 지식이라는 한계에도 불구하고 실천과 경험을 통해서 얻어진 지식으로서 사회복지실천에 큰 영향을 미친다.

사회복지 지식의 구성수준

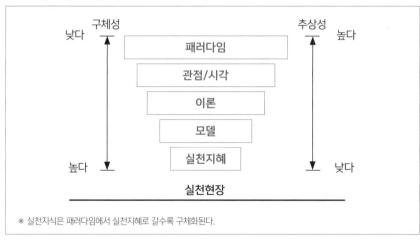

※ 실천지식은 패러다임에서 실천지혜로 갈수록 구체화된다.

2 사회복지실천기술에 대한 이해

기출회차

1	2	3	4	5
6	7	8	9	10
11	12	13	14	15
16	17	18	19	20
21	22			

강의로 복습하는 기출회독 시리즈

Keyword 095

보충자료
사회복지사의 가치

1. 사회복지실천의 기본적 가치

사회복지실천가치로 제시되는 내용은 아주 다양한데, 다음에 제시된 내용들은 기본적인 사회복지실천의 가치로 여겨지는 것들이다.

① 기본적 권리에 대한 존중

모든 인간은 삶의 목표를 달성하고 문제를 예방하거나 경감시키며, 자신의 잠재력을 충분히 실현시키는 데 도움이 될 자원과 서비스에 관하여 동등한 접근성을 가져야 한다.

② 개인적 자유에 관한 헌신성

사람들 사이에는 상당한 개인차가 있다는 것을 인식하고, 사회는 그 성원들에게 사회적 통제를 최소화해야 한다.

③ 자기결정에 대한 지지

사람들은 자기 자신에 관해 스스로 선택을 할 권리를 가지며, 자신의 삶을 선택할 자유를 갖지 못한 사람들은 가능한 한 언제든지 선택을 할 수 있도록 능력을 고취시켜야 한다.

④ 사회적 책임감

가족, 교육, 정보 그리고 사회복지와 같은 사회적 제도는 인간의 욕구에 관하여 인간적이고 반응적이어야 한다.

2. 사회복지실천기술의 개념과 특징 [4]

기술(skill)이란 솜씨나 지식, 재능, 성격 또는 자원을 능숙하게 활용하는 것이다.

(1) 사회복지실천기술의 개념

- 사회복지실천기술이란 사회복지사가 실천활동을 수행함에 있어 지식을 효

과적으로 이용하고 적용할 수 있게 해주는 능력이나 방법을 말한다.
- 클라이언트의 문제, 욕구, 능력이 무엇인지 사정하며 자원을 개발하거나 사회의 구조를 변화시키는 데 있어서의 숙련성을 의미한다.
- 사회복지의 가치와 지식을 조화시켜 행동으로 옮기는 실천요소로서, 이는 클라이언트의 욕구에 반응하여 클라이언트의 사회적인 기능을 향상시키려는 목적을 가진다.

(2) 사회복지실천기술의 특징
- 사회복지실천은 상황에 따라 다른 기술을 적용하기 때문에 특정 상황에 맞는 실천기술을 선택하고 활용하는 능력이 필요하다.
- 사회복지실천기술은 특정 이론에만 제한되어서는 안 되며 다양한 이론이나 방법적 요소들을 특정 상황이나 문제에 맞게 적절하게 선택해서 사용할 수 있어야 한다.
- 사회복지실천기술은 사회복지사가 가지고 있는 기본적인 자질에 따라 달라질 수 있지만 지식을 기반으로 하기 때문에 개발될 수 있고 학습을 통해 얻어질 수 있다. 또한 현장에서의 훈련, 보수교육, 전문적 자문, 슈퍼비전, 사례회의, 이용자 욕구조사 등을 통해서도 향상될 수 있다.

3. 사회복지실천기술의 유형과 내용

(1) 사회복지실천의 기초기술
- 면담기술: 의사소통 및 관여기술
- 사정기술: 개인과 환경의 상호작용 맥락에서 문제나 어려움을 발견하는 기술
- 개입기술: 문제나 어려움을 해결하는 기술
- 팀워크기술: 문제해결을 위해 다른 전문직과 합동으로 노력하는 기술
- 지지망 구축기술: 사회복지실천 개입효과의 지속성을 유지함으로써 클라이언트의 자립을 유도하는 기술
- 협상기술: 클라이언트의 복지와 관련된 주변 체계와의 협상기술
- 평가 및 종결기술: 클라이언트와 사회복지사의 협력적 노력의 결과를 평가하고 클라이언트의 자립생활을 위해 종결하는 기술

(2) 사회복지실천가로서 필요한 기술(미국사회복지사협회 NASW, 1981)
- 전문가적인 목적과 이해를 기초로 타인의 말을 경청하는 기술
- 자료를 찾아 의미 있게 조합하는 능력과 기술

- 전문적 원조관계를 형성하고 발전시키며, 사회복지사 자신을 도구로 활용하는 기술
- 클라이언트의 언어적 혹은 비언어적 행동을 관찰하고 해석하며, 관련 이론이나 진단방법을 활용하는 기술
- 클라이언트와 초기관계를 맺고 신뢰감을 형성하는 기술
- 민감한 정서적 주제를 지지적 방법으로 다루어 나가는 기술
- 클라이언트를 위한 창의적인 해결책을 모색하는 기술
- 치료적 관계의 종결 여부를 결정하고 종결을 실행하는 기술
- 조사연구의 결과나 전문적 자료를 해석하는 기술
- 갈등 관계에 있는 두 체계를 중재하고 협상하는 기술
- 조직 간에 협력 서비스를 제공하는 기술
- 기금지원처나 대중에게 사회적 욕구를 알리고 전달하는 기술
- 명확하게 말하고 글을 쓰는 기술
- 다른 사람에게 교육을 제공하는 기술
- 소진(burn-out)이나 위기상황에서 지지적으로 반응하는 기술
- 전문적 관계에서 역할모델이 되는 기술
- 복잡한 심리사회적 현상을 해석하는 기술
- 주어진 책임에 따른 업무량을 조직적으로 조절하고 다루어 나가는 기술
- 다른 사람을 돕는 데 필요한 자원을 확인하고 얻어내는 기술
- 타인의 능력이나 감정을 파악하고 원조나 자문을 제공하는 기술
- 집단활동에 참여하고 집단을 이끄는 기술
- 사회복지사 자신의 스트레스를 잘 다루고 스트레스하에서 업무를 수행해 나가는 기술
- 갈등상황이나 논쟁적인 성격을 다루는 기술
- 사회이론이나 심리이론을 실천상황에 적용하는 기술
- 문제해결에 필요한 정보를 파악하는 기술
- 기관이나 자신의 실무에 관해 조사연구를 수행하는 기술

(3) 개입 차원에 따른 실천기술 [5]

사회복지실천기술은 사회복지사가 관여하는 클라이언트 체계 수준에 따라 다양하다. 그 수준은 미시(micro), 중범위(mezzo), 거시(macro) 등으로 구분되는데 효과적인 실천을 위해서는 세 가지 영역을 포괄하는 총체적인 지식과 기술이 필요하다.

① 미시적 차원의 기술

• 미시 수준의 실천은 개인, 부부, 가족을 포함하는 다양한 클라이언트체계를 대상으로 하며, 사회복지사는 클라이언트와 일대일로 접촉하면서 직접 서비스를 전달한다.

• 미시적 차원의 기술에는 대인관계기술, 면접기술 등이 해당된다.

② 중범위 차원의 기술

• 중범위 수준의 실천은 가족생활보다는 덜 밀접하게 관련된 대인관계, 조직과 기관의 대표들 사이보다는 더 의미 있는 관계, 자조집단이나 치료집단의 구성원 관계를 포함한 학교나 직장, 이웃에서의 동료 간의 관계에 개입한다.

• 중간 수준에서의 개입은 클라이언트에게 직접적 영향을 미치는 가족, 또래집단, 학급과 같은 체계를 변화시키는 것이다.

• 중범위 차원의 기술은 집단역동성을 활용하는 기술, 미시 수준의 관계형성기술 및 의사소통기술을 집단에 적용하는 기술 등이 해당된다.

③ 거시적 차원의 기술

• 거시 수준의 실천은 서비스를 직접 전달하는 것과는 거리가 먼 것으로, 사회계획과 지역사회조직과정을 포함하며, 사회복지사는 사회문제를 다루기 위해 개인, 집단, 조직으로 구성된 지역사회행동체계를 원조하는 전문적인 변화매개자로서 역할을 수행한다.

• 주민조직기술, 지역사회 지도자 및 정책결정자에게 접근하는 기술, 자원동원기술, 행동주도기술, 해결협상기술, 클라이언트 옹호기술, 대변기술 등이 해당된다.

(4) 사회복지사의 역할에 따른 기술 [6]

• 조력자(enabler): 클라이언트가 자기 스스로 문제를 해결할 수 있는 능력을 기르고 필요한 자원을 찾아낼 수 있도록 돕는 기술

• 중개자(broker): 욕구가 있는 사람에게 적절한 서비스 및 자원을 연결시켜주는 기술

• 현장활동가(outreach worker): 지역사회로 나가서 욕구를 확인하고 서비스 의뢰를 수행하는 기술

• 옹호자(advocate): 클라이언트를 대신해서 대변해주는 역할을 하며, 특정 서비스에 클라이언트가 거부당하게 될 때 서비스를 확보하고 서비스를 확대할 수 있도록 원조하는 기술

- 평가자(evaluator): 욕구와 자원을 평가하고, 욕구 충족을 위한 대안 창출, 대안을 결정하는 기술
- 교사(teacher): 클라이언트에게 새로운 정보나 지식, 기술을 배울 수 있도록 도와주고 직접 가르치는 기술
- 행동변화가(behavior changer): 클라이언트의 행동을 변화시키는 기술
- 자문가(consultant): 다른 전문가들과 일하면서 그들이 더욱 효과적인 서비스를 제공할 수 있도록 원조하는 기술
- 지역사회계획가(community planner): 지역사회 집단들이 그 지역의 사회복지 욕구를 위하여 효과적으로 계획하도록 돕는 기술
- 보호제공자(care giver): 자신의 문제를 해결할 수 없거나 욕구를 충족시킬 수 없는 사람에게 지지서비스를 제공하는 기술
- 정보관리자(data manager): 정책결정에 필요한 정보를 수집하고 분석하는 기술
- 행정가(administrator): 프로그램을 계획하고 수행하는 데 필요한 행동들을 실행하는 기술
- 행동가(activist): 클라이언트의 이익이나 권리가 침해당하는 사회적 조건 등을 인식하고 클라이언트의 인권을 보호하기 위한 활동에 참여하는 기술

4. 주요 실천기술 🏆 22회기출

중요도 ★ ★ ★

주요 실천기술은 실천론을 통해 이미 학습한 내용들로 다시 한번 복습한다는 마음으로 살펴보기 바란다. 실천기술론에서는 개념을 확인하는 단순한 문제로도 출제되지만 사례와 연결해서 출제되는 경우도 많다.

- 질문: 클라이언트로부터 필요한 정보를 얻거나 내용을 확인하기 위한 기술로, 폭탄형, 유도형, 왜? 질문 등은 피해야 함
  - 개방형 질문: 클라이언트의 생각, 감정 등을 자유롭게 표현할 수 있도록 하는 질문
  - 폐쇄형 질문: '예', '아니요' 대답만 요구하거나, 간단한 단답형 대답만 요구할 때
  - 폭탄형 질문: 여러 질문을 동시에 제시하는 질문
  - 유도형 질문: 사회복지사가 원하는 답변을 이끄는 질문
  - 왜? 질문: 문제의 원인이나 행동의 이유를 따지는 듯한 질문
- 명료화: 클라이언트의 진술이나 표현이 혼란스럽거나 추상적일 때 구체화하기 위한 방법
- 해석: 클라이언트의 표현과 행동 상황 등을 토대로 사회복지사가 이를 분석하여 설명하는 기법으로, 사회복지사의 해석은 정답이 아닌 가설의 제시 차원에서 클라이언트가 받아들일 수 있는 시기에 제공해야 함

- 환기: 분노, 증오, 슬픔, 죄의식, 불안 등의 감정을 표출하도록 하여 감정의 강도를 약화시키거나 해소시키는 기법
- 재보증(안심): 클라이언트의 능력에 대해 사회복지사가 신뢰를 표현함으로써 클라이언트에게 불안과 불확실성을 제거하고 위안을 주는 것
- 재명명(재구성, 재정의): 문제를 다른 관점에서 보거나 다른 방법으로 이해하도록 돕는 기법
- 짧은 촉진적 반응: 사회복지사가 클라이언트의 이야기에 귀를 기울이고 있다는 것을 표시하는 정도의 작은 반응을 해주는 것. '음' '네' '또?' '그리고요?' 같은 간단한 언어적 반응이나 잠깐 고개를 끄덕이는 행동 등
- 강조: 질문하는 것 같은 억양으로 클라이언트가 말한 것을 반복하여 진술
- 환언: 클라이언트가 한 말의 진의를 살펴 사회복지사가 이해한 바를 자신의 언어로 다시 표현하여 말해주는 것
- 초점화: 클라이언트의 말이 두서가 없을 때 다시 본래 주제로 돌아오게 하는 기술
- 반영: 적극적 경청을 위한 기술로 사회복지사는 클라이언트가 말한 내용이나 감정 등에 대해 공감하고 이해하고 있음을 표현
- 요약: 클라이언트의 생각, 행동, 감정들을 사회복지사의 언어로 정리하는 것으로, 이전 회기의 내용을 상기할 때, 한 회기를 마무리할 때, 다른 주제로 넘어가기 전에 이전 내용을 정리할 때 등에 실시
- 직면: 클라이언트의 말과 실제 행동의 불일치에 대해 주목할 수 있도록 하는 기법
- 도전: 클라이언트가 문제를 회피, 부정, 왜곡할 때에 자신의 상황을 정확히 인식할 수 있도록 하는 방법
- 감정이입: 클라이언트의 감정에 깊이 공감하면서도 사회복지사의 객관성을 잃지 않아야 함
- 경청: 단순한 듣기가 아닌, 클라이언트의 사고와 감정을 이해하고 필요한 반응을 하면서 적극적으로 듣는 것
- 관찰: 클라이언트의 언어적, 비언어적 표현을 살펴보면서 클라이언트의 감정과 표현의 차이를 파악
- 사회복지사의 자기노출: 사회복지사가 원조과정에서 적절하다고 생각되는 자신의 경험을 클라이언트와 함께 나눔
- 모델링: 클라이언트가 모델의 행동을 관찰하고 학습함으로써 행동을 변화시켜 나가도록 돕는 기법
- 시연: 클라이언트가 습득한 행동기술을 사회복지사 앞에서 반복적으로 연습하도록 하는 기법

잠깐!

연계는 우리 기관에서 서비스를 제공하면서 다른 기관의 서비스도 받을 수 있게 해주는 것이라면, 의뢰는 우리 기관에서 제공할 만한 서비스가 없을 때 다른 기관으로 보내는 것이다.

• 의뢰: 클라이언트가 다른 기관에서 제공되는 적합한 서비스를 받을 수 있도록 연결

• 옹호: 클라이언트가 권리를 누릴 수 있도록 클라이언트에게 불리한 절차, 정책 등을 수정 또는 개선하는 활동으로, 이때 클라이언트는 개인, 가족, 집단, 지역사회 등이 될 수 있음

중요도 ★

실천론에서 자세히 공부한 각 단계별 과업을 바탕으로, 기술론에서는 사례에서 요구하는 바가 무엇인지를 짚어낼 수 있도록 해야 한다.

5. 사회복지실천 과정별 주요 과업

① 접수 및 자료수집

• 클라이언트의 문제확인

• 적격 여부 판단 및 의뢰

• 관계형성, 동기화, 양가감정 수용 등을 통한 참여 유도

• 클라이언트의 인적 사항 및 방문 동기 등 초기면접지 작성

• 개입의 가능성을 판단하고 개입에 도움이 될 수 있는 자료를 마련

② 사정

• 문제발견: 접수단계에서 클라이언트가 제시한 문제에 초점을 두면서 본질적인 문제를 살펴보기 위한 과정

• 정보수집: 자료수집과 사정은 순환적 과정으로, 사정과정에서 부족한 자료를 다시 수집하는 과정

• 문제형성(문제규정): 문제발견 및 정보수집에 따라 사회복지사가 전문적 시각에서 문제를 판단하는 과정

③ 계획

• 표적문제 선정

• 개입목표 설정

• 계약: 개입 과정 및 내용 등에 대한 공식화

④ 개입

• 문제를 해결하기 위한 구체적인 변화전략 수립

• 직접적 개입, 간접적 개입

• 클라이언트의 변화 창출

• 점검 및 환류

⑤ 종결 및 평가

• 종결: 종결 시점 정하기, 종결에 대한 감정적 반응 다루기, 사후관리 계획

• 평가: 개입의 효율성, 효과성 등을 검토

2장 정신역동모델

한눈에 쏙!   중요도

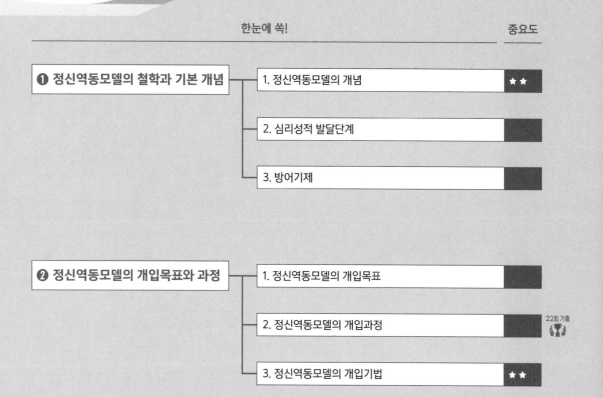

❶ 정신역동모델의 철학과 기본 개념

1. 정신역동모델의 개념	★★
2. 심리성적 발달단계	
3. 방어기제	

❷ 정신역동모델의 개입목표와 과정

1. 정신역동모델의 개입목표	
2. 정신역동모델의 개입과정	22회 기출
3. 정신역동모델의 개입기법	★★

기출경향 살펴보기

최근 5개년 출제 분포도

연도별 그래프

문항수

회차	18	19	20	21	22
문항수	1	2	0	1	1

평균출제문항수

1.0 문항

2단계 학습전략

데이터의 힘을 믿으세요!
강의로 복습하는 **기출회독 시리즈**

3회독 복습과정을 통해
최신 기출경향 파악

최근 10개년 핵심 키워드

| 기출회독 097 | 정신역동모델의 주요 특징 | 6문항 |
| 기출회독 098 | 정신역동모델의 개입기법 | 3문항 |

기본개념 완성을 위한 **학습자료 제공**

기본개념 강의, 기본쌓기 문제, O X 퀴즈, 기출문제, 정오표, 묻고답하기, 지식창고, 보충자료 등을 **아임패스**를 통해 만나실 수 있습니다.

기출회차

1	2	3	4	5
6	7	8	9	10
11	12	13	14	15
16	17	18	19	20
21	22			

강의로 복습하는 기출회독 시리즈

Keyword 097

1 정신역동모델의 철학과 기본 개념[7]

1. 정신역동모델의 개념

- 프로이트는 자유연상과 꿈의 해석 등을 통해 무의식 세계를 연구하는 정신역동모델을 창시하였다.
- 정신역동모델은 정신분석이론이라고도 하는데 인간의 정신과 여러 가지 힘 사이의 관계를 다루는 이론이다.
- 정신역동이론 혹은 정신분석이론은 인간의 마음속 깊은 곳에서 일어나는 서로 다른 다양한 힘들의 역동적인 상호작용을 강조한다.

(1) 정신역동모델의 기본 가정 ⭐꼭!

결정론

의도적인 방식으로 행위를 일으키는 어떤 선행변인의 기능에 의해서 행동이 결정된다고 보는 관점

심리(=정신) 결정론

인간의 모든 정신활동에는 목적이 있으며, 이는 지나 온 과거의 발달과정에서 경험한 것에 의하여 결정된다고 보는 관점

- 인간의 동기 중 생물학적 욕구가 일차적으로 중요하다.
- 인간의 행동은 무의식적 동기에 의해 크게 좌우된다.
- 인간의 마음 혹은 정신은 다양한 힘들이 상호작용하는 에너지 체계이다.
- 에너지 체계(마음, 정신)는 에너지를 방출시키고 긴장을 감소시키려는 작용을 한다. 긴장의 감소로써 즐거움을 느끼게 한다.
- 사회는 개인이 에너지를 방출시키는 방법을 모두 허용하지 않으며, 일정 정도의 통제와 제약을 가한다.
- 에너지를 방출하고 긴장을 감소하고 싶은 개인과 이에 통제를 가하는 사회는 갈등을 겪는다.
- 심리(=정신) 결정론에 기초한다.
- 무의식을 가정한다.
- 인간 내부에는 삶의 본능과 죽음의 본능이 있으며, 인간 내부에서도 내적 갈등이 생긴다.
- 인간의 무의식적 동기 중에서 성적 욕구가 중요하다.
- 어린 시절의 경험을 중요시한다. 과거의 경험을 이해해야 인간의 행동을 이해할 수 있다.

(2) 의식(자각)의 수준(지형학적 관점): 의식, 전의식, 무의식

프로이트는 지형학적 모델을 통해 자각의 수준을 구분하였다. 인간의 마음은 사고, 감정, 본능, 충동, 갈등, 동기로 채워져 있는데, 대부분 무의식 혹은 전의식에 위치한다. 전의식은 의식의 영역으로 쉽게 바뀔 수 있지만, 무의식은 의식의 영역으로 쉽게 바뀌지 않는다.

정신분석학의 주요 개념들, 발달단계, 방어기제는 <인간행동과 사회환경> 2장에서 이미 학습한 바 있다. 여기서는 간단히 복습해보자.

- 의식: 우리가 자신에게 주의를 기울이는 바로 그 순간에 알아차릴 수 있는 경험과 감각들을 뜻한다. 보고, 듣고, 만지고, 냄새 맡고, 맛보는 것과 같은 여러 가지 감각을 인식하고, 슬픔과 고통 같은 것을 쉽게 알아차릴 수 있는 정신생활의 영역, 깨어있을 때 작용하는 영역이다.
- 전의식: 의식과 무의식의 중간 지점에 있으면서 이 둘 사이의 교량 역할을 한다. 흔히 이용 가능한 기억이라고 말한다. 현재는 의식하지 못하지만 조금만 노력하여 회상하려고 마음을 집중하면 전의식에 저장된 기억이나 지각, 생각 등을 의식으로 가져올 수 있다.
- 무의식: 정신의 가장 깊은 곳에 위치하며 정신 내용의 대부분을 차지한다. 우리가 자각하지 못하는 경험과 기억으로 구성되어 우리가 인식하거나 직접 확인할 수는 없다. 무의식 속의 욕구와 충동이 생각, 정서, 행동에 영향을 미치기 때문에 결국 무의식에 의해 인간의 행동이 결정된다.

(3) 성격의 구조(구조적 관점): 원초아, 자아, 초자아

마음에 대한 프로이트 개념의 두 번째 영역은 원초아, 자아, 초자아의 영역이다. 이것은 서로 관련되어 상호 영향을 미친다.

쾌락원리

원초아를 지배하는 원리이다. 인간은 원초아의 욕구가 충족되지 않고 박탈되었을 때 발생하는 긴장을 해소하고 본래의 욕구를 충족하기 위하여 동기를 부여받는다. 이때 자아는 이러한 원초아의 욕구를 이성적인 수단으로 충족할 수 있도록 돕는 기능을 한다.

- 원초아(id): 무의식 안에 감추어진 일차적인 정신의 힘이다. 성격의 기초가 되는 기본 욕구와 충동을 대표한다. 인간이 생존하는 데 필요한 모든 본능이다. 쾌락원리(pleasure principle)의 지배를 받는다. 일생 동안 그 기능과 분별력은 유아적인 수준에 머물러있다. 일차과정 사고를 활용한다. 일차과정 사고는 바람직한 목적에 대한 상(image)을 만들어냄으로써 소원을 충족하거나 긴장을 해소하려고 시도하는 과정으로서 무의식적이고 원초적인 정신기능이다.

현실원리

환경을 지배하여 불안을 통제하려는 자아의 수단이다. 자아는 만족을 추구할 수 있는 방법을 발견할 때까지 만족을 연기한다.

- 자아(ego): 원초아의 욕구를 현실적인 방법으로 충족시키기 위해 기능한다. 자아는 마음의 이성적인 요소이며, 출생하면서부터 경험을 통해 발달한다. 원초아에 비해 자아는 조직적이고 구체적인 정신구조이다. 현실원리(reality principle)를 따른다. 이차과정 사고를 활용한다. 이차과정 사고는 본능적인 욕구를 충족시키기 위해 현실적이고 합리적인 방법을 찾도록 하는 것이다.

도덕원리

초자아의 지배원리이다. 양심, 죄책감 등의 도덕원리는 원초아로 인한 충동 및 자아의 행동을 감시하고 통제한다.

- 초자아(superego): 3~5세 사이에 발달하며, 부모가 아이에게 전달하는

사회의 가치와 관습을 말한다. 초자아는 자아로부터 발달하는데, 주요 기능은 옳고 그른 것을 결정하는 일이다. 정신구조의 최고단계로서 성격의 도덕적인 부분이며, 흔히 양심이라고 말한다. 쾌락보다는 안정을 추구하고 현실적인 것보다 이상적인 것을 추구한다.

성격구조(원초아, 자아, 초자아)와 자각 수준(의식, 전의식, 무의식)의 관계

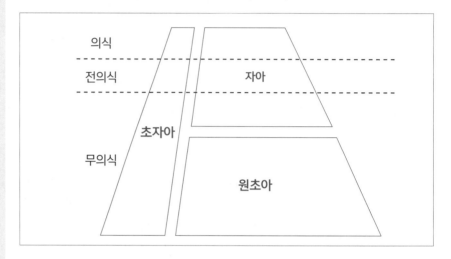

2. 심리성적 발달단계

(1) 심리성적 발달단계의 개념

- 정신역동이론에서는 성격이 심리성적(psychosexual) 발달단계에 따라 형성된다고 본다.
- 프로이트는 인간의 성격이 성적인 욕구와 관련하여 발달한다고 믿기 때문에 이를 심리성적 발달이라고 했다.
- 프로이트는 인간은 유아기부터 청소년기까지 5단계에 걸쳐 성격이 발달한다고 보았으며, 청소년기 이후의 단계에 대해서는 그다지 중요하게 생각하지 않았다.
- 각 발달단계는 리비도가 신체의 어느 특정 부위에 집중되느냐에 따라 구분된 것이다. 프로이트는 리비도의 성의 개념이 신체적 사랑, 정서적 충동, 자기애, 부모의 자식에 대한 사랑, 그리고 우정의 감정까지도 포함한다고 생각하였다. 다섯 단계 중에서 특히 구강기, 항문기, 남근기가 성격형성에 가장 중요한 역할을 한다고 보았다.
- 각 발달단계에서 개인은 특정 신체 부위에 에너지를 투입하고 집중한다.

각 발달단계를 성공적으로 통과하기 위해서는 적절한 정도의 만족을 얻어야 한다. 특정 단계에서 만족이 지나치거나 과도한 에너지를 투입한 경우에는 고착(fixation)이 일어난다. 고착은 개인이 완전한 성장에 도달할 수 있는 능력을 방해한다.

심리성적 발달단계와 주요 특징

단계	주요 특징
구강기 (출생~18개월)	• 리비도가 입에 집중됨 • 리비도가 추구하는 방향은 자기 자신에게만 국한됨 • 원초아가 지배적으로 기능함
항문기 (18개월~3세)	• 배변으로 생기는 항문자극에 의해 쾌감을 얻으려 하는 시기 • 항문기 경험으로 자기조절, 자립, 자부, 자존 등을 경험하고 학습
남근기 (3~6세)	• 성기에 집중 • 자기중심적이며, 사랑과 칭찬을 갈망 • 초자아 발달 • 남아는 외디푸스 콤플렉스를, 여아는 엘렉트라 콤플렉스를 경험
잠재기 (6세~사춘기)	• 성적 관심은 수면상태로 들어가 활동하지 않음 • 리비도는 승화되어 지적 관심, 운동, 동성 간의 우정, 공부 등으로 표출 • 부모와의 삼각관계나 동성부모에 대한 동일시가 중단되며, 동성인 또래와 어울리는 사회화 시기
생식기 (사춘기~성인기 이전)	• 2차 성징이 나타나는 시기 • 잠재되었던 리비도가 재활성화되면서 이성에 대한 관심이 증가 • 성적 주체성에 따라 성인으로 성장, 심리적 독립

(2) 고착과 퇴행

① 고착

- 각각의 심리성적 발달단계에서 더 이상 성숙하지 못하여 더 높은 단계로 진행되지 않고 특정 단계에 머물러 있는 것이다.
- 특정 단계에서 과다한 심리적 만족이나 좌절을 경험하여 심리성적 발달의 초기단계를 원만하게 거치지 못했거나 애착 대상을 바꾸지 못함으로써 고착이 발생할 수 있다.

② 퇴행

- 이미 특정한 단계로 발달이 이루어진 뒤에 어떤 원인으로 이전 발달단계로 되돌아가는데, 고착이 일어난 단계로 퇴행을 일으킨다.
- 성인이 된 후에 불안이 발생했을 경우 불안에 대처하기 위해 퇴행 행동을 보이는데, 어렸을 때 불만이 쌓였던 시기, 예를 들면 구강기에 고착이 일어

났다면 구강기로 퇴행하여 퇴행된 행동을 보이게 된다.

③ 사회복지사의 역할

사회복지사는 클라이언트를 사정할 때 클라이언트가 어느 단계에 고착되어 있는지 혹은 어느 단계로 퇴행했는지를 파악하고 클라이언트가 개인적인 성장을 이루기 위해 겪어야 하는 갈등은 어떤 것이 있는지, 이를 해결하기 위한 노력에는 어떤 것이 있는지 파악하고 이해할 수 있도록 돕는다.

3. 방어기제

(1) 방어기제의 개념

• 주로 사회적·도덕적으로 용납되지 못하는 성적 충동, 공격적 욕구, 미움, 원한 등은 위험으로 간주되어 갈등이나 불안을 느끼게 하는데, 이러한 갈등이나 불안을 처리하려는 자아의 무의식적인 노력을 방어기제라 한다.
• 자아의 무의식 영역에서 일어나는 심리기제이다.
• 인간이 고통스러운 상황에 적응하려는 무의식적인 노력이다. 갈등이나 불안, 좌절, 죄책감 등으로 인한 심리적 불균형이 초래될 때 심리 내부의 평형상태를 유지하기 위해 일어난다.

불안의 유형

• 현실불안: 자아가 현실을 지각하여 두려움을 느끼는 불안
• 신경증 불안: 자아와 원초아 간의 갈등에서 비롯된 불안
• 도덕불안: 자아와 초자아 간의 갈등에서 비롯된 불안(양심에 대한 두려움)

(2) 방어기제의 의의

• 불안은 인간에게 닥친 위험을 알리는 신호인데, 인간은 불안을 원치 않으며 불안으로부터 벗어나고 자신을 보호하기 위해 방어기제를 사용한다.
• 어떤 방어기제는 매우 긍정적이고 유용하나, 또 어떤 것은 인간이 갈등에 직면하는 것을 회피하게 하는 부정적인 면도 있다.

(3) 방어기제의 병리성 판단 기준

인간은 기본적으로 불안을 회피하려는 성향이 있기 때문에 방어기제를 사용하는 것 자체가 병리적이거나 문제가 있는 것은 아니다. 다만, 무분별하고 충동적으로 사용하며 연령에 맞지 않는 방어기제를 자주 사용하는 경우 문제로 볼 수 있으며, 방어기제의 병리성을 판단하는 기준은 다음과 같다.

• 강도: 방어기제의 강도
• 균형: 한 가지 방어기제를 사용하는지 혹은 여러 가지 방어기제를 사용하는지의 여부
• 연령제한: 사용한 방어기제가 연령의 측면에서 적절한지 여부

• 철회가능성: 위험이 사라지고 나서도 방어기제가 사용되는지 혹은 사용되지 않는지 여부

자아 방어기제의 종류

방어기제	주요 특징
억압	자아가 위협적인 내용을 의식 밖으로 밀어내거나 의식하지 않으려는 것
취소	받아들여질 수 없는 충동을 행동으로 옮긴 후 마음이 불편해져서 그 행동을 취소하듯이 그 행동의 효과를 없애기 위한 정반대의 상징적 행동을 무의식적으로 하는 것
반동형성	무의식 속의 받아들여질 수 없는 생각, 소원, 충동 등을 정반대의 것으로 표현하는 것
동일시	부모나 주변의 중요한 인물들의 태도와 행동을 닮는 것으로, 불안을 없애기 위해 불안의 원인이 되는 사람과 똑같이 되려는 것
투사	자신이 갖고 있는 좋지 않은 충동을 다른 사람의 것인 양 문제를 타인의 탓으로 돌리는 것
자기에게로 향함	공격적인 충동이 자기 자신에게로 향하는 것
전치	자신이 받아들이기 어려운 감정이나 생각을 다른 곳, 덜 위험한 대상으로 돌리는 것
대리형성	목적하는 것을 갖지 못한 좌절감을 다른 비슷한 것을 가짐으로써 만족
부정	현실에서 일어났던 위협적이거나 외상적인 사건을 받아들이지 않고 거절하는 것
합리화	자신의 문제행동에 대해 그럴듯한 핑계를 만들어 받아들여질 수 있게끔 재해석하는 것 (거짓말이나 변명과 달리 무의식의 차원에서 이루어짐)
보상	자신이 가지고 있는 결함을 다른 것으로 보상받기 위해 자신의 감정을 지나치게 강조하는 것
퇴행	심한 스트레스나 좌절을 당했을 때, 현재의 발달단계보다 더 이전의 발달단계로 후퇴하는 것
승화	수용될 수 없는 충동이 사회적으로 받아들여질 수 있는 충동으로 대체되는 것
전환	심리적 갈등이 감각기관이나 수의근계(골격근 등 의지대로 움직일 수 있는 근육)의 증상으로 표출되는 것
신체화	심리적 갈등이 전환에서 나타나는 증상 외에 기타 신체부위에 표출되는 것

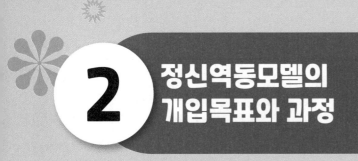

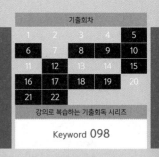

기출회차				
1	2	3	4	5
6	7	8	9	10
11	12	13	14	15
16	17	18	19	20
21	22			

강의로 복습하는 기출회독 시리즈

Keyword 098

통찰(insight)

이전에는 이해하지 못했던 개인의 무의식적 갈등의 요소를 자각하게 되는 것

1. 정신역동모델의 개입목표

클라이언트가 과거의 경험에서 갖게 된 불안한 감정이나 무의식적 갈등을 의식화하여 이러한 것들이 어떻게 현재 자신의 행동에 영향을 주고 있는지를 통찰하도록 돕는 것이다.

2. 정신역동모델의 개입과정[8] 22회기출

(1) 관계형성단계

- 본격적인 원조과정으로 들어가기 위해 치료자인 사회복지사와 클라이언트가 신뢰관계를 형성하는 단계이다.
- 불안에 직면한 클라이언트에게 명확한 해석이나 통찰기법을 적용하는 것이 어려우므로 신뢰관계를 우선 형성하여 클라이언트가 덜 방어적인 태도를 갖게 하는 것이 중요하다.

(2) 동일시를 통한 자아구축단계

- 클라이언트는 자신을 사회복지사와 동일시하기 시작하여 사회복지사의 생각과 태도 중 많은 부분을 받아들인다.
- 클라이언트에게 좀 더 큰 현실감을 부여함으로써 세상을 현실적으로 볼 수 있게 한다.

(3) 클라이언트가 독립된 정체감을 형성하도록 원조하는 단계

- 클라이언트가 독립된 정체감을 확립할 수 있도록 원조하는 단계이다.
- 클라이언트는 독립적으로 세상을 향해 나아가야 하는데 독립된 정체감을 확립하는 것이 필요하면서도 어렵기 때문에 퇴행을 보일 수도 있다.
- 사회복지사는 클라이언트가 성인으로의 성장을 위한 투쟁을 이해해주는 강하고 공정하며 일관성 있는 부모의 모습을 보여 주어야 한다.

(4) 클라이언트의 자기이해를 원조하는 단계

- 클라이언트가 자신의 행동과 그 행동의 과거의 뿌리를 이해할 수 있도록 원조한다.
- 클라이언트가 자신의 방어기제에 대해 의식하며, 유치한 정서적 행동에 빠지지 않으면서 좌절과 실패에 대응하는 방법을 생각할 수 있게 한다.

3. 정신역동모델의 개입기법 [9)]

(1) 전이의 해석 ★꼭!

정신역동모델의 개입과정에서 전이와 역전이 현상에 대한 해석이나 활용이 매우 중요하다.

- 전이(transference)는 클라이언트가 사회복지사(혹은 치료자)를 자신의 과거 속 중요한 인물로 느끼는 것을 의미한다. 즉, 클라이언트가 부모나 다른 사람들에 대하여 지녔던 부정적이고 적대적인 감정과 사고를 치료자에게 투사하는 것이다. 개입과정에서 클라이언트가 인생 초기의 의미 있는 대상(주로 부모)과의 관계에서 발생했으나 억압되어 무의식에 묻어두었던 감정, 신념, 욕망을 자기도 모르게 사회복지사에게 표현하는 현상이다.
- 정신역동모델에서는 클라이언트들이 과거의 관계에서 경험한 행동, 사고, 감정 등을 치료자와의 관계에서 반복할 것이라고 본다. 따라서 전이는 클라이언트가 치료 상황 외에 실제 상황에서 인간관계를 어떻게 수립하고 해석하는지를 살펴보는 실마리가 된다.
- 사회복지사를 비롯한 치료자들은 중립적인 태도와 반영적 태도로 클라이언트의 전이를 유발시키고 전이를 다루어 주어야 한다. 사회복지사는 클라이언트가 보이는 전이의 행동과 정서적 반응을 분석하고 해석하여 클라이언트가 자신의 기본적인 반응형태를 통해 통찰해 볼 수 있도록 돕고 새로운 반응형태를 모색하고 습득할 수 있도록 돕는다.

한걸음 더 — 역전이

역전이(count-transference)는 전이의 반대적 상황으로서 전이에 대한 치료자의 정서적 반응을 말한다. 즉, 치료자가 클라이언트와의 관계에서 억압된 무의식적 갈등이나 동기를 행동으로 표출하는 것이다. 역전이는 긍정적인 면과 부정적인 면 두 가지가 있는데, 클라이언트의 사고나 감정을 모니터할 수 있어 개입에 중요한 역할을 하기도 한다. 그러나 정신분석의 과정을 방해하는 부정적 측면도 많이 있기 때문에 치료자의 역전이는 경계할 필요가 있다. 사회복지사가 클라이언트에 대한 역전이를 인지하지 못한다면 효과적인 관계에 방해가 될 수 있다.

중요도

정신역동모델이 무엇에 초점을 두고 무엇을 위해 진행되는지가 개입기술로 연결되기 때문에 주요 특징을 이해하면서 개입기법을 살펴보자.

잠깐!

정신역동모델에서 해석은 클라이언트의 행동에 담긴 무의식을 탐색하도록 돕는 것으로, 자유연상, 꿈, 저항, 전이 등 클라이언트를 분석하기 위한 기본절차로 볼 수 있다.

보충자료

정신역동모델에서의 해석

(2) 자유연상

- 클라이언트의 마음속에 떠오르는 감정, 생각, 기억, 환상, 꿈 등을 자유롭게 말하게 하는 개입기술이다.
- 클라이언트가 편안히 쉬는 자세로 눈을 감게 한 다음 특정한 자극을 주지 않고 마음에 떠오르는 것을 차례차례 말하게 한다. 마음에 떠오르는 생각들에 대해 일어나는 모든 비판을 중지하도록 지침을 준다. 떠오르는 모든 것들을 있는 그대로 말하는 것이 중요하며, 별로 중요치 않거나 또는 연관이 없다고 생각되더라도 억제해버리지 말고 이야기하는 것이 중요함을 설명해 준다.
- 사회복지사는 생각과 갈등을 클라이언트의 과거 경험 및 현재의 문제와 연관하여 분석하고 이해하며, 이를 클라이언트에게 해석해줌으로써 클라이언트의 문제 이해 및 통찰력을 향상시킨다.
- 자유연상기법을 통해 클라이언트는 억압된 충동을 발견하고 무의식을 의식수준으로 전환할 수 있다.

(3) 훈습(work through) ★^{꼭!}

합격자의 한마디

훈습에서는 반복, 심화(정교화), 확장을 기억해두자.

① 개념 및 특징

- 클라이언트가 자신의 내면적 문제 또는 갈등의 원인과 그 역동성을 통찰하도록 함으로써 클라이언트가 현실상황에서 그와 유사한 문제를 맞게 될 때 이를 스스로 해결해갈 수 있도록 하기 위해서 사회복지사가 클라이언트와 함께 치료 장면에서 이 문제를 반복적으로 경험하도록 하는 과정을 진행한다. 이를 '훈습', '철저학습'이라고 한다.
- 훈습의 목표는 전이현상이나 생활문제의 갈등, 과거 문제의 갈등에 대한 클라이언트의 이해 및 관점의 수준을 확장시켜 자신의 문제나 상황을 좀 더 통합적인 관점으로 이해하게 하는 것이다.
- 프로이트는 치료자가 클라이언트의 저항을 지적하고 해석해주는 것만으로는 저항을 포기하게끔 할 수 없다고 했는데, 해석을 진정으로 받아들이고 동화한다는 것은 클라이언트에게 상당한 시간이 걸리는 힘든 과제이며 치료자의 입장에서도 상당한 인내가 필요하다.

② 사회복지사 역할

- 사회복지사는 아직 충분히 통합되지 않았지만 점점 의식화되어 가는 과정을 클라이언트가 계속 탐색하고 이해할 수 있도록 반복적으로 상황을 설명하고 이해시킨다.

- 사회복지사는 클라이언트가 가장 잘 이해하도록 문제에 대해 조리 있는 설명을 반복적으로 전달하여 통찰이 발달하고 자아통합이 확대되도록 도와주어야 한다. 똑같은 말이나 해석을 되풀이하는 것은 클라이언트를 지루하게 하고 개입의 효과를 떨어뜨린다.

(4) 꿈의 분석

- 꿈에 나타나는 무의식적인 소망과 욕구, 두려움을 해석함으로써 무의식적으로 억압했던 것들을 풀어내고 새로운 통찰력을 갖게 하는 기법이다.
- 꿈의 분석은 꿈의 내용을 말하는 것과 그 내용을 자유연상하는 것으로 구성된다. 사회복지사는 자유연상을 통해 클라이언트가 말하는 꿈의 명시적 내용 속에서 잠재적 내용을 추출해내야 한다.
- 꿈은 무의식을 인식하는 수단이면서 현재를 이해하는 수단이다. 사회복지사는 꿈과 해결되지 못한 갈등 사이의 관계를 분석하고 해석해야 한다.

꿈은 내용면에서 잠재적 내용과 명시적 내용으로 구분된다. 잠재적 내용은 고통스럽고 위협적이기 때문에 위장되고 숨겨진 무의식적 동기들로 구성되어 있으며, 명시적 내용은 잠재적 내용이 용납 가능한 내용으로 대체되어 나타난 것이다.

(5) 저항 해석

- 클라이언트는 익숙한 행동의 변화에 대한 두려움이나 불안감을 느끼며 저항을 보일 수 있다.
- 저항은 의식적일 수도 있고 무의식적일 수도 있다. 무의식적 저항은 의식적 저항보다 극복하기가 더 어렵지만, 이를 통해 클라이언트의 무의식에 대한 정보를 얻을 수 있기 때문에 중요하다.
- 저항은 치료에 방해요소이기도 하지만 정보의 원천이자 변화의 도구이기도 하다. 그러므로 사회복지사는 저항을 해석하여 클라이언트가 인식하고 통찰할 수 있도록 도와야 한다.

클라이언트의 저항은 침묵, 핵심 내용의 편집 · 축소, 빈틈 없이 이어 말하기, 자신의 문제를 일반화하기, 지각 · 약속시간 변경 등으로 나타난다.

(6) 직면 ⭐

- 클라이언트의 말과 행위 사이의 불일치, 표현한 가치와 실행 사이의 모순, 회피 등을 클라이언트 자신이 주목할 수 있도록 하는 기법이다.
- 클라이언트에게 나타나는 저항인 부적응적인 행동 및 특정 현상에 주의를 기울이도록 유도하고 이제까지는 회피해 왔지만 앞으로는 이해해야 할 문제로 인지하도록 돕는다.
- 저항을 극복하거나 동기화할 때 유용하다.

3장 심리사회모델

한눈에 쏙!

중요도

❶ 심리사회모델의 철학과 기본 개념

- 1. 심리사회모델의 등장 ★ _{22회 기출}
- 2. 심리사회모델의 주요 특징 ★
- 3. 심리사회모델의 기본 가치와 실천원칙
- 4. 심리사회모델의 개입과정

❷ 심리사회모델의 개입기법

- 1. 직접적 개입 ★★★ _{22회 기출}
- 2. 간접적 개입: 환경 조정하기 _{22회 기출}

기출경향 살펴보기

이 장의 기출 포인트

심리사회모델에서는 '지-직-탐-개-유-발' 여섯 가지의 개입기술을 꼼꼼히 살펴봐야 한다. 개입기법과 제시된 설명이 바르게 연결되었는지를 확인하는 문제, 제시된 특징이 어떤 기법인지를 찾는 문제 등이 기본적인 출제유형이므로 각 기법의 개념을 명확히 해두어야 한다. 또한 여섯 개의 직접적 개입뿐만 아니라 간접적 개입도 진행한다는 점 기억해두어야 한다.

최근 5개년 출제 분포도

연도별 그래프

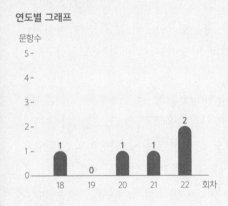

평균출제문항수

1.0 문항

최근 10개년 핵심 키워드

| 기출회독 099 | 심리사회모델의 개입기법 | 8문항 |
| 기출회독 100 | 심리사회모델의 주요 특징 | 2문항 |

기본개념 완성을 위한 **학습자료 제공**

기본개념 강의, 기본쌓기 문제, O X 퀴즈, 기출문제, 정오표, 묻고답하기, 지식창고, 보충자료 등을 **아임패스**를 통해 만나실 수 있습니다.

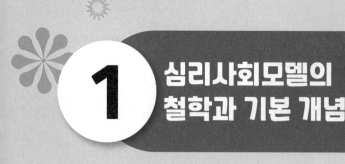

1 심리사회모델의 철학과 기본 개념

기출회차				
1	2	3	4	5
6	7	8	9	10
11	12	13	14	15
16	17	18	19	20
21	22			

강의로 복습하는 기출회독 시리즈

Keyword 100

심리사회모델은 어느 한 이론의 영향을 받은 것은 아니라는 점과 함께 심리사회모델에 영향을 미친 이론들을 확인하는 문제가 간혹 출제된 바 있다.

심리사회모델의 3인방

메리 리치몬드
심리사회모델의 기원
↓
고든 해밀튼
'상황 속의 인간' 개념 언급
심리사회모델 명명
↓
플로렌스 홀리스
사회복지실천이론으로 체계화

보충자료
**심리사회모델의
기원과 발전**

1. 심리사회모델의 등장 22회기출 🏆

(1) 등장 배경

심리사회모델은 특정 이론에만 근거해서 발달한 모델이 아니라 사회복지실천 활동이 체계를 갖추어가는 과정에 직·간접적으로 영향을 미친 여러 요소들이 절충되어 만들어졌다. 심리사회모델은 정신분석이론의 발달, 자아심리학의 출현, 다양한 사회과학적 지식의 도입과 더불어 메리 리치몬드의 연구에 의해 발전하였다.

- 심리사회모델은 메리 리치몬드(Mary Richmond)를 그 기원으로 본다. 메리 리치몬드는 자선조직협회에서 체험한 사실들을 체계적으로 정리하여 자선사업활동을 전문사회복지실천활동으로 승화시키는 데 결정적인 역할을 했으며, 그녀의 저서와 주장들은 심리사회모델의 기본적인 토대가 되었다.
- 이후 1930년대 후반 고든 해밀튼(Gordon Hamilton)은 이러한 내용들을 정리하여 '심리사회이론'이라고 언급하면서 '상황 속의 인간'이라는 개념도 함께 설명을 하였다.
- 1960년대에 플로렌스 홀리스(Florence Hollis)는 심리사회모델을 사회복지실천이론으로 체계화하였다.

(2) 심리사회모델의 이론적 기반

① 정신분석이론

- 1900년대 초 사회복지사에 대한 전문적인 훈련과 교육을 시작하면서 전문직으로 발돋움할 때 정신분석이론은 사회복지실천이 이론적 체계를 갖추는 데 기여했다. 사회복지직이 전문직으로 성장하기 위해 이론적 토대를 모색할 때 정신분석이론은 사회과학이론에 기초한 사회복지실천의 이론적 토대를 제공하였다. 특히 정신분석이론은 개인이 가지고 있는 문제의 원인을 이해할 수 있는 이론적 틀을 제공함으로써 개별사회복지실천이 전문적으로 체계화되는 데 기여했으며, 심리사회모델에도 큰 영향을 미쳤다.

- 정신분석이론은 클라이언트를 둘러싼 문제의 원인을 과거 경험의 무의식에서 찾고 그러한 무의식을 분석해서 현실적으로 적용할 수 있도록 돕는다. 심리사회모델에서도 인간의 현재 행동을 이해하기 위해 과거를 중요시한다.
- 정신분석이론에서는 인간의 행동과 감정, 생각 등이 우연히 일어난 것이 아니라 무의식적인 충동에 의한 것이라는 '결정론적 관점'을 따른다. 따라서 사회복지사는 클라이언트의 현재 문제를 이해하기 위해 과거의 경험, 특히 무의식적으로 내재화되어 있는 성적 혹은 공격적 충동을 이해하고 클라이언트가 이러한 경험과 충동에 대해 이해할 수 있게 통찰력을 갖도록 원조한다. 클라이언트는 통찰력을 갖게 됨으로써 자신의 현재 문제를 이해하게 된다고 본다. 이러한 내용은 심리사회모델의 직접적 기법에 많은 영향을 미쳤다.

② 대상관계이론

- 대상관계이론은 프로이트의 정신분석이론 이후에 등장한 정신역동이론 중 하나로, 클라인(Klein), 위니콧(Winnicott) 등에 의해 발전되었다.
- 인간은 양육자(주로 어머니)와의 관계에서 경험했던 이미지나 기대에 따라 현재의 대인관계를 형성한다는 이론이다. 인간은 과거 경험에 의해 형성된 기대에 따라 현재의 대인관계를 맺으며, 과거의 경험은 내부대상(internal objects)으로서 자신과 대상 간의 관계에 대한 정신적 이미지로 남아 대인관계에 영향을 미친다고 설명한다. 이 이론에서는 생애 초기에 경험되는 애착대상과의 관계가 이후의 대인관계 유형을 결정하는 중요한 요인이 됨을 강조한다.
- 프로이트의 고전적 정신분석학에서는 인간을 '욕망에 의해 살아가는 존재'로 본다면, 대상관계이론에서는 인간을 '대상과의 관계에 의해 살아가는 존재'로 본다는 측면에서 다소 차이가 있다.
- 개인이 속해 있는 환경과의 경험에서 발전한 대인관계를 강조한다는 측면이 심리사회모델에 영향을 미쳤다.

③ 체계이론과 생태체계관점

- 개인체계와 환경체계는 서로 영향을 주고받는 개방체계이며, 개인의 행동은 상호작용하는 개방체계의 맥락에서 이해되어야 한다는 것을 강조하는 체계이론의 영향을 받았다.
- 체계에 대한 개념은 심리사회적 접근방법이 본래 가지고 있던 생각들을 매우 적절하게 표현해준다.

④ 자아심리이론

자아심리이론은 개인의 내적 상태와 외부환경 사이의 상호작용을 강조한다. 개인 스스로의 존재 가치, 안정감, 만족을 느낄 수 있도록 외부의 압력에 대처할 수 있는 개인의 능력을 개발하는 것을 강조한다. 스트레스는 정신적 문제나 신체적 문제해결을 악화시키기 때문에 스트레스로 인한 부적절한 대처기술은 문제를 더욱 심화시킨다. 따라서 부적절한 대처기술은 개인으로 하여금 불안과 염려를 조성하며, 극도로 심한 경우 정신병리를 일으킨다. 자아심리이론은 개인의 적응능력에 영향을 미치는 환경적 요인에 관심을 갖는데 이러한 부분이 심리사회모델에 영향을 미쳤다.

⑤ 기타 사회과학이론

역할이론, 의사소통이론 등도 심리사회모델에 영향을 주었다.

⑥ 실천을 통해 획득된 이론

실천으로부터 획득된 이론들도 심리사회모델의 이론적 기반을 형성하는 데 기여하였다.

2. 심리사회모델의 주요 특징

(1) 심리사회모델의 특징

중요도 (★)

심리사회모델은 무의식을 고려하면서도 무의식을 결정적 요인으로 본 것은 아니다. 환경적 영향의 중요성(상황 속 인간의 개념), 사회복지사와 클라이언트의 관계 강조, 수용, 개별화, 자기결정권 강조 등 주요 특징을 기억해두자.

- 심리사회모델에서는 인간을 단순히 심리적인 측면으로만 보는 것이 아니라 심리적인 측면과 사회적인 측면, 그리고 양자의 상호작용에 의한 결과도 동시에 고려하면서 이해한다. 따라서 심리사회모델에서는 '상황 속의 인간(person in situation)'이라는 개념이 중요하다.
- 인간 혹은 인간의 문제에 대해 심리적 차원뿐만 아니라 인간을 둘러싼 사회경제적인 상황을 포함하여 포괄적이고 전체적인 시각에서 이해하고 접근한다.
- 심리사회모델은 정신역동이론의 영향을 받았지만 생물학적, 심리사회적, 환경적 영향과 체계의 상호작용에 관심을 갖는다.
- 심리사회모델에서는 사회복지사와 클라이언트의 치료적 관계를 통해 클라이언트의 변화가 일어날 수 있다고 보기 때문에 관계형성을 중요시하며, 관계형성을 위한 수용, 자기결정 존중 등을 강조한다.
- 심리사회모델은 클라이언트마다 문제상황이 다르고 상황에 대한 인식이 다르다는 점에서 클라이언트의 차별성과 개별화를 강조한다.

- 클라이언트가 자신의 사고, 감정, 행동 등에 대해 이해하고 고찰할 수 있도록 도와줌으로써 클라이언트가 스스로 문제해결 능력을 향상시킬 수 있도록 한다.

한걸음 더

상황 속의 인간(person in situation)

고든 해밀튼(Gordon Hamilton)이 사용한 개념으로서, 인간을 이해하기 위해서는 인간의 심리 내적인 특성만을 고려할 것이 아니라 개인의 심리적인 특성 외에도 환경 혹은 상황까지도 모두 고려해야 한다는 것이다. 인간은 발전 가능성을 가진 변화하는 존재이고, 상황은 의식주와 같은 물질적 자원뿐 아니라 대인관계를 통해 얻게 되는 개인의 사회적 관계도 포함하는데, '상황 속의 인간' 관점은 인간의 심리 내적과 외부의 사회 · 물리적 조건 사이의 상호작용을 강조한다. 클라이언트가 겪는 문제는 클라이언트를 둘러싼 상황 혹은 환경과의 상호작용에 의해 만들어진 결과로 간주하므로 클라이언트의 문제를 해결하기 위해서는 개인에 대한 개입, 사회환경에 대한 개입, 개인과 사회환경과의 상호작용에 대한 개입이 이루어져야 한다. '상황 속의 인간'에서는 인간을 과거의 경험이나 무의식 등에 의해서 결정되는 고정된 인간이 아니라 끊임없이 발전하고 변화 가능성을 가진 존재로 본다.

(2) 심리사회모델의 주요 전제

- 인간은 태어나면서부터 존엄성을 가지고 있다.
- 모든 인간은 성장하고 학습할 수 있으며, 적응하고, 사회 또는 물리적 환경을 변화시킬 수 있는 능력을 가지고 있다.
- 개인의 심리체계는 독립적으로 존재하는 것이 아니라 생물학적 체계, 사회적 체계와 끊임없이 상호작용한다.
- 동일한 유형의 문제상황이라 하더라도 그 상황이 발생한 맥락이 다르기 때문에 클라이언트나 클라이언트의 문제상황을 다룸에 있어 차별성이 강조된다.
- 인간의 현재 행동을 이해하기 위해서는 과거를 중요시한다. 따라서 클라이언트의 문제나 상황을 이해하기 위해서는 오랜 시간에 걸쳐 클라이언트의 과거를 파악할 필요가 있다. 그러나 인간의 무의식이 인간의 경험에 중요한 영향을 미치지만 행동을 결정짓는 요인은 아니다.

(3) 심리사회모델에서 사회복지실천의 초점

- 개인의 심리 내적 상태, 개인을 둘러싼 환경, 그리고 개인과 환경과의 상호작용에 초점을 두고 사회복지실천이 이루어진다.
- 사회복지실천의 대상이 되는 클라이언트의 문제를 개인의 내적 문제, 사회환경적 문제, 개인과 환경과의 상호작용의 문제로 본다. 이들 문제의 해결을 위해서 개인, 환경, 개인과 환경과의 상호작용의 문제에 대해 각각 개입을 하거나 동시에 복합적으로 개입한다.

3. 심리사회모델의 기본 가치와 실천원칙

(1) 수용

- 수용이란 클라이언트의 태도와 행동이 사회복지사 개인에게 호감이 가든지 그렇지 않든지 간에 온화함과 선한 의지를 보여주는 태도를 사회복지사가 유지하는 것을 말한다.
- 클라이언트의 내적 감정이나 주관적 상태 속으로 들어가서 받아들이는 능력(감정이입)으로서 사회복지사의 개인적 선호도 여부에 상관없이 클라이언트에 대한 선의의 태도를 유지하는 것이다.
- 사회복지사가 클라이언트를 수용하기 위해서는 타인의 고통스러운 경험에 대해 광범위하게 느낄 수 있어야 하는데 이를 통해 협력적 관계형성이 가능해지기 때문에 치료와 원조관계의 발전이 중요하다.

(2) 개별화

- 각 클라이언트가 개별적인, 독특한 특성을 가지고 있다는 것을 인정하고 이해함으로써 클라이언트를 원조하는 내용, 방법, 과정과 관련하여 개별적으로 접근해야 한다는 원칙이다.
- 개입과정은 클라이언트의 욕구에 따라 개별적으로 이루어져야 한다. 문제상황을 다룸에 있어 차별성이 강조된다. 동일한 유형의 문제상황이라도 상황이 발생한 배경이 다를 수 있기 때문에 클라이언트의 문화적 배경, 사회경제적 배경, 계층, 주변 환경 등이 차별적으로 다루어져야 한다.

(3) 자기결정

- 클라이언트의 자기지시 또는 자기결정은 클라이언트의 중요한 권리이며, 심리사회모델에서는 이를 중요한 가치로 여긴다.
- 클라이언트 스스로 결정을 내리고 주체적인 태도를 지닐 수 있게 하기 위해서는 사회복지사가 클라이언트의 책임을 대신 지거나 선택을 직접적으로 제안하는 것이 아니라 다양한 정보를 제공하여 클라이언트가 분명히 생각할 수 있도록 도와야 한다.

(4) 클라이언트의 현재 상황에서 시작하기(=클라이언트가 있는 곳에서 출발하기)

클라이언트가 인식하는 문제를 존중하며 클라이언트의 관점에서 접근하고 개입한다.

4. 심리사회모델의 개입과정

(1) 초기단계: 심리사회적 조사

① 내용 및 의의
- 심리사회모델에서 개입 초기단계에서는 '사실수집'에 초점을 둔다.
- 초기 면접을 통해 클라이언트의 문제가 무엇이며, 문제의 원인, 클라이언트가 문제를 해결하기 위해 시도한 방법, 클라이언트의 현재 문제상황에 기여한 요소들을 수집한다.
- 문제와 관련된 클라이언트의 초기 발달과정 및 원가족에 대한 정보를 수집한다.
- 클라이언트와 클라이언트의 상황에 대한 사실을 관찰하고 조사하여 논리적으로 정리한다.
- 클라이언트는 이 과정을 통해 자신의 문제를 인식하고 다시 생각해 보게 된다.

② 사회복지사의 과제
- 초기단계에서 사회복지사는 질문을 통해서 클라이언트의 문제나 상황을 이해하고 있다는 것을 보여주고, 클라이언트의 행동과 문제, 상황에 대해 새로운 관점에서 바라볼 수 있도록 원조한다.
- 클라이언트가 사회복지사의 원조를 활용할 수 있도록 사회복지사와 클라이언트 관계를 확립시키며, 클라이언트를 원조에 참가시킨다.

(2) 사정단계: 심리사회적 사정
수집된 정보, 클라이언트의 상황이나 문제 등을 비판적으로 검토한다. 사정 과정을 통해 사회복지사는 개인과 개인을 둘러싼 환경을 통합한 전체 틀 속에서 여러 체계들이 어떻게 상호작용하여 문제를 발생시켰는지 알아내야 한다.
- 사정의 내용
  - 문제가 어떻게, 왜 발생하였나?
  - 개인과 상황(혹은 환경)의 상호작용 속에서 누가, 무엇이 변화를 위해 접근 가능한가?
  - 변화를 위해 관여되어야 할 사람과 자원은 무엇인가?
- 사정의 세 가지 영역
  - 역동적 영역: 클라이언트 인성의 제 측면이 어떻게 상호작용하는가를 검토한다.
  - 원인론적 영역: 문제의 원인이 현재의 상호작용 내에 있는지, 현재까지

영향을 미치는 과거의 사건에 있는지, 또한 클라이언트의 딜레마의 원인 속에 있는지 탐색한다.
- 임상적 영역: 클라이언트의 여러 가지 기능적 측면을 분류한다.

(3) 개입단계

① 개입목표
- 심리사회모델에서는 클라이언트가 과거에 겪었던 경험들이 현재 클라이언트의 심리적 혹은 사회적 기능에 영향을 미친다는 것을 중요시한다. 따라서 개입활동의 목표는 클라이언트가 경험한 과거의 사건이나 경험들 혹은 현재의 경험들과 관련된 심리 내적인 갈등과 어려움을 클라이언트가 이해하고 통찰할 수 있게끔 도와주는 것이다. 또한 사회복지사가 클라이언트의 변화를 이끌어가는 것이 아니라 클라이언트 스스로가 자신과 환경을 변화시키려고 노력하는 과정에 지원하는 것을 목표로 한다.
- 이전 단계에서 이루어진 심리사회 조사 및 진단을 바탕으로 개입의 방향이 설정되어야 하며, 이에 근거해서 구체적인 목표를 설정한다.

② 개입방법
- 목표를 달성하기 위해서는 개인과 환경의 변화가 필요하며 양자 모두에 개입한다.
- 개인, 부부, 가족 혹은 환경체계들에 개입하게 되며, 필요한 경우 집단사회복지실천의 방법을 사용하기도 한다.
- 클라이언트의 권익을 옹호하거나 지역사회의 자원을 공급해야 할 경우 사회복지사는 클라이언트의 환경에 직접 개입한다.

(4) 종결단계
- 종결은 클라이언트와 사회복지사가 동의하여 이루어져야 한다.
- 종결은 사회복지사와 클라이언트 모두에게 어려운 과정인데 '이별'에 대한 감정과 사회복지사와 형성된 관계 및 감정을 다루어주고 정리하여 분리에 대한 충격을 최소화해야 한다.
- 종결 이후 사후관리를 통해 현재의 적응 상태를 점검하는 것이 좋다.

2 심리사회모델의 개입기법

기출회차				
1	2	3	4	5
6	7	8	9	10
11	12	13	14	15
16	17	18	19	20
21	22			

강의로 복습하는 기출회독 시리즈

Keyword 099

1. 직접적 개입 🏆 22회 기출

(1) 지지하기(sustainment) – 감정과 행동 지지하기 ⭐꼭!

① 목표
클라이언트의 불안을 감소시키고 동기화를 촉진하여 원조관계를 수립한다.

② 내용 및 의의
- 클라이언트에 대한 사회복지사의 신뢰나 존중, 돕고자 하는 태도 등을 직접적인 표현으로 전달하며, 클라이언트가 문제해결 능력이 있다는 확신을 표현함으로써 클라이언트가 원조를 요청할 때 느끼게 되는 긴장이나 불안감을 덜어주고 자기의 상황에 대해 솔직하게 이야기할 수 있게 해주며, 자기존중감을 증진시키는 개입기법이다.
- 지지하기는 클라이언트의 불안이나 자기 신뢰가 낮은 초기뿐만 아니라 치료과정 전반에 걸쳐 중요한 기법으로서 이 과정이 없다면 클라이언트가 겪고 있는 문제의 본질을 탐색하기가 어려워진다.
- 지지하기에서 중요한 것은 관심과 공감을 동반한 경청이다.

③ 기법
- 재보증(안심, reassurance): 클라이언트가 가진 죄의식, 불안, 분노의 감정에 대해 이해를 표현하여 클라이언트를 안심시키는 것이다. 그러나 근거 없는 확신을 주어 클라이언트를 너무 안심시키면 문제의 본질을 탐색할 기회를 상실할 수 있다.

  > 예 자녀에게 심하게 화를 내는 것에 대해 죄책감에 시달리는 어머니에게 분노와 화나는 감정을 이해한다는 표현을 함으로써 어머니를 안심시킨다. "그런 느낌들은 자연스러운 거예요."

- 격려(encouragement): 클라이언트의 능력에 대해 신뢰를 표현하며 성과를 인정하고 성공에 대한 기쁨을 표현하는 것이다.
- 경청, 따뜻한 표정, 눈을 마주치고 도닥거리기, 가볍게 어깨를 두드리는 비언어적 표현방법 등이 해당된다.

중요도 ★ ★ ★

심리사회모델에서 단연코 많이 출제되는 내용은 직접적 개입기술 6가지이다. 심리사회모델의 기법을 확인하거나 특정 기법의 개념을 확인하는 단순한 문제도 출제되지만 각 기법의 주요 특징을 확인하는 문제나 사례와 연결하는 다소 까다로운 문제도 출제되곤 한다.

합격자의 한마디

'지-직-탐-개-유-발' 6개의 기법을 기억해두자.

- 클라이언트가 당면한 문제에 대해 실질적인 도움을 제공한다. **예** 경제적 지원, 보육서비스 제공 등

(2) 직접 영향주기(지시하기, direct influence)
　－제안이나 조언 등을 통해 직접 영향주기

① 목표
사회복지사가 조언이나 지시 등을 함으로써 클라이언트의 행동을 향상시킨다.

② 내용 및 의의
- 클라이언트가 특정한 행동을 할 수 있도록 사회복지사의 의견을 다양한 강도와 방식으로 전달한다.
- 클라이언트의 욕구에 따라 조언하는 것이 중요하다.
- 직접적인 조언과 대면적인 행동은 클라이언트와 강한 신뢰관계가 수립되었을 때, 클라이언트에 대해 충분한 지식을 가지고 있을 때 사용한다.
- 클라이언트가 사회복지사에게 답을 요구하더라도 결국 클라이언트가 독립적으로 생각할 수 있도록 이끌어야 한다.

③ 기법
클라이언트 자신의 제안을 격려하고 강화하거나 장려하기, 현실적인 제안을 설정하기, 직접적인 조언하기, 대변적인 행동하기 등

예 고용주와 효과적인 관계를 맺는 방법에 대해서 혹은 자녀양육문제에 대해 충고나 제안을 하는 것

예 "어쩌면 _____한 방법을 고려할 수도 있다고 생각합니다", "_____하는 것이 도움이 될 수도 있다고 생각합니다", "그것을 하는 것이 도움이 될까요? 이렇게 하는 것이 더 좋을 것 같네요."

(3) 탐색－기술(묘사)－환기(exploration-description-ventilation) ★꼭!
　－사실을 말하고 감정을 탐색하며 환기할 수 있게 하기

① 목표
클라이언트에게 사실 및 사실과 관련된 감정을 이해하고 표출하게 하여 긴장을 완화시킨다.

② 내용 및 의의
- 클라이언트가 자신 및 환경에 대해 본인이 어떠한 관점을 가지고 있는지를 이해하고 감정을 표현하도록 원조하는 기술이다.

- 탐색은 자신의 주변에 어떤 일이 일어나고 있는지 상황을 둘러보는 것이고, 기술은 단순히 자신이 보는 그대로의 사실을 말하는 것이다. 탐색-기술은 각각 개별적으로 이루어지기보다 연속적으로 이어서 실시된다. 즉, 상황을 둘러보거나 살피면서 포착되는 것을 말하는 것이다.
- 환기는 사실과 관련된 감정을 이끌어 냄으로써 카타르시스(감정의 정화)를 경험하도록 원조하는 것이다. 사회복지사는 클라이언트에게 "그때 어떤 기분이 들었나요?"라고 질문함으로써 클라이언트가 자신의 기분과 감정을 표현하도록 이끌 수 있다.
- 탐색-기술-환기는 병행되어야 하며 사회복지사는 탐색-기술 과정에서 클라이언트가 드러내지 못하고 있는 감정이 있는지 민감하게 살펴야 한다.
- 자학적이거나 정신장애가 있는 클라이언트, 감정이 격화되거나 불안감이 높아질 가능성이 있는 클라이언트에 대해서는 조심스럽게 사용해야 한다.

③ 기법

초점 잡아주기, 부분화하기, 화제 전환하기 등

예 "지금 문제에 대해 조금 더 이야기해주실 수 있나요?", "당신과 가족이 같이 있을 때 어떤 일이 일어나나요?", "그 일이 발생했을 때 어떻게 느끼셨어요?"

(4) 개인-환경에 관한 (반성적) 고찰(person-situation reflection) ⭐꼭!
- '상황 속의 인간'의 관점에서 고려하기

① 목표

클라이언트를 둘러싼 현재의 최근 사건에 대해 고찰하게 하여 현실적으로 파악하게 한다.

② 내용 및 의의
- 클라이언트를 둘러싼 현재 혹은 최근 사건에 대한 6가지 하위영역에 대해 고찰하는 것으로 심리사회모델의 핵심기법이다.
- 이 기법은 클라이언트와 그를 둘러싸고 있는 환경 및 주변 인물들과의 상호작용에 초점을 두며, 사회복지사가 클라이언트에게 자신과 환경의 상호작용과 관련된 인식, 사고와 감정들을 잘 알 수 있도록 원조하는 것이다.
- 클라이언트가 현재 혹은 최근 사건에 대해 자신의 상황 및 그 상황 속에서 자신의 위치나 기능, 생각이나 느낌, 감정 등에 대해 좀 더 잘 이해할 수 있도록 질문하고 설명하고 언급해준다.

예 "막내아들의 어떤 행동이 ○○씨를 힘들게 하나요?", "딸이 그토록 반항심이 커지게 된 것이 무엇 때문인가요?", "딸의 어떤 행동이 ○○씨를 곤란하게 하나요?"

③ 기법

논리적 토의 및 추론, 설명, 일반화, 변화, 역할극, 강화, 명확화, 교육 등

(5) 유형－역동성 고찰(pattern-dynamic reflection) ⭐꼭!
－성격과 행동, 심리 내적 역동 고찰하기

① 목표

변화의 동기를 촉진시키면서 클라이언트 자신의 성격유형, 특징, 행동유형, 방어기제, 자아기능 수행 등 심리 내적 역동에 대해 이해하도록 원조한다.

② 내용 및 의의

- 클라이언트로 하여금 사건들에 대한 특정한 행동이나 사고방식을 이끄는 클라이언트의 행동 경향 혹은 사고와 감정 유형이 무엇인지를 밝혀내는 개입기법이다.
- 사회복지사는 클라이언트 개인의 생활에서 반복적으로 발견되는 일련의 행동이나 상황, 사고 또는 방어기제를 검토한다. **예** 반복되는 부부폭력
- 이 기법은 클라이언트 스스로 자신이 어떤 행동과 사고 유형을 가지고 있는지에 대한 이해를 높이려는 목적이 있다.
- 클라이언트의 성격, 자아방어기제, 초자아, 자아기능 수행 정도 등에 대해서 고찰하는데, 이는 현재의 상태보다는 그것의 원인에 대해 이해하고자 하는 것이다.

③ 기법

명확화, 해석, 통찰 등을 통해 클라이언트의 행동, 사고, 감정의 경향을 명확히 하도록 도움

예 "○○씨가 남편에게 불만을 느낄 때 아들과 싸우는 것 같지 않나요?", "가까워지기 어려운 사람과 가까워지려는 경향이 있나요.?", "당신의 생각을 평가절하 하거나 비판하는 것은 어떻게 알게 되나요?"

(6) 발달적 고찰(development reflection)
－과거 경험이 현재 기능에 미치는 영향 고찰하기

① 목표

유년기의 문제와 현재 행동의 인과관계를 클라이언트가 자각하게 한다.

보충자료

유형-역동성 고찰과
발달적 고찰의 차이

② 내용 및 의의

- 클라이언트의 현재의 성격이나 기능에 영향을 미친다고 생각되는 원가족의 경험 또는 유아기 때의 경험에 대해 생각해 볼 수 있도록 원조하는 기법이다.
- 과거의 문제가 현재의 문제에 어떤 영향을 미치는지 파악할 수 있게 하고, 과거의 상황과 개인의 감정이 연결되도록 돕는다. 이를 통해 변화를 유도한다. 클라이언트에게 과거의 특정 경험과 현재의 행동 및 태도 사이의 인과관계를 인식할 수 있도록 촉진하는 질문을 사용한다. 해석을 진행하기는 하지만 해석보다 질문이 더 강조된다.
- 생애 초기의 경험 및 대상과의 관계와 현재의 관련성을 설명한다는 점은 정신분석이론과 대상관계이론의 영향을 많이 받은 부분이다.

③ 기법

명확화, 해석, 통찰, 논리적 토의 및 추론, 설명, 일반화, 변호, 역할극, 강화, 교육 등

예 "이와 같은 감정을 이전에도 경험한 일이 있나요?", "당신의 청소년기와 현재의 문제는 어떤 관계가 있나요?", "당신의 아버지에게 느꼈던 대로 선배 앞에서는 위축되고 불안합니까?"

2. 간접적 개입: 환경 조정하기 22회기출 🏆

① 목표

클라이언트를 둘러싼 인적 · 물적 환경에 관계된 문제를 해결한다.

② 내용

- 환경에 관련된 사람과의 관계에 개입하거나 사회환경적인 변화를 추구하는 활동이다.
- 클라이언트가 필요로 하는 자원을 발굴하여 제공하며 클라이언트에 대한 옹호 및 중재 활동을 한다.
- 클라이언트 스스로가 주변을 변화시킬 수 있도록 원조한다.
- 클라이언트의 문제해결과정에서 주변의 사회환경자원을 최대한 활용하기 위해서 사회복지사는 기관의 정책, 기관이 갖고 있는 자원, 기관의 권력구조, 타 전문직의 문화 또는 분위기 등에 대해 이해하고 있어야 한다.
- 기관의 직원과도 지속적인 협력관계를 유지해야 한다.

③ 기법

- 클라이언트에게 필요한 자원을 발굴하고 제공하며, 클라이언트와 다른 체계 사이를 중재하기도 하며, 클라이언트를 옹호한다.
- 직접적 개입기법들도 활용된다.

④ 사회복지사의 역할

- 환경에 개입할 때 사회복지사는 클라이언트의 신상에 관한 정보가 공개되지 않도록 비밀 유지에 신경을 써야 한다.
- 환경에 대한 개입에 관련된 의사결정에 있어서 사회복지사가 아닌 클라이언트가 책임을 진다는 것에 유념해야 한다.

4장 인지행동모델

중요도

❶ 인지행동모델의 철학과 기본 개념

1. 인지행동모델의 철학	
2. 인지행동모델의 이론적 기반	★ 22회 기출
3. 인지행동모델의 주요 가정	
4. 인지행동 접근방법의 장점 및 한계	★
5. 인지행동모델의 구분과 모델들	★

❷ 인지행동모델의 개입목표와 과정

1. 인지행동모델의 개입목표	
2. 인지행동모델 개입의 특징	★★★
3. 개입과정	

❸ 인지행동모델의 개입기법

1. 엘리스의 합리적 정서치료	★
2. 벡의 인지치료	★
3. 즈릴라와 골드프라이드의 문제해결치료	
4. 기타 개입기법	★★★ 22회 기출

기출경향 살펴보기

이 장의 기출 포인트

최소 2문제에서 많게는 4문제도 출제되고 있다. 인지행동모델의 이론적 배경이 되는 행동주의이론의 특징 및 기법, 인지행동모델의 주요 특징을 비롯해 벡의 인지적 오류, 엘리스의 기법, 다양한 개입기법 등을 모두 꼼꼼하게 학습해두어야 한다. 특히 기법에 관해서는 꼭 사례와 연결할 수 있도록 하자.

최근 5개년 출제 분포도

연도별 그래프

문항수

5 -				
4 -			4	
3 -		3		
2 - 2				2
1 -	1			
0				
18	19	20	21	22 회차

평균출제문항수

2.4 문항

2단계 학습전략

데이터의 힘을 믿으세요!
강의로 복습하는 **기출회독 시리즈**

3회독 복습과정을 통해
최신 기출경향 파악

최근 10개년 핵심 키워드

기출회독 101	인지행동모델의 주요 특징	9문항
기출회독 102	인지행동모델의 개입기법	11문항
기출회독 103	행동주의이론, 행동수정모델	6문항

기본개념 완성을 위한 **학습자료 제공**

기본개념 강의, 기본쌓기 문제, O X 퀴즈, 기출문제, 정오표, 묻고답하기, 지식창고, 보충자료 등을 **아임패스**를 통해 만나실 수 있습니다.

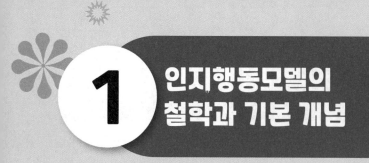

기출회차

1	2	3	4	5
6	7	8	9	10
11	12	13	14	15
16	17	18	19	20
21	22			

강의로 복습하는 기출회독 시리즈

Keyword 103

1 인지행동모델의 철학과 기본 개념

1. 인지행동모델의 철학[10]

(1) 인지행동모델의 등장배경
- 정신분석모델의 치료방식을 통한 효과성에 대해 의문이 제기되면서 정신분석모델식 치료에 대한 거부가 일어나기 시작했다.
- 다양한 클라이언트와 복잡하게 얽혀 있는 문제에 모두 적용할 수 있는 통합이론의 필요성이 제기되었다.
- 클라이언트와 환경 간의 상호작용에 대해 포괄적으로 이해할 수 있는 이론 및 모델에 대한 필요성이 제기되었다.

(2) 인지행동모델의 인간관
- 인간은 외부 자극에 수동적으로 반응하는 존재가 아니다.
- 인간은 심리 내적인 힘에 의해서 결정되는 존재가 아니다.
- 인간의 행동은 개인과 환경 간의 상호작용의 결과이다.

(3) 인지행동모델의 개입목적
문제의 원인이 되는 비합리적 신념, 왜곡된 사고, 인지적 오류 등을 확인 및 점검하고 재평가해서 수정할 수 있도록 원조하는 것이다.

2. 인지행동모델의 이론적 기반 22회기출 🏆

1) 인지이론[11]

(1) 개념
- 인지란 '사고능력'을 의미하며, 넓게는 사고 이외에 지각, 기억, 지능, 언어 등을 포함하는 정신과정 전체를 지칭하기도 한다.
- 인지이론은 인간의 경험과 사회적 상호작용의 결과로 인간의 인지능력이

중요도 ★

강화, 처벌, 조건화 등의 개념을 확인하는 문제도 간헐적으로 등장하고 있으며, 행동주의모델(행동수정모델)의 주요 특징 및 개입기법에 관한 문제도 출제되고 있다.

발달한다는 이론으로서, 환경에 대한 인간의 사고, 인식, 해석이 정서와 행동의 결정요인이라고 본다.

(2) 인지이론의 인간관과 문제에 대한 관점

- 인지이론에서는 인간을 매우 주관적인 존재로 본다. 즉, 객관적이고 절대적인 현실은 존재하지 않으며, 개인마다 의미를 부여하는 주관적인 현실만 존재한다고 본다.
- 왜곡된 인식이나 해석으로 인해 인간의 문제가 발생한다고 본다.

2) 행동주의이론 [12]

(1) 행동주의이론의 배경 및 특징

- 정신분석이론의 한계를 지적하고 이를 반대하면서 제시되었다.
- 인간은 과거의 경험이나 심리 내적 역동보다는 외부환경이나 자극에 의해 학습된다고 보았는데, 클라이언트가 잘못된 혹은 부정적인 행동을 모방하거나 학습한 결과로 역기능적 행동을 보인다고 주장한다.
- 내적인 동기와 욕구 및 지각에 초점을 두기보다는 구체적으로 관찰할 수 있는 행동에 초점을 두며, 구체적이고 정확한 문제의 규정과 변화목표, 개입과정을 강조한다.
- 인간의 행동은 고전적 조건화, 조작적 조건화, 대리적 조건화에 의해 학습된다고 본다.
- 행동주의모델은 선행조건이나 행동 그 자체 또는 강화요인을 관찰하고 통제함으로써 행동을 예견하고 통제할 수 있다고 주장한다.
- 행동주의이론을 기초로 행동수정모델이 발달되었다. 파블로프, 스키너 등으로 대표되는 행동주의이론을 순수한 행동수정이라고 보는데 사회복지실천에서의 행동주의모델은 반두라의 사회학습이론을 바탕으로 발전된 측면이 있다.

(2) 원리 및 주요 개념 ⭐

① 행동수정의 원리

- 자기 자신에 의한 조절 및 타인에 의한 조절로 인간의 행동이 일어난다.
- 조작적 행동: 인간의 행동은 그 행동의 결과가 유쾌한 것이면 강화되고, 불쾌한 것이면 감소 혹은 소거된다.
- 타임아웃: 문제행동을 한 사람을 그 상황에서 격리시키는 방법이다. 후속

인지이론
- 인간이 생각하고 정보를 처리하는 과정에 관한 이론
- 인간의 경험과 사회적 상호작용의 결과로 인지능력이 발달한다고 봄
- 감정이나 행동을 사고의 산물로 간주

스키너의 행동주의이론 및 반두라의 사회학습이론 등에 대해서는 <인간행동과 사회환경> '3장 인지행동이론'에서 상세히 다루고 있다.

결과에 따라 강화가 될 수도, 처벌이 될 수도 있다.
- 강화: 바람직한 행동을 증가시키기 위한 방법이다.
- 처벌: 바람직하지 않은 행동의 발생빈도를 감소시키는 방법이다.
- 소거: 행동이 강화되지 않으면 약화된다.
- 간헐적 강화: 간헐적으로 강화된 행동은 소거가 어렵다.
- 차별적 자극: 대부분의 조작적 행동은 결국 선행조건에 의해 일어난다.
- 회피행동: 불쾌한 사건이 임박했다는 선행조건은 회피행동을 일으킨다.
- 조건화: 조건화를 통해 선행조건은 정서적인 자동적 반응을 일으킨다.

② 고전적 조건화(=반응적 조건화)

- 행동을 유발시키는 힘이 없는 중성자극에 반응유발 능력을 불어넣어 조건 자극으로 변화시키는 과정이다.
- 파블로프(Pavlov)의 개 실험을 통한 고전적 조건반사 연구에서 개에게 고기(무조건적 자극, UCS)를 주기 전에 매번 종(중성자극)을 울리면 그 개는 점차 종소리(조건화된 자극, CS)만 듣고도 침(조건반응, CR)을 흘리게 된다. 즉, 무조건적 자극 없이도 중성자극으로 반응을 유도하게 된 것이다. 이때 침을 흘리는 것은 무조건적 자극인 음식에 의해서 만들어진 것이 아니므로 조건반응(CR)이라고 하며, 중성자극이었던 종소리는 조건자극(CS)이 된다.
- 반응적 조건화에 의해 학습된 반응적 행동은 선행자극에 대한 반응으로서 나타난 행동이다.

③ 조작적 조건화(조건 형성)

- 조작적 조건화는 어떤 반응에 대해 선택적으로 보상함으로써 그 반응이 일어날 확률을 증가시키거나 감소시키는 방법을 말한다. 하나의 새로운 행동을 한 결과로 어떤 사건이 뒤따를 때, 이 둘 사이의 연결(S-R) 관계를 습득하게 되는 경우를 말한다.
- 고전적 조건화는 무의식적 반응에 근거한 것이지만, 조작적 조건화의 행동은 개인의 의식적 통제 아래 있다. 고전적 조건화는 '종소리'처럼 행동이 발생하기 이전에 자극이 주어진 것이며, 조작적 조건화는 행동 '이후'에 대한 '기대되는 결과' 때문에 학습이 이루어진다.
- 강화의 조건부
  - 정적 강화: 결과를 제시함으로써 행동의 발생가능성을 증대한다. 즉, 바람직한 행동을 증가시키기 위해 긍정적 강화물(예 칭찬, 용돈)을 제공한다.
  - 부적 강화: 혐오결과를 제거함으로써 행동의 발생가능성을 증가시킨다.

강화의 조건부에서 행동은 강화물 혹은 자극을 제공하는 사람의 의도가 아니라 효과에 의해 결정된다.

즉, 바람직한 행동을 증가시키기 위해 불쾌한 자극(예 숙제, 화장실 청소)을 제거한다.

- 정적 처벌: 바람직하지 않은 행동을 감소시키기 위해 혐오자극(예 회초리, 매 등)을 제시한다. 이때 처벌의 효과와 윤리적인 문제, 학대의 가능성 등을 고려해야 한다.
- 부적 처벌: 바람직하지 않은 행동을 감소시키기 위해 정적 강화물(예 관심, 용돈, 상금 등)을 제거한다.

④ 대리적 조건화
- 반두라의 사회학습이론에 소개된 개념이다.
- 인간은 자신이 직접 경험하지 않더라도 다른 사람의 행동결과를 관찰함으로써 새로운 행동을 학습할 수 있는데 이처럼 다른 사람의 행동을 관찰함으로써 새로운 행동을 학습하는 것을 '대리적 조건화'라고 한다.
- 직접적인 보상이나 처벌 없이 타인의 행동을 관찰함으로써 행동을 습득할 수 있다.
- 대리적 조건화를 활용한 실천기법과 프로그램으로는 모델링, 행동시연, 역할연습, 사회기술훈련 등이 있다.

(3) 행동주의모델의 개입기술 ⭐꼭!
- 선행조건의 회피: 바람직하지 못한 표적행동을 일으키는 상황에 거리를 두어 행동발생을 방지하는 방법
- 선행조건의 압축: 문제행동이 발생하는 상황의 범주를 아주 작은 범위로 좁히는 방법
- 선행조건의 재인식: 문제행동을 일으키는 선행조건에 대한 클라이언트의 인식체계를 변화시키는 방법
- 행동연쇄의 변화: 한 행동이 다른 행동을 일으키고 그 행동이 다시 행동을 일으켜 문제가 반복되는 고리 속에 있을 때 그 고리 중 어느 부분을 끊어내는 방법
- 멈춤: 문제행동이 일어날 것만 같은 기미가 느껴질 때 심호흡을 한다든지 먼 산을 본다든지 하는 방식으로 행동발생을 막는 방법
- 언어적 지시: 간단하고 명료하게 언어적 지시를 통해 행동을 통제하는 방법
- 사고 중단: 바람직하지 않은 행동을 하려는 생각이 드는 순간 스스로에게 '멈춰!'라고 말하는 방법
- 소거: 바람직하지 않은 행동(특히 이전에는 보상을 받아 강화된 행동이지만 그 정도가 지나쳐 이제 바람직하지 않게 된 행동)에 대해 관심이나 반응

을 보이지 않음으로써 그 행동의 빈도를 감소시키는 방법
- 행동형성(조성): 최종적인 목표행동을 획득하기 위해 단계별 목표행동을 습득하도록 하는 방법(목표를 너무 높게 설정하면 클라이언트가 동기를 상실할 수 있다는 점에 유의해야 한다)
- 용암법: 다른 유형의 자극을 점진적으로 조절하여 최종적으로는 변화된 자극이나 새로운 자극에 대해서도 특정 반응을 할 수 있도록 하는 방법
- 대체행동: 바람직하지 못한 행동을 대신할 다른 행동을 취하는 방법
- 모델링: 자신이 하고자 하는 행동을 하는 다른 사람의 행동을 보고 모방하여 그 행동을 익혀나가는 방법

3. 인지행동모델의 주요 가정[13]

(1) 인간과 환경 간의 관계에 대한 가정

① 인간

인간은 심리 내적인 힘이나 외부환경 및 자극에 의해서 반응하는 수동적인 존재가 아니라 환경과 상호작용하면서 행동하는 존재이다. 인간의 행동은 보상과 처벌에 의해 자동적으로 형성되는 것이 아니라 환경에서 얻은 정보와 개인의 인지적 과정이 상호작용하여 이루어진다.

② 환경

환경은 인간에게 경험과 정보를 끊임없이 제공해주고, 이러한 환경의 영향은 기대, 반응, 관심 같은 개인의 인지적 과정에 의해 중재된다.

③ 인간과 환경의 관계

- 인간은 개인적·환경적·인지적 영향력 사이에서 끊임없이 상호작용하면서 행동하는 존재이다.
- 환경조건은 개인의 행동을 만들고 개인의 조건은 다시 환경을 형성한다는 상호결정론적 입장이다.
- 인간은 고유한 인지과정을 통해 환경에서 자신의 주관적인 경험을 해석하고 행동한다. 행동 결과는 다시 주위 반응에 영향을 받는 순환적인 상호과정이다.

(2) 인지행동모델의 공통된 기본 가정

- 인지활동은 행동에 영향을 준다.
- 인지활동을 모니터하고 바꿀 수 있다.
- 인지를 변화시킴으로써 행동 변화가 가능하다.

4. 인지행동 접근방법의 장점 및 한계[14]

중요도

한계점을 묻는 문제가 단독으로 출제되기도 했지만, 대체로 주요 특징을 살펴보는 문제에서 다뤄지기도 하므로 한번쯤 살펴보자.

(1) 장점

- 인간과 환경의 호혜적 상호교류를 잘 설명한다.
- 사회복지의 직접적 실천에 쉽게 적용될 수 있는 개입전략과 지침을 포함하고 있다.
- 인간은 모두 본래적으로 가치 있고 자기결정권을 가진다는 사회복지실천가치에서 벗어나지 않는다. 따라서 클라이언트를 수동적이 아닌 적극적인 참여자로 간주한다.

(2) 한계

- 사회(환경)적 개입에 대해 이론적 언급은 있으나, 치료적 접근은 주로 심리지향적이다.
- 사회(환경)적 개입의 부재는 개인의 문제를 왜곡된 사고의 기능으로 보게 한다.
- 인지에 대한 명확한 정의가 없다.
- 인지와 감정의 상호작용을 설명하는 데 개념적 명료성이 떨어진다.
- 드러나지 않은 변수들을 조작화하는 것과 관련하여 방법론적 어려움이 있다.
- 현재에만 집중함으로써 과거에 발생된 상처, 억압된 분노, 적개심을 과소평가한다.
- 지적 수준이 낮거나 현실감이 부족한 클라이언트에게 적용하기 어렵다.

5. 인지행동모델의 구분과 모델들[15]

중요도

여기서는 뒤에 배울 개입기법을 공부하기에 앞서 인지행동적 접근을 기반으로 어떤 모델들이 제시되었는지를 살펴보자.

인지행동모델은 인지이론, 행동주의, 사회학습이론 등에서 나온 개념들을 통합·적용한 것으로 1960년대부터 1980년대 사이에 다양한 모델이 탄생되었다. 가장 널리 알려진 모델로 합리정서치료, 인지치료, 문제해결치료 등이 있으며, 이외에도 불안관리훈련, 스트레스 개선훈련 등 다양한 치료모델들이 있다. 주요 학자로는 벡(Beck), 엘리스(Ellis), 마이켄바움(Meichenbaum), 즈 릴라와 골드프라이드(D'Zurilla & Goldfried), 마호니(Mahoney) 등이 있다.

인지행동모델의 구분

(1) 인지재구조화 접근

① 합리적 정서치료(Rational-Emotive Therapy, RET)

- 학자: 엘리스(Albert Ellis)
- 문제의 원인: 비합리적 신념
- 가정: 인간이 지니는 부정적 감정들과 심리적 증상들은 비합리적 신념에서 비롯된다.
- 개입 목적: 비합리적 신념을 밝혀내어 재구조화하기
- 비합리적 신념, ABCDE 모델

② 합리적 행동치료(Rational-Behavior Therapy, RBT)

- 학자: 몰츠비(Maxie Maultsby)
- 가정: 인식(A)과 평가적 사고(B)가 반복적으로 결합하여 적절하거나 부적 절한 정서 및 행동상의 반응을 이끌어낸다.
- 자기패배적 인지적 습관
- 특징: 엘리스의 합리적 정서치료와 ABCDE모델의 영향을 받아서 이론적 내용과 치료기법이 유사하다.

③ 인지치료(Cognitive Therapy)

- 학자: 벡(Aron Beck)
- 문제의 원인: 인지 왜곡 및 오류
- 가정: 감정이나 행동을 결정하는 것은 사건이나 상황 자체가 아니라 그것에 대한 해석이나 평가에 달려 있다.
- 인지적 오류, 도식, 자동적 사고, 핵심적 믿음체계

④ 자기지시훈련(Self-Instructional Training)

- 학자: 마이켄바움(Meichenbaum)
- 가정: 개인의 자기지시가 행동과 행동변화를 중재한다.
- 내적 대화와 겉으로 드러나지 않은 자기진술을 하게 함으로써 어려운 생활사건에 대처하고 행동문제를 해결하게 하는 기법이다.
- 언어적 자기지시와 행동 간의 관계에 초점을 둔다.

(2) 대처기술 접근

① 불안관리훈련(Anxiety Management Training)

- 학자: 쉰과 리차드슨(Suinn & Richardson)
- 가정: 불안은 학습된 혹은 이차적 동인(drive)이다. 불안과 관련된 반응은 회피행동을 촉진하고 유지시키는 지시로써 작용한다. 상호적 억제과정을 통해 불안을 제거하는 반응으로 차별적인 지시에 반응하도록 클라이언트를 조건화할 수 있다.
- 대처기술을 향상시켜 불안을 극복하기 위한 방법으로서 역조건화 원리에 기초하며 심상법, 체계적 둔감법, 이완훈련 등이 이용된다.

② 스트레스 면역훈련(Stress Inoculation Training)

- 학자: 마이켄바움(Meichenbaum), 터크(Turk)
- 가정: 경미한 스트레스에 적응하는 법을 배운 클라이언트는 극심한 스트레스를 극복할 수 있는 힘을 가지게 된다.
- 대처기술의 체계적 습득과 경미하고 관리 가능한 수준의 스트레스에 대처하는 것을 배우는 것을 강조한다.

(3) 문제해결치료 접근

① 문제해결치료(Problem-Solving Therapy)

- 학자: 즈릴라와 골드프라이드(D'Zurilla & Goldfried)
- 가정: 일상생활에서 직면하는 문제상황에 대처할 수 있도록 문제해결절차나 기술을 개인에게 훈련시킴으로써 문제해결 능력을 효과적으로 향상시킬 수 있다.
- 문제해결 5단계: 문제지향 → 문제정의와 형성 → 가능한 대안의 모색 → 의사결정 → 문제해결책의 실행과 검증

2 인지행동모델의 개입목표와 과정

기출회차				
1	2	3	4	5
6	7	8	9	10
11	12	13	14	15
16	17	18	19	20
21				

강의로 복습하는 기출회독 시리즈

Keyword 101

1. 인지행동모델의 개입목표

• 개인이 가지고 있는 비합리적 신념이나 인지적 오류, 자기패배적인 사고를 변화하게 함으로써 그의 감정이나 행동을 수정하게 한다.
• 클라이언트가 자기 자신과 다른 사람들, 그리고 삶에 대해 정확하고 객관적인 평가를 내리게 함으로써 좀 더 건설적인 인지들을 창출하거나 발견해낼 수 있도록 원조한다.

2. 인지행동모델 개입의 특징[16]

중요도 ★ ★ ★

인지행동모델의 특징을 살펴보는 것은 필수이다. 인지행동모델은 인간의 주관적 경험의 독특성을 중시하고, 구조화되고 방향적인 접근을 강조하며, 능동적인 참여를 강조한다. 단기모델이라는 점도 함께 기억해두자.

(1) 클라이언트의 주관적 경험의 독특성 중시 꼭! ☆

• 클라이언트의 주관적 경험, 문제 및 관련 상황에 대해 느끼는 주관적인 의미를 중요시한다.
• 클라이언트의 경험이나 의미를 치료자의 관점에서 해석하고 이해하는 것이 아니라 클라이언트가 경험하고 느끼고 해석하는 방식, 신념체계 등을 존중하고 이해해야 한다.

(2) 클라이언트와 사회복지사의 협조적인 노력

• 기본적으로 클라이언트와 사회복지사의 협조적인 노력이 요구된다. 치료에 중요한 요소인 '신뢰'는 협조적인 노력 및 관계를 통해서 성립될 수 있다.
• 클라이언트는 자기 자신, 다른 사람들, 세계를 보는 시각 등을 사회복지사에게 제공한다. 사회복지사는 문제와 치료, 개입, 사정, 전략, 도구 등에 대한 정보를 제공한다.

(3) 구조화되고 방향적(직접적)인 접근 꼭! ☆

• 개입은 구조화된 절차를 거치면서 이루어진다.
• 일정한 방향성을 가지고 문제해결과정을 수행한다.

(4) 클라이언트의 능동적인(적극적인) 참여 ⭐꼭!

- 클라이언트는 사회복지사에 의해서 '치료되는' 수동적인 존재가 아니라 스스로가 능동적으로 문제해결에 참여해야 한다.
- 개입전략 형성 이후에 클라이언트는 치료상황에서뿐만 아니라 일상생활에서도 변화를 위해 노력해야 하며 이를 위해 과업을 수행해야 한다.
- 사회복지사의 개입이 없는 상황에서도 클라이언트 자신이 치료자가 되어 재발을 방지하고 문제를 해결할 수 있는 능력이 형성되기 위해서는 적극적 참여가 중요하다.

(5) 교육적 접근(교육모델)

- 개입 초기에 인지행동치료에 대해 클라이언트가 이해하고 협조할 수 있도록 충분히 설명하고 교육하며 이에 대해 논의한다.
- 교육 및 설명 내용: 인지, 정서, 행동, 신체생리학적, 사회환경적 요인의 상호작용적 속성과 이들이 정서적 혼란과 비적응적 행동에 대해 미치는 영향, 사회복지사와 클라이언트 간에 기대되는 협조관계, 문제와 개입에 대한 클라이언트의 잘못된 시각 등이다.
- 클라이언트가 문제에 대해 파악하고 인지행동치료의 개념을 이해하는 것이 효과적인 개입에 중요하다.
- 대처기제를 학습하기 위해 독서요법, 문서, 오디오 테이프나 비디오 테이프의 사용, 강의와 세미나 참가와 같은 교육적인 방법이 활용된다.

(6) 경험적인 초점(empirical focus) ⭐꼭!

- 클라이언트의 인지적 기능은 정서적 · 행동적 반응과 연관되므로 인지적 기능에 대해 경험적으로 탐색한다.
- 클라이언트의 개념, 생각, 신념, 태도, 기대가 밝혀지면 표적이 되는 인지가 유용한지, 합리적이며 적용 가능한지 검증한다.

(7) 소크라테스식 문답법(문답식 방법)

- 소크라테스식 문답법(=산파술)은 상대방에게 계속 질문을 해서 결국에는 진리를 깨달을 수 있도록 도와주는 방법이다.
- 클라이언트의 문제를 논박을 통해 인지적 왜곡이나 오류가 있음을 밝혀내고, 질문을 통해 자기 발견과 타당화의 과정을 거치게 되어 사건이나 행동의 의미를 재발견하는 것이다.
- 소크라테스식 질문이나 논박을 통해 클라이언트의 인지과정을 발견하는 것이 인지행동치료에서 중요하다. 소크라테스식 질문은 중요한 인지현상을

쉽게 찾아내주며, 클라이언트로 하여금 자기발견과 타당화의 과정을 갖게 해주기 때문이다.

소크라테스식 문답법

> A: 나는 겸손합니다.
>
> **소크라테스:** 그래요. 당신은 겸손하죠. 그런데 겸손은 자신을 스스로 드러내지 않는 것이라고 할 수 있지요?
>
> A: 물론 그렇지요.
>
> **소크라테스:** 자신이 어떠어떠하다고 말하는 것은 스스로 자신을 드러내는 일이라고 할 수 있나요?
>
> A: 그렇다고 할 수 있죠.
>
> **소크라테스:** 그런데 당신은 자신이 겸손하다고 말했습니다. 이는 자신을 스스로 드러내는 일이라고 할 수 있지 않나요?

(8) 시간제한적인 개입 ⭐꼭!

- 인지행동모델 및 개입에 대하여 설명과 논의 등을 통해 클라이언트가 이해하게 되면 개입기간은 단축되고 효과성은 커진다.
- 목표지향적이고 구조화된 접근방식으로 인해 개입이 단기화될 수 있다.

(9) 문제재발의 방지

개입의 효과가 유지되기 위해서는 문제의 재발이 방지되어야 한다. 종결 이후 클라이언트는 스스로 치료자가 되어 문제의 재발을 방지하고, 문제를 해결해나갈 수 있어야 한다. 사회복지사는 클라이언트가 이러한 능력을 배양할 수 있도록 다양한 방법을 시도한다.

(10) 문제 중심, 목표지향, 현재 중심

- 기본적으로 단기접근이기 때문에 클라이언트가 호소하는 문제와 현재를 중심으로 개입하며, 목표지향적으로 접근한다.
- 문제해결과 원인탐색을 위해 과거의 경험이나 무의식 등을 탐색하거나 강조하지 않는다.

(11) 다양한 개입방법

사고, 정서(기분), 행동을 변화시키기 위해 다양한 기법을 사용한다.

- 인지적 기법: 문답식 대화, 논박 등
- 정서적 기법: 합리적 · 정서적 심상법, 내담자 수용
- 행동적 기법: 역할연습, 역할 바꾸기, 과제 수행 등

3. 개입과정[17]

(1) 초기단계

① 접수, 호소문제 듣기
- 인지행동모델에 대한 원리 및 치료과정을 소개하고, 개입을 구조화한다.
- 클라이언트의 역기능적 신념이나 가정 등을 파악하고, 이것이 클라이언트의 감정이나 행동과 어떻게 연결되는지를 설명한다.
- 클라이언트의 관점에서 문제를 이해하고 받아들이려고 노력한다.

② 우선순위 결정
개입에서 우선적으로 다루어져야 할 문제의 우선순위를 정한다.

③ 부정적 인지의 사고체계 탐색
- 원인이 되는 비합리적인 신념, 인지적 오류 등을 찾아내도록 원조한다.
- 클라이언트가 가지고 있는 인식 및 사고체계가 어떻게 작용하여 어떤 결과를 낳게 하였으며, 따라서 인식 및 사고체계를 변화시켜야 하는 이유가 무엇인지 충분한 토의를 한다.
- 클라이언트의 잘못된 신념체계를 확인하는 3단계
  - 1단계: 어떻게 해서 자신의 믿음을 갖게 되었는지 질문한다.
  - 2단계: 현재의 역기능적인 관점이나 믿음에 대한 증거를 제시해 보게 한다.
  - 3단계: 어떤 행위 뒤에 일어날 결과에 대해 지나친 걱정이나 두려움을 갖게 된 논리에 도전해 본다.

④ 정보수집
평가를 위해 문제의 발생 빈도, 정도나 강도, 지속기간 등의 형태 등에 관해 정보를 수집한다.

(2) 개입단계
- 개입은 개인의 대처 능력 증대 및 긴장 완화를 위해 이루어진다.
- 개입의 초점은 문제상황에 대한 클라이언트의 인식과 평가, 개인의 속성과 기대, 문제해결기술, 사회적 자원과 대인적 지지의 접근성 등이다.
- 클라이언트의 역기능적 문제는 자신과 환경에 대한 왜곡된 인지체계에서 비롯된다는 가정하에, 클라이언트의 왜곡된 인지를 재구성한다.

① 인지적 전략

- 부정적 인지(사고)체계의 분석: 클라이언트로 하여금 부정확한 인식이나 잘못된 생각 등을 갖게 한 주변의 상황이나 사건을 스스로 분석하여 그 당시 자신의 생각이나 믿음의 합리성 정도를 평가하게 한다.
- 순기능적 인지(사고)체계로 전환: 역기능적이고 자기파괴적인 인식체계를 순기능적 자기진술로 바꾸어 보게 한다.

  예 "내가 발표할 때 사람들이 나를 쳐다보는 것은 내가 말도 더듬고 서툴기 때문이야." → "내가 발표할 때 사람들이 나를 쳐다보는 것은 나의 발표에 관심이 있고 집중하기 때문이야."

- 기법: 비합리적 신념 논박, 인지적 과제 부여, 소크라테스식 대화법, 합리적 자기진술 연습, 독서 및 시청각 치료, 녹음한 상담내용 들어보기 등

② 행동적 전략

- 클라이언트의 학습목표를 성취 가능한 과업으로 조직한다.
- 클라이언트의 행동연습을 가르치고 격려하며 성공을 확신시켜주고 실수를 교정하는 것에 대한 적절한 제안을 해준다.
- 기법: 역할연기, 역할 바꾸기, 과제부여, 벌과 강화 사용, 기술훈련 등

③ 정서적 전략

- 클라이언트가 자신의 감정을 객관적으로 인식하기 위해서는 그러한 상황을 떨어져서 관찰해 볼 필요가 있으며, 그것은 부인이나 회피가 아닌 분류와 방치의 의미임을 설명해주어야 한다.
- 정서적 장애를 제거하는 다른 방법으로, 클라이언트에게 숨을 깊이 들이쉬고 근육을 이완시키는 법 등을 가르치는 것이 있다. 먼저, 불안과 관련된 신체적 단서를 인식하는 법을 배우고 다음으로 근육긴장과 불안을 줄이는 이완절차를 배운다.
- 기법: 합리적 · 정서적 상상(심상)법, 클라이언트를 무조건적 수용하기, 치료자의 자기개방, 유머스러운 기법의 활용, 수치감 공격 연습 등

(3) 종결단계

- 개입의 효과성 및 목표달성정도를 평가한다.
- 문제가 되었던 역기능적 인지체계나 사고체계(비합리적 신념, 자동적 사고, 인지적 왜곡 등)가 어느 정도 합리적인 대안체계로 변화되었는지 확인하고 평가한다.
- 인지 및 사고체계의 변화가 일상생활 속에서 적용되고 있는지 확인한다.

3 인지행동모델의 개입기법

	기출회차			
1	2	3	4	5
6	7	8	9	10
11	12	13	14	15
16	17	18	19	20
21	22			

강의로 복습하는 기출회독 시리즈

Keyword 102

비합리적 신념, 왜곡된 사고 등 주요 개념 및 특징과 함께 ABCDE로 진행되는 개입과정을 살펴보자.

1. 엘리스의 합리적 정서치료(Rational-Emotive Therapy, RET) [18]

(1) 등장배경

- 엘리스는 정신분석학자들이 환자를 치료할 때 과거의 경험을 가지고 문제를 해결하려는 것에 반대하였다. 그는 심리치료를 받는 환자들이 자유연상과 꿈의 분석 같은 정신분석기법을 따르는 것에 거부감을 가지고 있으며 장기간에 걸친 치료와 정신분석에 따른 통찰력의 변화가 행동으로까지 이어지는지에 대해 의문을 제기하였다.
- 정신분석적 접근보다 좀 더 직접적이고 지시적이며 생활상의 문제를 다룰 수 있으며, 과거가 아닌 현재 부딪치는 상황에서 문제의 해결책을 발견할 수 있다고 확신하여 합리적 정서치료를 개발하였다(1950년대 후반~1960년대).

(2) 기본가정

- 인간의 사고와 정서(감정)는 상호관계가 있다.
- 인간의 정서와 행동은 사고에서 나온다.
- 인간이 지니는 부정적 감정들과 심리적 증상들은 비합리적 신념에서 비롯된다.
- 정신(혹은 심리)장애는 어떤 사건에 대해 절대적인 평가를 하려는 경향에서 발생한다. 예 '반드시 … 해야 한다'는 생각

(3) 특징 ★

- 클라이언트가 자신의 비합리적인 신념과 그러한 신념들로부터 생기는 부적절한 정서적 결과를 스스로 자각하고 비합리적 신념을 수정할 수 있도록 원조한다.
- 인지적 · 행동적 요소 모두를 강조한다.
- 적극적 · 행동적 방법을 사용한다.

- 클라이언트가 치료 중에 획득한 통찰을 자신의 실생활에 적용할 수 있도록 적극적이고 체계적으로 과제를 부여한다.
- 인지, 정서, 행동기법을 통합하는 다차원적 접근을 사용한다.

(4) 인간에 대한 관점

인간은 본래 비합리적으로 생각하는 경향이 있지만 자신의 비합리적 사고를 바꿀 수 있는 힘을 가지고 있다(인간에 대한 낙관적 견해).

(5) 비합리적 신념

- 엘리스는 인간의 사고와 감정은 서로 연관되어 있으며, 부정적 감정과 심리적 증상들은 비합리적 신념에서 기인한다고 보았다.
- 비합리적 신념에는 '반드시 … 해야 한다', '절대로', '모든', '완전히' 등의 사고들이 저변에 깔려 있다. 따라서 합리적 정서치료에서 치료자는 클라이언트의 비합리적 신념들을 찾아내고 반박하면서 그것을 대체할 수 있는 합리적인 신념들을 제시해줄 수 있어야 한다. 엘리스는 비합리적 신념의 내용과 그것을 반박하는 내용을 제시하였다.

① 인정의 욕구

- 내용: 모든 사람으로부터 사랑과 인정을 받아야만 한다는 믿음
- 반박: 모든 사람으로부터 사랑과 인정을 받는 것은 바람직한 일이지만 현실적으로 어렵고 반드시 그래야 하는 것도 아니기 때문에 비합리적이다. 이것만을 위해 노력한다면 더 불안감이 커지고 자기패배감에 빠지게 된다.

② 과도한 자기 기대감

- 내용: 자신이 가치 있는 사람이 되기 위해서는 모든 영역에서 완벽하게 유능하여 반드시 성공을 거두어야 한다는 믿음
- 반박: 인간은 불완전한 존재이므로 모든 영역에서 성공하는 것은 불가능하다. 강박적으로 이것만을 추구한다면 오히려 열등감, 삶에 대한 무력감, 실패에 대한 두려움만 생기게 된다.

③ 비난 성향

- 내용: 자신에게 해를 끼치거나 악행을 저지르는 사람은 나쁘고 야비하며, 이들은 반드시 비난과 처벌을 받아야 한다는 믿음
- 반박: 선과 악에 대한 절대적 기준이 없다는 점에서 오히려 인간의 비합리적인 편견일 수 있다.

④ 좌절적인 반응

- 내용: 일이 뜻대로 되지 않을 때 인생이 아무런 가치가 없으며 끔찍하다는 믿음
- 반박: 현실은 우리가 원하는 대로 이루어지는 것만은 아니다. 가끔 욕구가 좌절되는 것은 정상적이므로 받아들일 수 있어야 한다.

⑤ 정서적 무책임

- 내용: 인간의 불행은 외부환경에서 비롯되므로 그것을 통제할 수는 없다는 믿음
- 반박: 외부환경에서 기인하기도 하지만 일반적으로 부정적인 감정은 자기의 내부에서부터 생기는 것이다.

⑥ 과도한 불안

- 내용: 위험하고 두려운 일에 대해서는 항상 신경을 써야 하고, 발생가능성을 염두에 두고 있어야 한다는 믿음
- 반박: 발생가능성을 지속적으로, 반복적으로 생각하다 보면 실제로 일어날 수 있는 위험보다 더 과장되는 경향이 있다. 이것은 오히려 개인을 더 불안하게 만들고 위험에 대한 객관적인 평가를 방해한다.

⑦ 문제 회피

- 내용: 어려움이나 책임은 직면하는 것보다 회피하는 것이 더 쉽다는 믿음
- 반박: 회피는 순간적인 위안은 되지만 자신감을 상실하게 하고 다른 문제들을 발생시키므로 비합리적이다. 합리적인 사람은 불필요한 고통은 피하지만, 그것이 반드시 해야 할 일이라면 불평 없이 한다.

⑧ 의존성

- 내용: 사람은 타인에게 의존(의지)해야 하며, 자신이 의존할 수 있는 강한 누군가가 필요하다는 믿음
- 반박: 타인에게 어느 정도는 의존하고 있으나 의지하면 할수록 독립성, 개체성, 자아 등의 상실을 가져오게 된다.

⑨ 무력감

- 내용: 사람의 현재 행동은 과거에 의해서 결정되며 과거의 영향에서 벗어날 수 없다는 믿음
- 반박: 과거의 영향을 전혀 무시할 수는 없지만 과거에는 필요했던 행동이

현재에는 필요하지 않을 수도 있고 과거의 문제해결책이 현재에는 적절하지 않을 수도 있다. 과거의 중요성을 인정하면서 현재가 미래에 영향을 미칠 수 있다는 것을 아는 것이 합리적인 인간이다.

⑩ 지나치게 다른 사람을 염려하기

- 내용: 다른 사람의 문제나 어려움에 대해서도 매우 신경을 써야 한다는 믿음
- 반박: 다른 사람의 문제가 자신과 아무런 관계가 없을 때가 많으므로 타인의 문제에 대해 지나치게 걱정한다는 것은 비합리적이다.

⑪ 완전무결주의(=완벽주의)

- 내용: 모든 문제에는 완전한 해결책이 있으며, 그 해결책을 찾지 못하면 파멸이라는 믿음
- 반박: 문제를 완전하게 해결해주는 방책은 없기 때문에 이것은 비합리적인 생각이다. 완전한 해결책을 찾는 일은 오히려 끊임없는 고민과 불안을 낳을 뿐이다. 주어진 상황에서 가장 적절한 최선책을 찾는 것이 합리적이다.

(6) 왜곡된 사고

① 개념

- 엘리스는 심리적 혼란이나 부정적 감정의 근원이 되는 비합리적 신념의 특징으로 인지의 왜곡화를 제시했다.
- 인지의 왜곡화는 대부분, '…해야 한다, …이어야 한다, …해서는 안 된다(must, should, must not)' 등의 당위적 사고형태를 띤다.

② 내용

'…해야 한다', '…가 아니면 안 된다' 등의 사고에는 다음과 같은 세 가지 의미가 있다.

- 어떤 일을 사실보다 더 나쁜 것이라고 평가하여 과장되고 허황된 결론을 내림
  예 시험에 떨어졌다는 것은 앞으로 성공할 가능성이 없다는 거야…….
- 발생해서는 안 되는 일이 발생하거나 그럴 가능성이 있을 경우, 그런 일이 생기면 결코 행복할 수 없다고 생각함 **예** 그 사람과 헤어지다니 내 인생의 행복은 이제 끝났어…….
- 자기 판단에 하지 말아야 할 것을 했을 경우 자신이나 타인을 인간 이하로 평가하거나 비난하고 매도하는 것 **예** 내가 그런 일을 하다니 나는 정말 못난 인간이야…….

(7) 개입 ⭐

① 개입목적 및 변화의 표적

- 개입의 목적은 부정적 감정의 근원이 되는 비합리적 신념을 밝혀내고 도전함으로써 재구조화하는 것이다.
- 사람들은 어떤 사실 자체에 의해서가 아니라 그것을 바라보는 시각에 의해 혼란을 경험하고 장애가 유발될 수 있다고 보며 인간의 정서적 · 행동적 결과에 영향을 미치는 원인으로 사건보다는 신념체계의 중요성을 강조한다.
- 적절한 부정적 감정은 오히려 합리적 사고의 결과일 수 있지만 부적절한 부정적 감정이 문제가 된다. 따라서 변화의 표적은 부정적 감정 자체가 아니라 그것의 근원이 되는 비합리적인 믿음(신념)에 맞춰진다. 예를 들어, 가까운 사람이 죽었을 때 슬퍼하는 감정은 적절한 부정적 감정이지만, 이것으로 인해 우울증에 걸릴 만큼 지나치게 슬픈 감정에 빠지는 것은 부적절한 부정적 감정인 것이다. 따라서 슬픔이라는 감정 자체보다는 그 감정을 과장하거나 확대하게 되는 비합리적 신념이 초점이 된다.

  예 그 사람은 나 때문에 죽었어, 내가 좀 더 신경을 썼더라면 죽지 않았을 거야 …….

② 개입과정: ABCDE 모델(엘리스)

- 엘리스는 합리적 정서모델의 개입 과정을 ABCDE 모델로 제시하였다.
  - A(Accident, 실재하는 사건): 인간의 정서를 유발하는 어떤 사건이나 현상 또는 행위
  - B(Belief, 신념체계): A에 대해서 가지고 있는 신념, 생각
  - C(Consequence, 정서적 · 행동적 결과): 개인의 믿음, 인식 등으로 인해 초래된 감정이나 행동
  - D(Dispute, 논의, 논박): 비합리적 신념체계를 논박, 치료의 논박과정
  - E(Effect, 효과): D를 통하여 합리적인 신념으로 재구조화된 이후에 갖게 되는 태도와 감정의 결과, 효과
- 사건 A는 C라는 정서 및 행동상태의 원인이 아니라, 사건 A에 대해 개인이 갖는 신념체계인 B가 C를 유발하는 주요 원인이다. 따라서 B가 가장 중요하다. 비합리적인 신념을 발견해서, 이를 논박(D)하여 합리적인 신념체계로 바꾸도록 하면 불안이나 분노, 적개심 같은 부정적 감정과 자기파괴적인 행동은 감소하거나 없어지게 된다.
- A와 B, C의 관계 속에서 비합리적 신념(B)을 찾아낸다. 논박(D)을 통해 비합리적 신념과 합리적 신념을 구분하게 한다. 비합리적 신념이 합리적 신념으로 재구조화되는 효과(E)가 나타난다.

ABCDE 모델의 예

A: 사건 '시험에 불합격'

⬇

B: 비합리적 신념체계

비합리적 신념
"시험에 불합격하다니 얼마나 끔찍한가!!!" "나는 이러한 일을 참을 수가 없어." "시험에 불합격하다니 나는 쓸모없는 인간이야." "나는 또 시험에 떨어질거야……."

⬇

C: 정서적, 행동적 결과

바람직하지 않은 정서적 결과	바람직하지 않은 행동적 결과
극심한 우울, 분노, 불안, 무가치함	다음에 또 떨어질 것이라고 생각하여 시험공부를 하지 않음

⬇

D: 비합리적 신념에 대한 논박

1. 논리성: "시험에 불합격한 것이 그토록 끔찍한 일인가?", "시험은 한 번에 합격해야 하는 법이라도 있나?", "시험에 떨어진다고 해서 무가치한 인간이라는 말이 이치에 맞나?"
2. 현실성: "모든 사람들이 시험에 다 합격하는가?", "시험에 떨어지는 사람은 나밖에 없나?"
3. 효용성(실용성): "시험에 한 번 떨어졌다고 자포자기해서 공부를 하지 않는다면 나에게 어떤 이득이 돌아오나?"

⬇

E: 비합리적 신념에 대한 논박의 효과

논박의 인지적 효과 (합리적 신념)	논박의 정서적 효과 (적절한 느낌)	논박의 행동적 효과 (바람직한 행동)
• "시험에 떨어지는 것이 편한 일은 아니지만 그렇다고 해서 끔찍할 것까지는 없어." • "조금 실망하긴 했지만 시험에 떨어지는 일이 나를 쓸모없는 인간으로 만드는 것은 아니야."	• 슬프나 우울해 하지 않는다. • 다음 시험에 대해 조금 염려가 되기는 하지만 불안하지는 않다.	시험공부를 열심히 한다.

③ **주요 기법**

과학적 질문 및 도전, 토론으로 구성되는 논리, 자기모니터, 독서요법, 역할
연습, 모델링 등을 진행한다.

인지적 오류의 유형 정도는 확인
해두자. 각각의 개념을 확인하는
정도에서 출제되기도 했지만, 사
례와 연결해보는 문제로 출제되
기도 했다.

2. 벡의 인지치료(Cognitive therapy)

(1) 벡(Beck)과 인지치료[19]

• 1921년에 태어난 인지치료의 대표적 학자 아론 벡(Aron Beck)은 어머니의 우울증과 어린 시절의 사고, 한 학년을 두 번 다니게 되는 등 힘든 유년기를 보냈고 늘 자신이 무능하고 바보 같다고 생각하였다. 벡은 어렸을 때부터 자신의 이러한 어려움들을 인지적으로 해결하기 시작하였는데, 그 경험을 바탕으로 부정적 신념을 지닌 사람들을 원조하였다.

• 벡은 우울, 자살, 불안 그리고 공황장애, 물질남용, 결혼문제, 성격장애 등에 관하여 연구하였는데, 우울증 환자들을 면접하면서 사고의 내용이 일관적이며 사고의 패턴에서 체계적 왜곡이 존재한다는 것을 발견하였다.

　예 맥락을 무시하고 선택적으로 요약한다거나 과도하게 일반화하기 혹은 자신의 탓으로 돌리기 등

• 벡은 클라이언트가 가지고 있는 특정한 믿음이나 신념은 클라이언트 자신에 대한 생각뿐만 아니라 미래와 세계를 보는 관점에 큰 영향을 미친다는 것을 알게 되었으며 개인이 가지고 있는 다양한 종류의 믿음에 주목하였다.

• 벡은 정신장애를 생활사건에 대한 왜곡된 사고 및 비현실적 인지평가의 결과로 보았으며, 왜곡된 인지와 역기능적 도식을 파악하고 현실을 검증하며 수정하는 것을 개입의 목표로 하는 인지치료를 개발하였다.

(2) 인지치료의 특징

• 벡은 한 개인이 자신과 세계에 대해 가지고 있는 인식이 자신의 심리사회적 문제나 행복을 결정하는 중요한 역할을 한다고 가정한다. 따라서 클라이언트의 심리사회적 문제를 해결하기 위해서는 인지적 측면의 왜곡을 수정하는 것이 가장 효과적이라고 주장한다.

• 인지치료는 역기능적이고 자동적인 사고, 역기능적인 스키마, 신념, 가정 그리고 역기능적인 대인관계의 영향력을 강조한다.

• 치료자는 클라이언트의 자동적 사고를 수정하여 클라이언트의 정서나 행동을 변화시키는 데 역점을 두며, 클라이언트가 특정 상황을 고정된 인지유형에 따라 해석하는 왜곡된 사고에 관심을 기울인다. 따라서 치료자는 클라이언트의 역기능적인 순환을 발견해내고 그 순환고리를 끊고자 한다.

(3) 기본 가정

• 사람들의 감정이나 행동을 결정하는 것은 어떤 사건이나 상황 자체가 아니고 그들이 특정 상황을 상대적으로 고정된 인지유형에 따라 해석하는 방식에 달려 있다(인지매개가설).

- 자신과 타인, 세계, 생활사건에 대한 정보처리 과정에서 왜곡된 사고를 하거나 인지적 오류가 발생하는데 이것이 문제의 핵심이자 원인이 된다.

인지매개가설(cognition mediation hypothesis)

인지행동치료는 인지매개가설을 전제한다. 인지매개가설은 사람들의 감정이나 행동을 결정하는 것은 어떤 사건이나 상황 자체가 아니고 그들이 그 상황을 해석하는 방식에 달려 있다고 가정하는 것이다. 즉, 선행사건이 어떠한 결과(기분)를 발생시킬 때, 그 중간에는 매개체(개인의 신념, 생각)가 있다는 것이다.

- 선행사건(A, Antecedent Event) : 상황, 구체적인 사건, 전조 등
- 신념(B, Belief) : 사건을 해석하는 사고의 틀, 개인의 가치관, 사건에 대한 해석방식 등
- 결과(C, Consequence) : 감정이나 기분, 행동

인지는 사람이 세상을 해석하는 방식과 같은 것인데, 사람은 인지를 통하여 외부의 사건이나 대상을 인식하게 된다는 것이다.

예를 들어, 우울한 사람은 일반적으로 모든 사건이나 사물에 대해서 비관적인 생각을 가지고 있고, 따라서 어떤 일을 할 때 실패에 대한 두려움을 많이 가지게 된다. 이렇게 비관적인 생각을 가지게 되면 성공경험을 하더라도 그 일의 결과를 긍정적으로 보지 않고, 결과를 당연시하거나 과소평가하게 된다. 따라서 인지치료에서는 '클라이언트의 눈을 통해' 비춰진 세상을 이해하는 것이 중요하며, 클라이언트가 세상을 보는 방식을 함께 하면서 보다 현실적이고 적응적인 삶의 방식을 찾아나가는 것이 중요하다.

(4) 자동적 사고와 스키마

① 자동적 사고(automatic thinking)
- 한 개인이 어떤 상황에 대해 내리는 즉각적이고 자발적인 평가나 이미지를 말한다.
- 대부분 부정적인 내용이며 역기능적으로 작용한다.
- 당사자에게는 타당하며 현실적인 것처럼 생각되기도 하기 때문에 스스로 의식하기는 힘들지만 주의를 기울이면 쉽게 발견될 수 있으므로 치료과정에서 사회복지사의 도움이 필요하다.
- 자동적 사고는 그 사람이 근원적으로 믿고 있는 지속적인 인지현상인 핵심 믿음이 태도, 규칙, 가정 같은 중간믿음을 거쳐서 나타난다.
- 벡에 따르면, 우울증을 경험하는 사람들은 상실, 실패, 무능함 등 부정적

벡은 인간의 사고과정을 자동적 사고, 스키마(핵심믿음체계, 중간 믿음체계로 형성), 그리고 이들의 왜곡에 의해 발생되는 추론과정에서의 체계적 오류(=인지적 오류)로 구분하였다.

이고 비관적인 내용의 자동적 사고를 갖는데, 이들은 주로 자기 자신, 자신의 주변환경, 자신의 미래에 대해 습관적으로 부정적인 사고를 하는 경향을 보이며 이것을 인지삼제라고 한다.

자동적 사고의 예

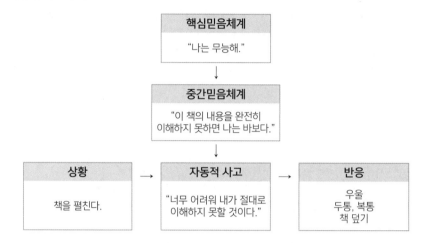

② **스키마 혹은 도식**(schemata, scheme, schema)
- 도식은 정보를 받아들이고 조직화하는 인지구조로서 개인의 발달초기단계에 사고패턴을 제시한다.
- 도식은 핵심 신념을 수반하는 '정신 내의 인지구조'로서 기본적인 신념과 가정을 포함하여 사건에 대한 한 개인의 지각과 반응을 형성한다.
- 개인이 현실을 구조화하는 방식은 정서적인 상태를 결정한다. 즉, 정서와 인지 간의 상호관계가 존재하는데 정서와 인지는 서로를 강화하여 감정적·인지적 손상을 악화시킨다. 즉, 정서적으로 장애가 있는 사람은 인지적 오류의 도식을 가지게 되는데 그 도식에 따라 정보를 처리하게 되므로 현실을 왜곡하게 되고 장애가 더욱 심해진다.
- 도식은 유지된 기간과 믿음 수준에 따라 핵심믿음체계와 중간믿음체계로 구분된다.
- 핵심믿음체계(core belief system)
  - 클라이언트의 경험을 조직하는 인지구조의 기초로서 개인의 왜곡이나 편견을 형성하는 근간을 이룬다. 아주 근원적이고 깊은 수준의 믿음이기 때문에 자기 자신도 인식하지 못하는 경우가 많다.
  - 일반적으로 핵심믿음을 아무런 의심 없이 받아들이고 절대적으로 여기기 때문에 핵심믿음을 입증하는 정보에 선택적으로 관심을 갖지만 그와 반대되는 정보, 즉 핵심믿음이 근거가 없고 사실이 아니라는 정보에 대

해서는 관심을 갖지 않거나 무시한다. 결과적으로 핵심믿음이 부정확하고 역기능적인 내용이지만 지속적으로 믿게 된다.

- 중간믿음체계(intermediate belief system)
  - 중간믿음은 태도나 규칙, 가정들로 구성되며 핵심믿음이 영향을 미친다.
  - 자신의 중간믿음을 잘 인식하지 못하는 경우가 많다.

(5) 인지적 오류(=왜곡) [20] ⭐꼭!

① 임의적 추론, 자의적 유추(arbitrary inference)

- 충분하고 적절한 증거가 부족하거나 부적절함에도 불구하고 결론에 도달하는 것이다.
- 기대하는 어떤 것이 이루어지지 않을 때 그것을 파멸로 생각하거나 최악의 상황을 예측하는 것 등이다.

  > 예 "아침부터 그릇이 깨지다니 이번 여행에서 뭔가 좋지 않은 일이 일어날거야."

  > 예 "어제 아침에 교실문을 열고 들어갔는데 애들이 갑자기 조용해지는 거예요. 저 따돌림 당하는 걸까요?"

② 선택적 요약(혹은 추론)(selective abstraction)

- 맥락에서 벗어난 세부사항에 초점을 두는 것으로서 전체적인 상황이나 맥락을 무시하는 것이다.
- 사건의 일부 세부사항만을 기초로 결론을 내리고, 전체 맥락 중의 중요한 부분을 간과한다. 전체 그림을 보는 대신에 한 가지 작은 세세한 것에 필요 없이 관심을 가진다. 자신을 지지하는 단일의 근거만을 선택적으로 채택한다.
- 자신의 많은 장점들에도 불구하고 몇몇 단점에만 집착하거나 잘한 것보다는 잘못한 것에 연연하고 현재 자신이 가지고 있는 것들보다 가지고 있지 못한 것들에 집착하는 경우에 해당한다.

  > 예 "저녁 외출이 즐거웠는지는 문제가 안 돼. 우리가 15분간 다투었던 게 중요해."

  > 예 (높은 점수를 받은 항목이 있음에도 불구하고) "내가 이 항목에서 낮은 점수를 받은 것은 내가 일을 엉망으로 한다는 거야."

③ 과잉(혹은 과도한)일반화(overgeneralization)

- 하나의 경험을 다른 사건들에 대해서도 광범위하게 적용하는 것이다.
- 유사한 사건이지만 명백히 다른 사건임에도 불구하고 자신이 이미 가지고 있던 법칙이나 원리를 고집스럽게 적용하고, 연관성이 없는 사건에 대해서도 확대해석하여 동일한 법칙을 적용하여 결론을 내버린다.
- 현재의 상황을 넘어서는 싹쓸이식 부정적 결론으로, '항상', '모두', '전혀' 등과 같이 절대적인 표현을 쓰는 경우가 많다.

예 좋아하는 여학생에게 데이트를 신청했다가 거절당한 남학생이 자신은 못생겼다며, 제대로 잘 하는 것이 전혀 없는 무가치한 사람이라고 결론을 내리는 경우

예 "한솔이만 나를 싫어하는 게 아니라, 친구들 모두가 나를 싫어해."

④ 극대화와 극소화, 과장과 축소(magnification & minimization)

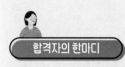

합격자의 한마디

과잉일반화는 상관없는 사건들을 연결해 광범위하게 결론짓는 것, 극대화와 극소화는 한 사건의 의미를 왜곡하는 것.

- 사건이나 경험의 의미나 크기를 왜곡하는 것이다. 사건이나 경험이 실제로 가진 중요성과 무관하게 과대평가하거나 과소평가한다.
- 불완전한 점들을 극대화하고 좋은 점들을 극소화하기 때문에 결국 자신이 부적절하며 타인들보다 열등하다고 생각하고, 우울하다고 느끼게 된다. 우울증 환자들은 부정적 사건의 의미나 크기를 확대하는 반면, 긍정적 사건의 의미나 크기는 축소하는 경향이 있다.

예 극대화: "평범하다고 평가를 받는 것은 내가 부적합하다는 것을 증명하는 것이다.", (낙제 점수를 받은 후) '내 인생은 이제 끝이다.'

예 극소화: "높은 점수를 받았다는 것이 내가 똑똑하다는 것을 의미하지는 않는다.", "내가 지금의 자리에 오르는 데에는 10년이 걸렸지만, 누구라도 이 정도는 할 수 있어."

⑤ 개인화(personalization)

관련된 적절한 원인 없이, 부정적인 사건이나 상황을 개인에게 연결시키는 것이다.

예 "만일 내가 아버지와 함께 집에 있었더라면, 아버지가 심장마비 같은 걸 일으키지는 않았을 거야."

⑥ 이분법적 사고(dichotomous thinking)

- 모든 경험을 실패나 성공 같은 양 극단의 흑과 백으로 평가내린다.
- 자신의 실패 혹은 나쁜 측면만을 생각하게 하여 자동적으로 부정적인 신념으로 이끌도록 함으로써 낮은 자존감을 불러일으킨다.

예 "이번 시험에서 만점을 받지 못했어. 난 완전 실패한 거야."

(6) 개입

① 개입목표

- 클라이언트의 생활사건에 대한 왜곡된 평가를 좀 더 현실적인 인지적 평가로 대체한다.
- 왜곡된 사고를 재평가하고 수정함으로써 전에는 극복할 수 없다고 생각한 문제나 상황에 대처하는 것을 학습함으로써, 현실적이고 적응적으로 행동하게 하고 증상을 경감시킨다.

② 개입방법

인지치료에서 클라이언트는 능동적인 자세를 가지고 치료과정에 적극적으로 임해야 하며 학습경험이 강조된다. 따라서 개입방법은 사회복지사가 일방적으로 클라이언트를 향해 치료적 개입을 하기보다는 클라이언트가 이를 할 수 있도록 가르쳐 주는 것이어야 하며, 클라이언트도 '치료되는' 수동적 존재의 위치에서 벗어나 문제해결과정에 능동적으로 참여할 수 있어야 한다.

㉠ 클라이언트의 자동적 사고 점검하기

㉡ 인지, 정서, 행동의 관계에 대해 인식하게 하기

㉢ 자동적 사고의 타당성 검토하기

㉣ 왜곡된 사고를 좀 더 현실적인 인지로 대체하기

㉤ 왜곡된 인지의 근간이 되는 가정이나 신념을 확인하고 바꾸게 하기

③ 개입기법

독서요법, 문서, 오디오 테이프나 비디오테이프의 사용, 강의와 세미나 참가와 같은 교육적인 지도방법, 소크라테스식 문답법 등

④ 역기능적 사고에 대한 일지

- 인지치료에서 '역기능적 사고에 대한 일지'를 활용한다.
- 역기능적 사고에 대한 일지는 클라이언트가 자신의 일상생활에서 불쾌한 감정을 경험할 때마다 상황과 감정, 감정에 선행한 자동적 사고, 자동적 사고에 대한 합리적 반응, 합리적 반응에 따른 결과를 작성하도록 교육하기 위한 도구이다.

역기능적 사고에 대한 일지의 예

일시:　　　　년　　월　　일

상황	감정	자동적 사고	대안적 반응	성과
당신이 불쾌한 감정을 느꼈을 때 어디에 있었으며 어떤 일이 발생했나?	그때 어떤 감정을 느꼈나? 강도를 0~100%로 등급화하시오.	마음에 어떤 생각이나 이미지가 떠올랐나? 자동적 사고를 믿는 정도를 0~100%로 등급화하시오.	아래의 질문을 사용하여 자동적 사고에 대해 반응해 보시오. 자동적 사고를 믿는 정도를 0~100%로 등급화하시오.	자동적 사고를 믿는 정도(0~100%)와 감정의 정도(0~100%)를 재등급화하시오.

주요 기출영역은 아니지만 문제해결치료가 인지행동의 접근을 따른다는 점은 기억해둘 필요가 있다. 문제해결을 위한 클라이언트의 대처능력 강화에 초점을 둔다는 특징 정도는 알아두자.

3. 즈릴라와 골드프라이드의 문제해결치료(Problem-Solving Therapy)[21]

(1) 등장배경

- 즈릴라와 골드프라이드(D'Zurilla & Goldfried)는 인지행동적 접근은 지속적이고 일반화된 행동변화를 일으킨다고 하면서 좀 더 일반화된 사회적 능력을 향상시키기 위해서는 문제해결 능력이 향상되어야 한다고 주장하였다.
- 이들은 문제해결이론을 인지행동주의 접근에 적용하여 문제해결치료를 개발하였다.

(2) 기본 가정 및 특징

① 기본 가정

문제상황에 적절하게 대처하지 못하는 것은 정서적 · 행동적 장애의 필요충분조건이다. 즉, 문제를 적절히 해결하지 못하면 정서 · 행동장애가 유발될 수 있고, 정서 · 행동장애가 있는 사람은 문제해결 능력이 떨어진다. 따라서 일상생활에서 직면하는 문제상황에 대처할 수 있도록 문제해결 절차나 기술을 훈련시킴으로써 문제해결 능력을 향상시킬 수 있다.

② 특징

자기통제훈련(self-control training)의 한 형태이다. 즉, 클라이언트가 스스로 치료자로서 기능할 수 있도록 하는 훈련을 중요하게 여긴다.

(3) 문제를 효과적으로 해결하는 5단계

① 문제지향(혹은 문제인식 단계, problem orientation)

- 클라이언트의 문제인식, 문제의 귀인, 문제의 평가, 문제에 대한 개인적인 통제, 문제해결을 위한 시간과 노력의 헌신에 따라서 문제해결에 대한 방향과 방법 등이 달라지므로 이를 평가한다.
  - 문제인식: 클라이언트가 문제를 어떻게 인식하고 있고 무엇이라고 규정하는가
  - 문제의 귀인: 문제의 원인이 변화 가능한 환경과 개인에 있다고 보는지 혹은 지속적인 내적 결점이나 이상에 있다고 여기는지
  - 문제의 평가: 문제를 위협이라고 보지 않고 도전이라고 보는 것
  - 문제에 대한 개인적인 통제: 개인이 문제를 해결할 수 있고 통제 가능하

문제해결치료의 5단계

문제지향(문제인식)
↓
문제정의(문제규정)와 형성
↓
가능한 대안의 모색
↓
의사결정
↓
문제해결책의 실행과 검증

다고 인지하는 정도

　– 문제해결을 위한 시간과 노력의 헌신(투여): 문제를 해결하기 위해 걸리
　　는 시간과 노력 등을 바치려는 의지의 정도

• 클라이언트가 문제지향단계에서 부적응적 사고를 하는 경우, 사회복지사
  는 인지적 재구조화를 통해 문제를 위협이 아닌 도전으로 받아들이도록 원
  조하거나 왜곡된 인지 혹은 비현실적인 기대를 현실적으로 수정하도록 원
  조한다.

• 클라이언트가 적응적 사고를 할 수 있도록 긍정적 자기진술(self-talk)을
  교육한다.

② 문제정의와 형성

• 사회복지사는 클라이언트가 문제와 관련한 정보를 수집하고 이해하는 과정
  에서 인지적 왜곡이 없도록 교육한다.

• 클라이언트가 문제를 현재 상황과 바람직한 상황 사이의 차이로 이해하고
  이 차이를 극복하는 과정에서 방해가 되는 장애물을 찾도록 원조한다.

• 문제해결의 목표를 구체적이며 현실적으로 설정하고, 문제해결에 대한 비
  용분석을 통해 문제에 대해 재평가하도록 원조한다.

③ 가능한 대안의 모색

• 문제의 해결책을 찾기 위해 대안을 모색하는 단계이다. 사회복지사는 다음
  세 가지 원칙을 교육한다.

• 양의 원칙(quantity principle): 대안이 많이 제시될수록 좋은 대안이 생
  긴다.

• 판단유예원칙(판단유보원칙, determinant-of-judgement principle): 개
  개의 대안에 대해 평가를 미루고 대안들을 많이 제시할수록 좋은 대안들이
  생긴다.

• 다양성 원칙(variety principle): 다양한 영역에서 해결방안을 모색할수록
  좋다.

④ 의사결정

• 전 단계에서 제시된 다양한 대안을 객관적으로 평가하고 가장 바람직한 또
  는 최적의 대안을 정하는 단계이다.

• 다양한 대안들 중에서 적절한 대안을 선택하고 각각의 결과를 예상하여 평
  가한다.

⑤ 문제해결책의 실행과 검증

- 선택된 대안(즉, 해결방안)을 직접 실행하고 그 과정을 스스로 모니터링하여 평가한다.
- 예상했던 결과가 나타나지 않을 경우 다시 대안을 모색하거나 이전 단계부터 시작한다.

중요도

여기서 공부하는 내용들은 모두 1번 이상 출제되었다. 이들 내용은 사례와 연관된 문제로도 출제될 수 있으므로 어떤 상황에 어떻게 적용될 수 있는지를 생각해보면서 정리해두어야 한다.

4. 기타 개입기법 22회기출 🏆

(1) 인지재구조화 ★꼭!

- 기존에 개인이 인식하고 있는 것을 다시 재구성해서 사고의 방식을 변경하는 것이다.
- 클라이언트의 역기능적 사고와 관념을 인식해서 이를 현실적인 사고와 관념으로 대치하고 순기능적일 수 있도록 원조하는 기법이다.

  > 📖 아동이 특정 스트레스 요인에 직면했을 때 상황과 결과에 대한 부정적인 평가 대신에 그가 생각할 수 있는 긍정적인 자기진술을 만들어냄으로써 자신의 사고를 변경시키도록 하는 것

- 인지재구조화는 전형적으로 인지구조 혹은 인지과정의 합리성과 타당성의 조사를 통해 이루어진다. 즉, '클라이언트의 신념이나 인지과정을 뒷받침해줄 만한 논리적이며 경험적인 증거가 있는가'라는 질문을 통해 이루어진다.
- 인지재구조화 절차
  - 클라이언트는 생활사건에 대한 자신들의 정서적 반응을 매개할 가정이나 신념을 갖고 있으므로 사회복지사는 클라이언트가 이 점을 수용할 수 있도록 돕는다.
  - 클라이언트가 문제에 내재해 있는 역기능적 신념과 사고과정의 유형을 파악할 수 있도록 돕는다.
  - 클라이언트가 자신의 역기능적 인지를 유발한 상황을 파악할 수 있도록 돕는다.
  - 클라이언트의 자학적인 인식을 대치할만한 순기능적인 대안적 자기진술로 대체할 수 있도록 돕는다.
  - 클라이언트의 정서적인 대처노력을 클라이언트 스스로 보상할 수 있도록 돕는다.

(2) 경험적 학습

- 클라이언트에게 자기 자신의 인지적 오류에 부합하지 않는 특정한 행동을 하도록 함으로써 클라이언트가 자신의 인지적 오류를 발견하고 수정하도록

하는 기법이다.

- 인지적 불일치 원리로 설명되는데, 인지적 불일치란 자신의 행동이나 생활양식에 부합하지 않는 태도나 신념을 변화시키려는 경향을 의미한다.

(3) 체계적 둔감법(=체계적 탈감법) ⭐

- 전통적인 조건화의 원칙에 근거한 기법이다.
- 클라이언트에게 가장 덜 위협적인 상황에서 가장 위협적인 상황까지 상황을 순서대로 제시하면서, 불안자극과 불안반응 간의 연결이 없어질 때까지 불안을 일으키는 자극들을 반복적으로 이완상태와 짝짓는 기법이다.
- 위협수준이 높아질수록 더 많은 불안을 일으키지만 궁극적으로 이에 상응하는 이완훈련을 통해 위협적 상황에 둔감해져서 실제 위협적인 상황에 부딪힐 때 불안을 경험하지 않게 된다.
- 클라이언트의 충분한 이해와 동의가 필요하다.

(4) 모델링(modeling) ⭐

- 다른 사람이 행동하는 것을 봄으로써 새로운 행동을 학습할 수 있게 하는 기법으로서 클라이언트가 시행착오를 거치지 않고 새로운 행동을 학습할 수 있다.
- 새로운 행동이나 기능을 학습할 수도 있으며, 제지효과 및 탈제지효과가 나타날 수도 있다.
- 모델링의 절차는 일반적으로 다음과 같이 소개되고 있다. 교재에 따라서는 ㉡과 ㉢의 순서를 바꾸어 모델을 제시한 후 주의와 관심을 갖도록 하는 절차로 소개하기도 한다.
  - ㉠ 변화를 필요로 하는 구체적인 행동을 파악한다.
  - ㉡ 클라이언트가 주의와 관심을 갖도록 한다.
  - ㉢ 모델을 제시한다.
  - ㉣ 모델의 행동을 따라하도록 한다.
  - ㉤ 따라한 행동을 강화한다.

교재에 따라 모델링과 관찰학습을 같은 것으로 설명하기도 하고, 관찰학습의 하나로 모델링을 소개하기도 한다.

보충자료

관찰학습

(5) 이완훈련

- 클라이언트가 겪을 수 있는 스트레스 상황에 적절히 대처할 수 있도록 돕는 기술이다.
- 만성적으로 불안감이나 긴장감이 높은 클라이언트, 위기상황에 처한 클라이언트, 우울이나 분노 등을 느끼는 클라이언트에게 효과적이다.
- 클라이언트에게 특정 근육을 수축, 이완하는 기술을 가르치고, 규칙적이고

깊은 호흡을 할 수 있는 방법, 즐거운 생각이나 이미지를 떠올리는 법 등을 훈련함으로써 스트레스에 대처할 수 있도록 원조한다.

(6) 시연(=행동시연, rehearsal)

- 클라이언트가 습득한 행동기술을 현실세계에서 직접 실행하기 전에 사회복지사 앞에서 기술을 반복적으로 연습하는 것이다.
- 숨겨진 시연은 클라이언트가 원하는 반응에 대해 속으로 상상해보고 반영해보는 것이며, 명백한 시연은 클라이언트가 원하는 행동을 역할극에서 실제로 말로 표현하고 행동으로 나타내는 것이다.

(7) 자기지시기술

- 클라이언트가 변화시키기 원하는 행동을 대상으로 구체적인 목표를 정하고 이에 따라 실천행동지침을 작성하며 이를 실행에 옮기는 기술이다.
- 과제나 기술 혹은 문제해결과정의 수행을 안내할 자기언어화(self verbalization)를 활용하는 것으로 단계별로 자기진술을 활용하여 자신감을 개발하는 것이다.
- 자기지시기술 절차
  - 사회복지사는 과제에 대한 수행방법을 모델로 제시하면서 큰소리로 자기 자신에게 말한다.
  - 클라이언트는 사회복지사로부터 언어적 도움을 받으면서 똑같은 과제를 수행한다.
  - 클라이언트는 과제를 수행하면서 자기 자신에게 큰 소리로 지시한다.
  - 클라이언트는 속삭이듯이 지시를 말하면서 과제를 수행한다.
  - 클라이언트는 자기 자신에게 속으로 말하면서 과제를 수행한다.

(8) 내적 의사소통의 명료화

클라이언트가 독백하는 과정에 사회복지사가 그때그때 피드백을 함으로써 클라이언트는 자신이 가지고 있는 인지적 오류나 비합리적 신념을 이해하고 통찰하게 되어 인지적 변화가 일어날 수 있다.

(9) 설명

클라이언트에게 감정이 어떻게 행동에 영향을 미치는지에 대해서 엘리스의 ABC모델을 적용하여 설명하는 것이다.

(10) 기록과제

클라이언트에게 자신의 문제에 대해 엘리스의 ABC모델을 적용하여 기록해볼 수 있도록 과제를 부여한다. 이를 통해 클라이언트는 자신의 문제에 대한 인식을 향상시키고 새로운 행동을 생각해볼 수 있는 기회가 된다.

(11) 역설적 의도

클라이언트가 염려하는 특정 행동에 대해 그 행동을 더욱 강화하는 방식으로 지시함으로써 인지적 오류를 감소시키고 문제행동에 대한 조절력을 증가시키는 전략이다.

(12) 역동적 · 실존적 사고 반영

- 역동적 사고 반영: 클라이언트의 문제 상황을 객관적, 경험적, 이론적 차원에서의 역동적 사고를 통해 해결한다.
- 실존적 사고 반영: 클라이언트 개인의 삶의 의미와 잠재적 의미에 초점을 두어 인지구조를 재구조화한다.

(13) 사회기술훈련 ⭐꼭!

① 개념

대인관계에서 불편함을 느끼거나 지나치게 부끄러워하는 사람들 혹은 공격적인 사람들 및 자기중심적이며 다른 사람들에게는 관심이 없어 원만한 대인관계 및 사회적 관계를 맺기 어려운 사람들을 대상으로 사회기술을 향상시키기 위해 실시하는 훈련이다.

② 특징

- 클라이언트에게 현재의 환경과 발달단계에 따라 예상되는 역할관계에서 효과적으로 기능하기 위해 필요한 기술을 배울 수 있는 기회를 제공한다.
- 사회기술훈련 프로그램에서 다루는 기술의 예: 대화를 시작하고 유지하는 기술, 분노를 조절하는 기술, 문제해결기술, 친구를 사귀는 기술, 타인에게 도움을 요청하거나 거절하는 기술, 버스나 지하철 혹은 공중전화를 이용하는 기술 등
- 사회기술훈련에서는 다양한 행동주의기법을 사용하는데, 모델링, 역할연습, 행동시연, 강화, 코칭, 문제해결기술에 대한 교육, 숙제부여 등을 포함하며 주로 집단 프로그램으로 이루어진다.

③ 사회기술훈련의 요소(단계)

- 사회기술훈련의 필요성에 대한 이해: 사회기술을 성공적으로 습득하기 위해서는 변화의 필요성을 느끼고 훈련에 참가해야 한다. 사회기술훈련이 자신에게 왜 필요한지를 잘 알 수 있도록 동기화시켜야 한다.
- 실제 상황의 확인: 문제가 발생하는 실제 상황을 자세히 파악하게 한다.
- 사회기술의 구성요소에 대한 확인: 특정 행동의 복잡한 유형을 세분하여 이해하고 훈련하는 것이 필요하다. 예를 들어, 효과적으로 대화하기 위해서는 상대방의 말을 잘 듣는 기술, 상황에 맞게 판단하는 기술, 적절하게 반응하는 기술 등이 필요한데 이처럼 특정 행동의 복잡한 유형을 세분화해야 한다.
- 시연: 사회복지사 혹은 집단 성원 중 지원자가 사회기술을 시연한다. 시연을 관찰하고 함께 토론한다.
- 역할극: 역할극을 통해 사회기술의 다양한 요소를 연습한다. 집단 성원들이 돌아가며 연습한다.
- 긍정적 강화 및 평가: 역할극 과정에서 긍정적인 강화가 일어날 수 있도록 서로 피드백을 제공하고 평가한다.
- 반복적인 연습: 역할극, 모델링 등을 통해 사회기술의 다양한 요소들을 결합해보면서 반복적으로 연습하여 숙달될 수 있게 한다.
- 실제 상황에 적용: 학습한 새로운 행동은 일반화되어야 한다. 사회기술훈련 시간 끝에 실제 생활에서 적용할 수 있는 과제를 부여한다.

5장 과제중심모델

기출경향 살펴보기

이 장의 기출 포인트

다른 모델들보다는 출제율이 낮은 편이지만 실천모델들을 종합적으로 다룬 문제에서 등장하기도 하므로 기본전제 및 주요 특징 등을 확인해두어야 한다. 간헐적으로 표적문제나 과제의 개념을 다룬 문제가 출제되기도 했다.

최근 5개년 출제 분포도

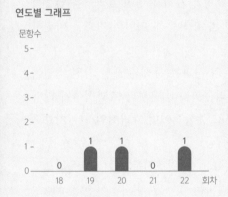

연도별 그래프

문항수

| | | |
5 -
4 -
3 -
2 -
1 -
0

18 · 19 · 20 · 21 · 22 회차

평균출제문항수

0.6 문항

최근 10개년 핵심 키워드

| 기출회독 **104** | 과제중심모델의 주요 특징 및 개념 | 6문항 |
| 기출회독 **105** | 과제중심모델의 개입과정 | 2문항 |

기본개념 완성을 위한 **학습자료 제공**

기본개념 강의, 기본쌓기 문제, ○ⅩＸ 퀴즈, 기출문제, 정오표, 묻고답하기, 지식창고, 보충자료 등을 **아임패스**를 통해 만나실 수 있습니다.

1

과제중심모델의
철학과 기본 개념

기출회차

1	2	3	4	5
6	7	8	9	10
11	12	13	14	15
16	17	18	19	20
21	22			

강의로 복습하는 기출회독 시리즈

Keyword 104

1. 과제중심모델의 등장배경

1970년대 초반 리드(Reid)와 엡스타인(Epstein)에 의해 개발된 과제중심모델은 ① 시간제한적인 단기치료에 대한 관심의 고조, ② 집중적이고 구조화된 개입형태 선호 경향, ③ 전통적 케이스워크의 장기적 유형이 효과성을 입증하지 못했다는 비판, ④ 이론보다는 경험적 자료를 통해 개입의 기초를 마련하려는 움직임 등의 결과로 나타났다.

미국 시카고 대학교에서 수행한 프로젝트의 결과를 통해 문제를 가진 개인이나 가족에 대한 장기개입이 단기간의 심리사회적 접근보다 효과적이지 않다는 것을 경험적으로 발견한 후, 체계적이고 종합적이며 효과적인 단기치료모델로서 과제중심모델을 제시하였다.

시카고 대학교에서 진행한 프로젝트의 목표는 ① 원조전문가들이 효율적으로 학습할 수 있는 전문적인 원조기술을 개발하는 것, ② 직접적 실천의 효과성을 높이는 것, ③ 사회복지실천을 평가하는 능력을 높일 수 있는 모델을 개발하는 것이었다. 모델 개발을 위해 3년 동안 모델을 설계하고 사회복지기관에서 실제 사례에 적용하고 평가하는 검증작업을 수행하였다. 과제중심모델에서는 클라이언트가 문제를 완화시킬 수 있는 기술이 부족하거나 자원이 부족한 것을 문제로 본다. 과제중심모델은 대인관계상의 문제, 개인 내적인 문제, 개인과 환경 간의 문제를 효과적으로 감소시킬 수 있는 것으로 평가된다.

과제중심모델은 개인 및 가족이 일상에서 경험하는 문제들을 해결할 수 있도록 돕기 위해 계획된 사회복지실천모델의 한 형태로서, 단기간에 문제해결의 효과를 보게 하며 클라이언트가 문제라고 인식하고 도움이 필요하다고 표현하는 것, 즉 클라이언트의 욕구를 중시한다.[22]

2. 과제중심모델의 특징[23]

22회 기출

중요도

시간제한적 단기개입, 구조화된 접근, 다양한 이론과 모델의 절충적 접근 등의 특징은 기억해두자.

보충자료
단기개입 모델들의 공통된 특징

① 시간제한적인 단기개입

• 1960년대에 본격적으로 시작된 단기개입의 영향을 받아서 형성된 모델이다.

• 주 1~2회 면접을 전체 8~12회 정도로 구성하여 대개 4개월 이내에 사례를 종료하는 계획된 단기접근을 취한다.

② 클라이언트가 인식한 문제 중심

• 사회복지사와 클라이언트가 표면적으로 계약한 문제들을 해결하는 데 개입의 초점을 둔다.

• 사회복지사의 관점이 아니라 클라이언트가 관심을 가지고 있고 명확하게 문제라고 인식하는 문제에 초점을 둔다.

③ 과제 중심

• 변화는 기본적으로 클라이언트가 세션(session, 면담·면접) 내부와 외부에서 행한 문제해결활동, 즉 과제를 통해 달성된다.

• 클라이언트의 문제해결활동은 그가 수행에 동의한 과제를 중심으로 조직된다.

• 사회복지사는 클라이언트가 과제를 수행할 수 있도록 원조한다.

④ 경험적 기초

이론보다는 조사에 근거한 경험적 자료가 모델을 형성하는 기초가 되었다. 즉, 이론적 연구보다는 실제적인 경험, 개입 등을 통해서 발견된 사실들을 일반화하여 모델로 형성하였다.

예 장기개입도 해보고 단기개입도 해본 후 개입의 효과가 별로 다르지 않다는 것을 경험적으로 확인하였고, 이를 바탕으로 단기접근으로 구조화함

⑤ 협조적 관계

• 사회복지사는 클라이언트가 제한된 기간 내에 가능한 한 건설적으로 자신의 문제를 완화시킬 수 있는 활동을 할 수 있도록 원조한다.

• 클라이언트와의 관계는 보호가 아닌 협조적인 노력을 강조하며 클라이언트를 광범위하게 참여시킨다.

⑥ **클라이언트의 자기결정권(self-determination) 강조**

- 과제중심모델에서는 클라이언트의 자기결정권을 구체적인 방법으로 실천에 옮긴다.
- 클라이언트가 자기문제라고 인정한 문제에 한정하여 접근하며, 또한 클라이언트가 동의한 문제와 해결방법을 사용한다.
- 자기결정권을 보장하기 위해 표적문제를 선정할 때 클라이언트의 견해를 우선적으로 반영하며, 개입방향에 대해 클라이언트와 사회복지사가 계약함으로써 개입과정을 공유한다. 과제설정과 실행, 평가 등에 있어서도 클라이언트는 주체적인 역할을 수행한다.

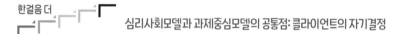

한걸음 더   심리사회모델과 과제중심모델의 공통점: 클라이언트의 자기결정

심리사회모델과 과제중심모델의 공통점은 바로 클라이언트의 자기결정(혹은 자기지시)을 존중한다는 것이다. 클라이언트의 자기결정은 클라이언트 스스로 자신의 행동에 대해 결정을 내리고, 사회복지사는 클라이언트의 자기결정을 최대한 존중해주는 것으로서 사회복지실천에서 매우 중요한 가치에 속한다.

사회복지사가 만나는 클라이언트의 상당수가 신체적으로나 정신적 혹은 정서적으로 어려움을 겪을 수 있고 사회경제적 상황들에 의해 선택의 폭이 매우 제한되어 있을 수 있다. 따라서 클라이언트 스스로 결정을 내리고 주체적인 태도를 지닐 수 있게 하기 위해서는 사회복지사가 클라이언트의 책임을 대신 지거나 어떤 선택을 직접적으로 제시하는 것이 아니라 다양한 정보를 제공하여 클라이언트가 분명히 생각할 수 있도록 도와야 한다.

심리사회모델과 과제중심모델에서는 이러한 클라이언트의 자기결정 원칙을 강조한다. 특히 과제중심모델에서는 표적문제를 규명하는 데 있어 클라이언트의 견해를 우선적으로 반영하며 개입방향에 대해 클라이언트와 사회복지사가 합의하고 계약하는 등의 방식을 통해 개입과정에서 구체적인 실천방법으로 자기결정 원칙을 보장하고 있다.

⑦ **통합적 접근(절충적 접근 방법)**

특정한 한 가지 이론이나 모델을 고집하지 않으며 다양한 접근방법, 즉 문제해결, 인지·행동적, 인지적·구조적 접근방법 등으로부터 경험적으로 이끌어진 이론과 방법을 선택적으로 사용한다.

⑧ **구조화되고 체계적인 접근**

- 다른 모델들에 비해 상대적으로 실천과정이 매우 구조화되어 있다. 구조화란 개입방법, 방향, 제한조건, 클라이언트와 사회복지사의 역할 등이 일정한 형식이나 틀로서 짜여진 정도를 말한다.
- 개입과정은 '면접 → 문제규명 → 계약 → 실행 → 종결'의 5단계로 구성되는데, 각 단계별로 사회복지사의 역할이나 과제 등이 달라진다.

⑨ 클라이언트의 환경에 대한 개입의 강조

- 과제중심모델에서는 클라이언트에게 자원이 부족하거나 기술이 부족하기 때문에 문제가 발생하는 것으로 보기 때문에 클라이언트의 문제와 관련된 자원에 대해 탐색하고 이를 활성화하기 위한 방안을 개입의 모든 과정에서 강조한다.
- 사회복지사는 클라이언트의 공식적, 비공식적 환경에 적극적으로 개입한다.

⑩ 개입의 책무성 강조

- 과제중심모델 개발의 목적 중 하나가 사회복지실천의 책무성을 증진하기 위한 것이기 때문에 이를 증명하기 위해 노력한다.
- 개입의 모든 과정을 기록하고 모니터하며, 개입과정과 사회복지사의 실천, 클라이언트와 사회복지사의 평가 등을 중요시하는 것 등이 개입의 책무성을 증진하기 위한 활동들이다.

3. 과제중심모델의 기본 전제

제한된 기간(단기개입) 내에 가능한 한 건설적으로 자신의 문제를 완화하기 위한 행동을 취하게 하는 이 모델을 지지해주는 전제들은 다음과 같다.[24]

- 대부분의 클라이언트들이 기관에 가지고 오는 문제들은 일시적인 불균형 상태이다.
- 클라이언트의 문제들은 재균형의 힘, 특히 변화에 대한 클라이언트의 동기와 그가 취하는 행동에 따라 완화될 수 있다.
- 일반적으로 변화는 길어야 2~3개월 정도의 비교적 단기간 내에 일어난다.
- 재균형이 일어나고 난 뒤에 클라이언트의 동기, 행동 및 기타 변화의 힘은 감소하여 달성하기 어려운 또 다른 변화의 증가를 가져온다.
- 장기개입이 단기개입보다 문제해결에 반드시 더 효과적인 것은 아니다.
- 사람들은 과거의 상처를 되풀이하지 않고 갈등해소와 현재의 문제해결에 집중할 수 있는 능력을 가지고 있다.

중요도

과제중심모델은 표적문제에 대한 과제부여를 통해 단기적 개입을 추구하기 때문에 표적문제나 과제의 개념을 살펴보는 것이 중요하다.

4. 과제중심모델의 주요 개념

(1) 표적문제(target problem)

① 표적문제의 정의와 특징

• 표적문제는 클라이언트가 제시하는 문제 또는 해결하고자 하는 문제로서 개입의 초점이 되는 문제이다.

• 클라이언트가 열거하는 문제들 중에서 클라이언트가 변화를 원하고, 사회복지사의 전문적인 판단에 의해 인정되며, 개입의 초점으로 동의한 문제가 표적문제로 선정된다.

• 표적문제는 우선순위를 고려하여 최대 3개까지 선정함으로써 시간제한적인 단기개입을 가능하게 한다.

• 표적문제 선정기준: 클라이언트가 인정한 문제, 클라이언트 자신의 노력으로 해결 가능한 문제, 구체적인 문제

② 표적문제 선정 시 주의사항

• 표적문제 선정 시 가장 중요한 것은 클라이언트의 견해가 최대한 반영되어야 한다는 점이다.

• 클라이언트와 사회복지사의 의견이 다를 경우에는 클라이언트의 관심과 사회복지사의 전문적 판단을 최대한 반영할 수 있는 방향으로 협의해야 한다.

• 클라이언트가 중요하게 생각하고 있으며, 현실적으로 변화가능성이 높은 것부터 우선순위를 결정한다.

• 하나의 표적문제에 대하여 하나의 목표를 설정하며, 표적문제와 목표는 클라이언트의 입장에서 주어와 서술어의 형식을 갖춰 구체적으로 표현한다.

> 예 분노조절을 못함(바람직하지 않은 표적문제), 민화는 엄마에게 꾸중들을 때 화가 나면 물건을 던진다(바람직한 표적문제).

> 예 진로선택(바람직하지 않은 목표), 훤이는 자신의 적성에 맞는 학과를 선택한다(바람직한 목표).

(2) 과제(과업, task) [25]

① 과제의 정의와 특징

• 과제는 목표를 달성하기 위해서 클라이언트와 사회복지사가 해야 하는 문제해결활동으로서, 클라이언트와 사회복지사가 함께 계획하고 동의한 후 수행하는 문제해결활동이다.

• 과제 구성은 개입의 주된 목표이면서 동시에 문제 개선을 위한 상위목표를

성취하기 위한 주된 수단이기도 하다.

- 과제의 내용, 형식, 수행 등에 관한 사항들은 사회복지사와 클라이언트가 함께 계획할 수 있도록 해야 하며, 클라이언트의 동의를 통해 확정된다.
- 사회복지사가 클라이언트에게 일방적으로 부과하는 숙제와는 차이가 있으며, 클라이언트만 과제를 수행하는 것이 아니라 사회복지사도 과제를 수행한다.
- 과제는 표적문제를 명확히 한 후 과제계획을 세우게 된다. 클라이언트와 사회복지사 간의 토론을 통하여 대안적 과제들이 제시되며 행동이나 전략적 계획을 구체화하게 된다.
- 사례가 진행되는 동안 표적문제가 해결되지 않고 계속 남아 있으면 과제를 바꾼다. 과제를 수행했거나 달성될 수 없는 것 또는 필요하지 않다고 생각되면 과제를 바꿀 수 있다.

표적문제와 과제의 관계
과제는 표적문제에 따라 계획되기 때문에 하나의 표적문제당 하나의 일반적 과제가 제시되며, 일반적 과제를 위한 여러 개의 조작적 과제가 제시된다.

② 클라이언트의 과제

- 문제해결을 위한 활동 혹은 문제해결에 도움이 되는 활동으로서 클라이언트가 수행하는 활동이다.
- 면접(세션, session) 내에서 이루어지기도 하고 면접 외의 상황에서 혹은 면접과 면접 사이에서 이루어지기도 한다. 이때 면접이란 초기면접이나 흔히 말하는 인터뷰가 아니라 개입이 이루어지는 면담, 개입세션 등으로 이해하는 것이 좋다.

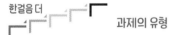
한걸음 더 　　과제의 유형

조작적 과제는 일반적 과제로부터 나온다. 조작적 과제는 계약이 이루어진 후에 시작되는데 과제 수행정도 등에 따라서 자주 바뀔 수 있다.

① 일반적 과제(general tasks)
- 목표달성과 관련된 상위과제
- 행동의 방향을 제시하지만 무엇을 해야 하는지 정확하고 구체적으로 언급하지 않는다.
- 일반적 과제는 클라이언트의 목표를 반영하는데, 일반적 과제는 무엇이 이루어져야 하는가를 말한다면 목표는 과제가 달성되었을 때의 상태를 말한다.

② 조작적 과제(operational tasks)
- 클라이언트가 수행해야 하는 구체적인 활동이다.
- 조작적 과제는 일반적 과제에서 나온다.
- 명확한 활동에 대한 정보를 포함하므로 일종의 하위과제의 형태를 띤다.

③ 사회복지사의 과제

- 클라이언트가 과제를 수행할 수 있도록 원조하고 지지하기 위한 활동이다.
- 클라이언트의 가족이나 친구, 이웃 등 주변 사람들이나 다른 기관과 협상하고 의견을 나누는 것이 주요 과제가 된다.

④ 과제 계획 및 형성 시 사회복지사가 고려해야 할 내용

- 클라이언트의 동기화: 클라이언트가 문제해결에 어느 정도 동기화되어 있으며 과제를 수행할 힘과 에너지를 가지고 있는지 고려한다. 되도록이면 클라이언트에게 문제를 해결할 수 있다는 희망을 주는 등 높은 동기화를 유지시켜주는 것이 좋다.
- 과제의 실행가능성: 클라이언트가 문제해결을 강하게 희망하고 동기화되어 있지만 현실적으로 과제를 수행할 가능성이 분명치 않은 경우가 있으므로 실행 가능한 과제를 선택할 수 있도록 원조한다. 클라이언트의 객관적인 능력을 평가하기도 하고, 클라이언트가 자신감이 없는 경우 낙관적인 관점에서 클라이언트의 잠재력을 강조해주어 자신감을 부여해주는 것도 좋다.
- 과제의 바람직성: 수행되는 과제가 과연 바람직한지, 꼭 이루어져야 하는지 고려해야 한다. 클라이언트의 과제가 클라이언트 자신이나 다른 사람에게 부정적인 결과를 초래해서는 안 된다.
- 변화의 융통성: 과제는 융통성이 있어야 한다. 즉, 클라이언트가 세 번 정도 반복했지만 달성할 수 없는 경우에는 과제를 바꾸는 융통성이 필요하다. 또한 상황이 변화하는 것에 따라 과제가 달라질 수 있으므로 이를 잘 반영해야 한다.

2 과제중심모델의 개입목표와 과정

기출회차

1	2	3	4	5
6	7	8	9	10
11	12	13	14	15
16	17	18	19	20
21	22			

강의로 복습하는 기출회독 시리즈

Keyword 105

1. 과제중심모델의 개입목표

- 과제중심모델에서는 클라이언트가 문제를 완화시킬 수 있는 기술이 부족하거나 자원이 부족한 것을 문제로 본다. 따라서 과제중심모델에서는 클라이언트가 문제해결에 필요한 기술이나 자원을 얻을 수 있도록 원조하는 것을 목표로 삼는다.
- 계획적이며 의도적인 과정을 통해 클라이언트의 문제를 구체적인 과제로 해결해 나가고자 한다.
- 제한된 기간 내에 가능한 한 건설적으로 자신의 문제를 완화하기 위한 행동을 취할 수 있게 한다.[26]

과제중심모델의 개입과정

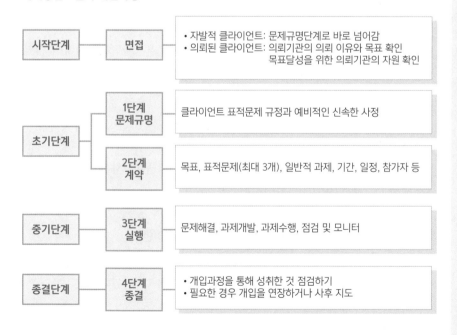

시작단계	면접	• 자발적 클라이언트: 문제규명단계로 바로 넘어감 • 의뢰된 클라이언트: 의뢰기관의 의뢰 이유와 목표 확인 목표달성을 위한 의뢰기관의 자원 확인
초기단계	1단계 문제규명	클라이언트 표적문제 규정과 예비적인 신속한 사정
	2단계 계약	목표, 표적문제(최대 3개), 일반적 과제, 기간, 일정, 참가자 등
중기단계	3단계 실행	문제해결, 과제개발, 과제수행, 점검 및 모니터
종결단계	4단계 종결	• 개입과정을 통해 성취한 것 점검하기 • 필요한 경우 개입을 연장하거나 사후 지도

2. 과제중심모델의 개입과정[27]

과제중심모델은 5단계로 구성되는데, 이 단계들은 서로 겹치거나 필요에 따라 이전 단계로 돌아가는 등 융통성 있게 변형될 수 있지만 좋은 결과를 가져오기 위해서는 개입과정이 체계적이어야 하므로 단계에 따라 진행하는 것이 좋다.

(1) 시작하기(Starting-up): 면접

과제중심모델 시작하기 단계

시작단계	클라이언트가 다른 기관으로부터 의뢰된 경우	클라이언트가 독자적이고 자발적으로 지원한 경우
	확인사항 • 의뢰기관의 의뢰 이유, 문제와 목표 • 클라이언트가 제시하는 문제 및 목표와의 일치 여부 • 목표달성을 위한 의뢰기관의 자원	**확인사항** • 클라이언트의 문제와 우선순위 확인 • 확인 후 문제규명단계로 넘어감

① 클라이언트가 외부기관에서 의뢰된 경우: 비자발적 클라이언트

• 외부기관이 의뢰한 이유, 클라이언트의 문제, 의뢰를 통해 달성하고자 하는 목표 등을 확인한다.

• 의뢰기관이 제시하는 목표와 클라이언트가 제시하는 문제를 확인하여 서로 일치하지 않는 경우 협상하고 조정한다. 의뢰한 기관의 목표가 애매모호하면 개입과정에 방해가 되며 효과적인 개입이 이루어질 수 없다.

• 법원의 명령으로 위임된 목표가 있을 경우 클라이언트가 그 목표를 분명히 이해하고 있는지 확인한다.

• 목표달성을 위해 외부기관이 지원해줄 수 있는 자원(정서적 지지와 관심, 실제적·물질적 자원)을 알아본다.

② 클라이언트가 스스로 기관에 찾아온 경우: 자발적 클라이언트

• 자발적 클라이언트라고 하더라도 기관이나 서비스에 대해 비현실적 기대를 가질 수 있으며 저항이나 거부 등의 반응이 나타날 수도 있다.

• 클라이언트가 문제라고 정의하는 것과 우선순위를 두는 것을 확인하여 기관에서 서비스를 받는 게 적합한지, 다른 기관을 추천할지를 결정하며 서비스 제공이 적합한 경우 다음 단계(1단계, 문제규명단계)로 바로 넘어간다.

(2) 제1단계: 문제규명(확인, Problem identification) [28] ⭐

과제중심모델 문제규명단계

제1단계	클라이언트의 표적문제 규정
	확인사항 • 클라이언트가 규정하는 문제 • 표적문제의 구체적 설정 • 클라이언트의 우선순위(3개까지) 설정 • 의뢰기관의 우선순위(위임된 문제) • 신속한 초기 예비사정

① 클라이언트가 제시하는 문제 탐색하기

• 클라이언트가 현재 상황에서 자신의 문제를 어떻게 보고 있는지를 알아보기 위해서 클라이언트가 문제라고 생각하는 것들을 중심으로 이야기하게 한다.

• 일반적으로 클라이언트는 문제에 대해서 힘들어하고 불편해하며 분노, 무력감, 당혹감 등을 표출하기도 한다.

② 표적문제의 구체적 설정

• 표적문제란 클라이언트가 열거하는 문제들 중에서 클라이언트가 변화를 원하고, 사회복지사의 전문적인 판단에 의해 문제로 인정되었으며, 개입의 초점으로 동의한 문제이다.

• 두려움이나 혼란 등에 빠져 클라이언트가 스스로 표적문제를 정의하지 못하는 경우에는 치료자가 질문 및 토론과정을 통해 문제를 확인하기도 하며, 상황에 따라서 표적문제를 제안하거나 권유할 수 있다.

• 사회복지사는 클라이언트가 선정한 표적문제가 잘못되었거나 자신이 처리하는 것이 적절하지 않다고 판단되는 경우에는 전문적인 입장의 조언을 제공해서 클라이언트가 다른 선택을 모색할 수 있도록 지원해야 한다.

• 표적문제와 관련하여 제안, 조언, 토론 등의 과정을 거칠 때 클라이언트의 선택을 특정 방향으로 이끌어서는 안 되며, 클라이언트가 사회복지사에 의해 조종 받았다는 느낌이 들거나 어쩔 수 없이 선택했다는 느낌이 들지 않도록 주의해야 한다.

• 표적문제 선정기준
  – 클라이언트가 인정하는 문제
  – 클라이언트 자신의 노력으로 해결 가능한 문제
  – 구체적인 문제

- 표적문제를 결정할 때 사회복지사의 역할과 책임
  - 클라이언트가 문제라고 여기는 것이 무엇인지 충분히 상세하게 이끌어 내기
  - 클라이언트의 문제가 자신에게 무엇을 의미하는지 이해할 수 있게 하기
  - 적절하고 실행 가능하며 바람직한 문제규정에 대한 전문적 판단을 하기
  - 저항을 최소화하고 협조를 최대화하여 관계형성하기

③ 표적문제의 우선순위 정하기

- 표적문제는 우선순위를 고려하여 최대한 3개까지 정하는 것이 시간제한적인 단기개입을 가능하게 한다.
- 표적문제의 우선순위를 정할 때 고려할 사항은 다음과 같다.
  - 여러 가지 표적문제 중에서 클라이언트가 중요하다고 생각하는 문제를 선정한다.
  - 사회복지사의 조언 및 기관에서 의뢰하거나 위임한 문제를 설정한다.

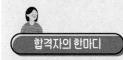

④ 신속한 초기사정

- 표적문제의 우선순위가 정해지고 나면 다음 단계, 즉 계약을 위한 임시적인 사정을 진행한다.
- 본격적인 사정에 앞서 사정 가설을 세우기 위해 필요한 자료를 얻되, 과도한 탐색은 피한다.
- 클라이언트의 장점이나 단점, 환경, 가족관계 등에 대해 탐색한다.
- 클라이언트의 의사소통패턴이나 스트레스 상황의 전형적인 행동과 성격 특성 등에 대해 파악한다.
- 클라이언트를 신속하게 파악하지만, 섣불리 정형화해서는 안 된다.

(3) 제2단계: 계약(contracting) [29]

과제중심모델 계약단계

제2단계	**계약체결** • 표적문제의 우선순위(3개까지) • 클라이언트의 특정 목표(사회복지사가 동의한 것) • 클라이언트의 일반적 과제 • 사회복지사의 일반적 과제 • 개입과정의 지속기간(시간 제한) • 면접일정 • 개입일정 • 관련 당사자 • 장소

① 계약

- 계약이란 문제해결방안에 대한 사회복지사와 클라이언트 간의 동의이다.
- 계약은 계약당사자인 클라이언트와 사회복지사의 판단에 의해서 변경될 수 있다.

② 계약과정에서 개입형태 선정에 영향을 미치는 요인

- 제안된 개입이 사회상황과 문제, 그리고 관련 당사자 등에게 적절한 영향을 미치는지의 여부
- 긍정적 결과를 예견하는 정보의 신뢰성
- 기관의 스타일이나 요구사항, 클라이언트 상황에 내재된 제약 요인, 돌발적이고 우연히 발생하는 사건 등, 치료자와 클라이언트의 선호 등

③ 계약방식

- 서면계약: 내용을 명확히 하고 통제수단으로 사용할 수 있다.
- 구두계약: 일반적인 방식이지만, 계약내용은 구체적으로 구성되어야 한다.

④ 계약체결의 유의사항

- 비자발적인 클라이언트: 계약체결과정에서 쉽게 충격을 받거나, 비현실적인 계약에 별 생각 없이 동의하는 등 특수한 문제를 야기할 수 있다.
- 사회복지사는 클라이언트가 쉽게 상처를 받거나 스스로 계약을 체결할 수 없는 경우 그 보호자와 계약을 체결해야 한다.
- 계약은 영원한 것이 아니며 당사자의 자기판단에 의해 언제든지 바뀔 수 있다. 즉, 클라이언트와 사회복지사가 상의해서 변경할 수 있다.

⑤ 계약 내용

- 주요 표적문제: 최대 3가지 문제. 클라이언트의 입장에서 진술된 사항(관련된 정부기관의 명령이 존재하는 경우에는 명령에 따라 수정된 사항)
- 구체적인 목표: 클라이언트의 관점에서 클라이언트의 우선순위에 따라 설정할 것. 클라이언트와 사회복지사가 달성하고자 하는 결과를 의미하며, 행동이나 인지상의 지표로 기술되어야 함. 하나의 표적문제에 대해 하나의 목표를 설정
- 클라이언트의 과제: 행동이나 인지상의 지표로 기술할 것. 과제는 일반적인 형태, 부분적인 형태, 단일 형태, 복합 형태 등 여러 유형이 가능함. 필요에 따라 수시 변경이 가능함
- 사회복지사의 과제: 클라이언트가 과제를 효율적으로 수행하도록 지원하

기 위해 수행해야 하는 활동
- 개입 지속기간: 시간의 제한. 과정이 지속되는 대략적인 기간
- 개입일정: 예상 개입절차
- 면접일정: 면접을 수행하는 날짜 및 빈도
- 참여자: 누가 참여할 것인가 하는 것으로서 면접의 대상
- 장소: 면접이 이루어지는 장소

(4) 제3단계: 실행(Implementation) [30]

과제중심모델에서 개입의 대부분은 실행이 차지한다. 이 단계의 주요 목표는 클라이언트가 과제를 성취할 수 있도록 원조하는 것이다. 일반적으로 표적문제에 대한 집중적인 사정과 대안마련, 과제수행, 과제수행의 점검 등이 이루어진다.

과제중심모델 실행(수행)단계

제3단계	문제해결, 과제달성, 문제경감, 필요에 따른 선택
	① 표적문제의 정의 및 확정(3개까지)

	② 문제의 재규정 및 명명(변경해야 할 특수조건 및 행동)
	• 표적문제
	  – 발생 빈도
	  – 발생 장소
	  – 참여자
	  – 직접적인 선행 요인, 영향, 중요성
	• 사회적 배경(문제를 촉진·지속시키는 사회적 조건)
	  – 직장이나 학교환경
	  – 경제적 지위
	  – 가족 구성
	  – 동료집단 구성
	  – 주거 상태
	  – 문화적·인종적 배경
	• 인지적·정서적 요인
	  – 클라이언트의 성향
	  – 활동방식
	  – 개인적인 자원
	• 기타 사정요소

	③ 대안 마련 실현 가능한 문제해결행동의 파악 및 확인
	④ 다른 사람들이나 기관의 지지적이고 협력적인 행동 교섭
	⑤ 의사결정(목표 확인, 수행해야 할 활동유형 선택, 상세개입전략의 설계 등) • 계약 및 목표 재확인 • 기본 개입활동 결정 • 일정 및 활동순서 계획 • 참가자 선정 • 클라이언트의 동의 및 이해 확보 • 기타 관계자의 동의 및 이해 확보
	⑥ 실행단계(전략의 실행)

⑦ 과제의 개발
• 과제 형성
• 과제에 대한 클라이언트의 동의 및 이해 확보
• 과제의 근거와 보상에 대해 이해하게 함
• 과제의 요약 정리
• 예상되는 문제에 대한 재검토
• 클라이언트의 과제수행 계획 수립

⑧ 과제수행의 지원
• 남은 세션 횟수의 검토
• 자원의 획득 및 활용
• 자원공급 장애요인의 파악
• 지침의 제공
• 모의 실험
• 역할연기, 모의실험, 유도적인 실행 등
• 모델 제시 또는 지지를 위한 클라이언트 동행
• 기타
• 과제수행의 장애요인 파악
  − 사회환경 요인: 자원의 부족, 스트레스, 차별, 구조적 문제 등
  − 대인관계상의 요인: 결핍, 갈등, 협력의 부족 등
  − 정서적인 요인: 공포, 의심, 지식의 부족 등
• 장애요인을 제거, 완화, 변경시키기 위한 조치 계획 수립
• 기술 부족, 타인의 협력 및 지원 부족, 자원 부족 등과 같은 과제수행을 방해하는 실제 장애요인의 제거
• 과제수행을 방해하는 인지적인 장애요인의 완화: 공포, 의심, 지식의 부족, 상반되는 신념·체계에 대해서 논의
• 치료자 과제의 계획 및 설명: 치료자의 과제를 클라이언트에게 고지하고 치료자 과제의 실행사항과 문제상태를 검토
• 사실 확인(개입의 예측효과를 체크하고 테스트하며 승인하고 구체화한다)

⑨ 점검
• 문제상태를 주기적으로 기록
• 구조화된 표기법, 차트, 그래프, 간단한 이야기체 평가 등의 방법을 사용

⑩ 다음의 경우에 계약(또는 그 일부)을 수정함
• 만족스럽게 진행되지 않는 경우
• 진행상황이 기대치를 추월하는 경우
• 새로운 문제가 등장한 경우
• 문제가 다른 양상을 띠는 경우
• 과제를 이행할 수 없거나 제대로 이행되지 않는 경우
• 지지나 자원이 비효율적인 경우
• 사회복지사의 과제가 비효율적이거나 실현 가능하지 않은 경우

① **후속사정의 수행(재사정, 표적문제 사정)**

• 의미와 중요성
  − 신속한 초기사정(1단계)을 기초로 해서 이를 수정하거나 보완하는 것을 말한다.
  − 후속사정을 통해서 초기사정의 오류나 불충분한 부분을 보완함으로써 과제의 가치를 높이고 과제 수행을 방해하는 장해요인을 제거할 수 있도록 한다.
  − 복잡한 실제 상황에서는 사례의 어떤 측면이 불분명하고 모호하게 나타날 수 있으므로 광범위한 탐색을 하기보다는 개입의 초점이 되는 현재 문제에 국한하여 집중된 탐색을 해야 한다.

- 내용
  - 표적문제: 빈도, 장소, 참여자, 선행사건, 영향, 중요성 등
  - 빈도: 표적문제가 얼마나, 언제 자주 일어나는가?
  - 누구와 함께 하는가?
  - 어디서 일어나는가?
  - 선행사건 또는 결과는 무엇인가?
  - 어떤 상황에서 일어나는가?
  - 인지적 · 정서적 상황: 클라이언트의 성격, 기능양식, 개인적 자원
  - 사회적 상황: 클라이언트의 문제에 영향을 미치는 사회적 상황에 대해 파악. 주거지와 주거지역의 주변상황, 직업과 학교상황, 사회경제적 지위와 재정적 한계, 건강, 가족 및 또래관계, 문화적 배경 등으로 이루어진 사회적 상황은 문제의 의미에 대한 기초적 사정 시 중요한 정보를 제공

② 대안마련(모색)하기

- 문제해결에 도움이 되는 실현 가능한 활동(대안)들을 알아본다.
- 클라이언트의 경험이나 사회복지사의 경험, 전문적인 기술, 정보, 문헌 등을 참고한다.
- 클라이언트에게 "당신은 문제해결을 위해 어떤 일을 할 수 있나요?"라고 질문한다.
- 사회복지사 자신은 "나는 클라이언트가 이 문제를 해결하도록 돕기 위해 어떤 일을 할 수 있는가"라고 질문해 보고 이에 대한 답을 구체화한다.

③ 다른 사람 및 기관과 지지적이고 협조적인 활동에 대해 협상하기

표적문제에 관련된 갈등에 연관된 사람들과 협상하여 대인관계의 문제를 촉진시키고 유지시키는 것은 클라이언트의 고통을 감소시키고 문제를 해결하는 데 도움이 된다.

④ 의사결정(목표와 개입)

- 목표와 개입에 대한 대략적인 내용은 계약과정에서 이루어지며 이 단계에서는 상호 이해한 것의 확인, 구체적 설정 및 변화(내용 변경) 등이 일어난다.
- 계약과 목표들을 재확인하고 개입전략(방법)을 결정한다. 구체적으로 어떤 행동들로 구성되며 언제 행해지고 어떤 순서에 의해, 누구에 의해서 행해지는지 등을 포함한다.
- 클라이언트가 이를 이해하고 동의하는 것이 중요하다(고지된 동의).

고지된 동의
(informed consent)

사회복지사 같은 실천가들이 클라이언트에게 개입의 내용과 가능한 결과들에 대해서 알려주어야 한다는 것이다. 이는 클라이언트의 권리이며 실천가의 윤리적 행동이다.

⑤ **과제개발하기**

- 계약단계에서 과제에 대한 계약이 이루어져 지속적으로 과제를 수행하게 되는데 이 과정에서 새로운 과제가 생기기도 하고 기존의 과제가 없어지기도 한다(달성한 과제는 없어지고 너무 어려워서 몇 번을 반복해도 달성할 수 없는 것은 다른 것으로 대체되기도 함).
- 과제개발 순서
  - 과제형성(대안 모색, 가능한 과제 생각해보기)
  - 과제에 대한 클라이언트의 동의 및 이해의 확보
  - 과제의 근거와 보상에 대해 이해하게 함
  - 과제의 요약 정리
  - 예상되는 문제에 대한 재검토
  - 클라이언트의 과제수행 계획 수립

⑥ **과제수행 지지하기**

- 남은 회기 수 검토
- 자원을 획득하고 사용하기
- 자원제공의 장애물을 찾아내기
- 지시하기
- 지도하기
- 모의연습
- 역할연기, 모의훈련 등을 지도한다.
- 모델링과 옹호를 위해 클라이언트를 동반한다.
- 과제수행의 장애물을 찾아낸다.
  - 사회환경요인: 자원의 부족, 스트레스, 차별, 구조적 문제
  - 대인관계상의 요인: 결핍, 갈등, 협력 부족
  - 정서적 요인: 공포, 의심, 지식 부족 등
- 장애요인 제거 및 완화, 변경을 위한 행동을 계획하기
- 기술 부족, 다른 사람들의 협력과 지지 부족, 자원 부족 등 과제수행의 실제적인 장애물 개선
- 과제수행의 인지적 장애물 감소시키기: 두려움, 의심, 지식 부족, 부정적 신념에 대해서 토의하기
- 사회복지사 과제에 대해 계획하고 진술하기: 클라이언트에게 사회복지사의 과제에 대해 알려주고 과제실행과 문제상태를 점검하기

⑦ **점검(진행과 어려움 조사하기)**
- 각 회기에서 점검되어야 할 것
  - 과제수행 정도
  - 문제상태의 변화
  - 새롭게 야기되거나 정정된 문제
- 주의할 점: 너무 많은 변화를 기대해서는 안 된다. 진전이 없거나 문제를 새롭게 수정하더라도 당황해서는 안 된다.
- 모니터 방법: 차트, 그래프, 간단한 이야기체 평가 등

⑧ **계약의 일부를 수정 또는 변경하는 경우**
- 만족스럽게 진행되지 않는 경우
- 진행상황이 기대치를 추월하는 경우
- 새로운 문제가 등장한 경우
- 문제가 다른 양상을 띠는 경우
- 과제를 이행할 수 없거나 제대로 이행되지 않는 경우
- 지지나 자원이 비효율적인 경우
- 치료자의 과제가 비효율적이거나 실현 가능하지 않은 경우

⑨ **사회복지사의 역할**
- 클라이언트가 규정한 주요 문제에 주의를 집중함으로써 문제해결에 도움이 되는 상황을 파악한다.
- 클라이언트가 필요한 구체적인 자원을 이용할 수 있도록 준비를 갖춘다. 또한, 클라이언트에게 적절한 사회적 기술을 지도하고 이를 실행할 수 있는 능력이 향상되도록 지원해야 한다.
- 필요한 경우, 다른 기관과 클라이언트의 가족구성원, 친구, 기타 클라이언트의 인생에 중요한 영향을 미치는 사람 등으로부터 자원과 우호적 태도를 얻어내기 위한 교섭을 벌인다.
- 클라이언트가 문제를 경감시켜 나가는 과정을 재검토한다.

(5) 제4단계: 종결(Termination) [31]

과제중심모델 종결단계

제4단계	종결
	• 종결 • 연장: 클라이언트가 승인하는 경우 • 성취점검: 관련 법규, 법원의 명령, 공식적 기관의 요청이 존재하는 경우 • 사후관리 • 모니터: 법률, 법원 명령, 공식적 기관의 요구가 있을 시

• 개입이 시작되면서 종결의 시점도 미리 정해진다. 즉, 종결이 미리 정해지고 서로 예상된 가운데 종결하게 되는 '계획된 종결'이다.

• 사회복지사는 과제가 수행되는 도중 남은 날짜와 면접의 횟수 등을 말해주어야 한다.

• 사회복지사는 개입과정을 통해 성취된 것을 점검하고, 필요한 경우 개입기간을 연장하거나 사후관리를 한다.

• 사회복지사는 클라이언트에게 개입에 대한 피드백을 요청하고 사회복지사 자신의 활동에 대해 평가한다.

• 사회복지사의 실천활동을 평가하는 도구로 기술평가척도(Skill Assessment Scale)를 사용할 수 있는데 이는 사회복지사가 실천과정에서 보완해야 하는 기술이 무엇인지를 나타냄으로써 사회복지사 자신에 대한 이해뿐만 아니라 슈퍼비전을 위한 자료로 활용될 수 있다.

6장 기타 실천모델

한눈에 쏙!   중요도

| ❶ 역량강화모델 | 1. 역량강화모델의 철학과 기본 개념 | ★★★ |
| | 2. 역량강화모델의 과정 | ★★ |

❷ 위기개입모델	1. 위기에 관한 일반사항	
	2. 위기상태의 발생	★
	3. 위기개입모델	★★★ 22회 기출

기출경향 살펴보기

이 장의 기출 포인트

역량강화모델은 강점관점, 주요 특징, 개입단계 등이 출제되고 있다. 실천론이든 기술론이든 꼭 출제되기 때문에 꼼꼼히 학습해야 한다.

위기개입모델은 은근히 출제범위가 넓은 편이어서 적당히 특징만 파악해서는 답을 찾기 어려울 수 있다. 위기개입의 주요 특징, 목표, 위기발달단계 등을 두루두루 살펴보자.

최근 5개년 출제 분포도

연도별 그래프

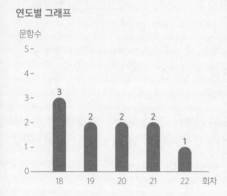

평균출제문항수

2.0 문항

2단계 학습전략

데이터의 힘을 믿으세요!
강의로 복습하는 **기출회독 시리즈**

3회독 복습과정을 통해
최신 기출경향 파악

최근 10개년 핵심 키워드

| 기출회독 **106** | 역량강화모델 | 6문항 |
| 기출회독 **107** | 위기개입모델 | 13문항 |

기본개념 완성을 위한 **학습자료 제공**

기본개념 강의, 기본쌓기 문제, O X 퀴즈, 기출문제, 정오표, 묻고답하기, 지식창고, 보충자료 등을 **아임패스**를 통해 만나실 수 있습니다.

기출회차				
1	2	3	4	5
6	7	8	9	10
11	12	13	14	15
16	17	18	19	20
21	22			

강의로 복습하는 기출회독 시리즈

Keyword 106

1

역량강화모델

강점관점의 주요 특징, 역량강화모델의 주요 특징, 역량강화모델의 개입방식, 역량강화모델의 과정 등의 내용은 실천기술론과 실천론을 막론하고 출제되는 내용이다.

empowerment는 주로 역량강화로 번역되고 있지만, 분야나 관점에 따라 역량증진, 능력고취, 권한부여, 권한위임 등으로 번역되고 있으며 번역하는 것이 적절치 않다는 입장에서 임파워먼트로 쓰기도 한다.

보충자료

역량강화의 기원

1. 역량강화모델의 철학과 기본 개념

(1) 역량강화(empowerment)의 정의 ☆

• 역량강화란, 필요한 환경자원을 이용하거나 스트레스 상황에 적절히 대처하는 데에 어려움을 겪는 취약한 클라이언트가 자신의 삶을 충분히 통제할 수 있도록 원조하는 것이다.

• 역량강화에서 힘은 개인적, 대인적, 사회적 측면을 모두 포함하며, 역량강화모델의 초점은 이러한 힘의 획득을 통해 클라이언트가 자기 삶에 대한 결정을 스스로 해나갈 수 있도록 원조하는 데에 있다.

• 솔로몬(Solomon)은 사회복지실천에 임파워먼트 개념을 최초로 도입한 것으로 평가받는 학자이다. 그는 흑인 스티그마 집단에 대한 부정적 평가가 개개인에게 무력감을 갖게 한다고 보면서 이에 대항하는 활동과 과정을 임파워먼트라고 하였다.[32]

• 사회복지실천에서의 역량강화는 특히 사회적으로 차별, 소외, 거부, 배제, 억압을 받아왔던 집단에 있어 힘, 권리의 획득 측면에서 강조되었다.

(2) 역량강화모델의 형성과 이론적 기반 [33]

• 임파워먼트의 이론적 개념이 사회복지에서 시작된 것은 아니었지만, 사회복지 초기부터 내재되어 있던 것이라고 말할 수 있다.

• 1800년대 말 인보관운동을 역량강화모델의 토대, 이념적 근원으로 본다. 그 밖에 비판이론, 포스트모더니즘, 페미니즘, 레이놀즈(B. Reynolds)의 활동 등이 임파워먼트모델의 발전에 영향을 미친 것으로 평가된다.

• 1970년대에 생태체계관점에 근거한 강점지향 혹은 해결중심접근의 중요성이 대두되었는데 체스탕, 솔로몬, 핀더허그 등의 학자에 의해 1970년대 중반에 역량강화모델이 개발되었다.

• 역량강화모델은 생태체계관점과 강점관점을 이론적 기반으로 한다.

(3) 역량강화의 다양한 차원 [34]

역량강화는 개인, 대인관계, 구조적 차원 등 모든 사회체계 수준에 적용 가능하다.

① 개인적 차원

- 개인 차원의 역량강화는 개인의 역량, 지배감, 강점, 변화능력에 영향력을 주는 것이다.
- 자신의 요구가 무엇인지 표명할 수 있도록 격려하고 자신을 바르게 설명할 수 있게 한다.

② 대인관계 차원

- 다른 사람에 대해 영향력을 미칠 수 있도록 하는 것이다. 이는 어느 일방에 의해 주거나 혹은 받기만 하는 것이 아니라 상호교환하는 관계를 형성하는 것이다.
- 사회복지사는 클라이언트에 대한 타인의 바른 이해를 격려하며 동시에 타인에 대해 올바르게 이해할 수 있도록 돕는다.

③ 구조적 차원(= 사회 · 정치적 차원)

정치적, 사회적 상황과 같은 사회구조를 바꿈으로써 좀 더 힘을 얻고, 새로운 기회를 창출할 수 있다. 사회적 수준에서의 자원 창출은 그 사회의 모든 개인에게 힘을 부여한다.

전통적 문제해결 과정과 역량강화 과정의 비교

전통적인 문제해결 과정	역량강화 과정
1. 문제(욕구, 결함, 증상, 병리) 중심	1. 강점(소망, 열망, 재능, 기술, 지식) 중심
2. 문제를 부정적으로 인식	2. 문제를 도전과 기회로 적극적으로 인식
3. 분석적	3. 총체적
4. 전문가적 관점 중심, 질문식 인터뷰	4. 클라이언트 자신의 관점에서 정보 수집, 민속지학적, 대화적, 목적적
5. 초점: 과거와 현재 중심	5. 초점: 지금-여기에 두며 미래 중심
6. 전문가 중심	6. 협력적 동반자 관계 중심
7. 클라이언트를 수동적 수혜자로 인식, 전문가에 의해 통제됨	7. 클라이언트를 적극적 권리 행사자, 소비자, 서비스 이용자로 인식
8. 최종 목적: 문제 해결	8. 최종 목적: 삶의 질 향상

※ 장인협, 2005: 492.

합격자의 한마디

역량강화모델이 문제 중심이 아닌 강점 중심이라고 해서 문제해결에 관심이 없다는 의미가 아닙니다. 문제해결을 위한 전략이 역량강화인 것이고, 궁극적으로 삶의 질을 향상시킬 수 있다는 것이죠!

(4) 역량강화모델의 실천원칙 [35]

- 협력, 신뢰, 파워의 공유는 원조관계의 기초가 된다.
- 집단행동을 활용한다.
- 클라이언트가 정의한 문제를 수용한다.
- 클라이언트의 강점을 확인하여 활용한다.
- 계급과 파워에 관한 이슈에 대해 클라이언트의 의식을 고양시킨다.
- 변화과정에 클라이언트가 참여하도록 한다.
- 특정 기술을 가르친다.
- 상호지지적인 네트워크 및 자조집단 등을 활용한다.
- 개인이 가지고 있는 파워를 느끼게 한다.
- 클라이언트를 위해 자원을 동원하고 그의 권리를 옹호한다.

(5) 역량강화의 대상과 방법

① 역량강화의 대상

역량강화모델에서 클라이언트는 자기결정권을 갖는 주체적인 사람으로서 사회복지사의 협력적 파트너로서의 지위를 갖는다. 또한 서비스의 수혜자가 아닌 소비자, 이용자이다.

- 빈민과 억압받는 사람들, 이민자와 피난민, 유색인, 장애인, 중독자, 낙인 찍힌 사람, 차별받는 사람, 사회자원에 접근이 거부된 사람 등
- 에이즈환자집단, 생활시설 거주자, 청소년집단, 재취업 여성, 인종차별에 처해 있는 여성, 이혼한 여성, 학대받는 여성 등
- 노인집단, 장애인 집단, 노숙인 등

② 역량강화의 방법 [36]

- 힘을 행사하는 데 방해가 되는 사회적 · 개인적 장애의 영향을 감소시킨다.
- 힘 사용에 대한 역량과 자신감을 증진시킨다.
- 환경으로부터 개인에게로 힘을 전환시킨다.

(6) 강점관점(strengths perspective)과 역량강화 ⭐

① 강점의 의미와 특성

셀리비(Saleebey)는 강점의 의미를 능력, 가능성, 자원, 자산을 내포하는 말로 간주하며 구체적으로 다음과 같이 제시하였다. [37]

- 강점은 어려움에 직면했을 때 자신, 타인, 세상에 관해 배운 것을 가지고

셀리비(Saleebey)는 캔사스대학교 교수로, 강점관점 이론의 실체와 성과를 체계화하였다.

외상, 혼란, 억압 등과 투쟁하며 대처해 나가게 한다.

- 강점은 사람들이 지니고 있는 특징, 특성, 덕목 등인데 이것들은 외상경험이나 파국 속에서 단련되며 유머, 창조력, 충성심, 통찰력, 독립심, 영성, 도덕적 상상 및 인내력을 갖게 한다.
- 강점은 교육으로 학습한 세상에 관한 지식을 내포하며 생활경험을 통해 이를 분별하거나 추출한다.
- 사람들의 재능도 강점이 된다. **예** 요리, 악기 연주 등
- 강점은 개인의 문화적인 이야기나 전승 등의 풍요한 자원을 의미한다.
- 고난이나 불행을 뛰어넘은 사람들이 가지는 프라이드도 강점이다.
- 강점은 의사소통의 힘을 지니게 된다.

② 강점관점의 의미와 특성

'관점'의 사전적 의미는 어떤 대상이나 사물을 관찰하거나 고찰할 때, 그것을 보거나 생각하는 각도이다. 사회복지실천에서 말하는 강점관점의 개념과 특성들은 다음과 같다.[38]

- 강점관점이란 모든 인간은 성장하고 변화할 능력을 이미 내면에 가지고 있고, 문제가 생겼을 때 문제를 해결할 능력과 힘을 갖고 있다고 보는 관점이다.
- 사회복지사들이 이러한 타고난 힘을 원조할 때, 긍정적인 성장의 가능성이 촉진된다.
- 강점관점은 사회복지의 근본적 가치인 인본적 가치와 사회정의에 관련된 가치와 일치한다.
- 인간의 존엄성과 가치 그리고 자기결정을 촉진시키는 사회복지의 여러 가치들은 클라이언트의 내재된 잠재력과 능력과 강점들을 함축적으로 인정한다.[39]
- 강점은 원조과정의 특징인 인본적이고 윤리적이며 정치적인 가치에 더욱 상응한다.[40]
- 강점관점을 적용함으로써 클라이언트 체계의 존중과 원조를 조화시키는 분위기가 창출된다.

③ 강점관점의 실천적 전제

- 강점관점은 클라이언트의 자원을 풍요롭게 하는 원칙, 이념, 기법을 내포하고 있다. 사회복지사는 이를 인식하고 있어야 하며 클라이언트 체계 내에서 그리고 환경적 맥락에서 좀 더 효과적으로 기능할 수 있도록 이용 가능한 자원을 끌어내야 한다.[41]

- 강점관점의 실천적 전제들은 다음과 같다.
  - 사람들은 성장 및 변화를 위한 능력을 이미 가지고 있다.
  - 클라이언트는 자원과 능력의 보고이다.
  - 상호작용과 협력을 기반으로 기존의 자원을 증대시키고 새로운 자원을 구축해 나간다.
  - 긍정적인 변화는 희망과 미래의 가능성 위에서 생긴다.
  - 클라이언트는 자신의 상황을 가장 잘 아는 당사자이기 때문에, 대안이 주어지면 가장 좋은 해결책을 결정할 수 있다.
  - 무력감보다는 성취감과 능력을 증대시키는 과정을 지지한다.
  - 체계의 결함보다는 체계 간의 상호교류과정에 도전과 관심을 준다.
  - 클라이언트의 강점은 변화를 이끌어내는 에너지이며 변화를 지속시키는 자원이다.

잠깐!

강점관점에 따른 중요한 변화

- 문제 → 도전
- 병리 → 강점
- 과거 → 미래

④ 강점관점에 따른 중요한 변화

강점관점에 따른 사회복지실천을 전개하기 위해서는 다음과 같은 전환이 필요하다.[42]

- 문제가 아닌 도전으로
  - 문제로 보는 시각: 사회복지개입의 초점은 오랫동안 '문제'에 있었다. 문제를 겪기 때문에 사회복지서비스가 필요한 것이며, 그러한 클라이언트의 문제를 해결하고자 하는 것이 개입의 출발이었다. 그러나 문제 자체에 몰두하는 것은 클라이언트로 하여금 수치심과 비난, 죄책감을 갖게 하므로 문제해결을 더욱 어렵게 만든다.
  - 도전으로 보는 시각: 문제를 문제로 보는 것이 아니라 도전의 전환점과 성장의 기회로 간주할 때 문제를 의미 있게 변화시킬 수 있다. 도전은 클라이언트와 사회복지사 모두에게 새로운 사고방식과 행동양식을 갖게 한다.
- 병리가 아닌 강점으로
  - 문제와 병리적 현상에 초점을 맞추면 강점을 드러낼 수 있는 클라이언트와 사회복지사의 능력이 차단될 수 있다. 부정적인 준거틀은 클라이언트의 독특한 능력을 감춘다. 예를 들어, 컵에 물이 반이 있는 경우 반밖에 남지 않았다는 것은 부정적인 인식이지만 아직도 마실 수 있는 물이 반이나 남았다고 생각하면 상황이 달라진다. 의료모델에 기반을 둔 사회복지실천은 문제를 병리로서 간주하므로 적절한 '치료'를 위해서 사회복지사라는 전문가의 '진단'이 필요하다. 또한 생태체계적 관점이 결여되고 있어 개인의 결함이나 실패, 부적절성을 부각시킨다.

- 그러나 강점관점으로 바라보았을 때, 문제를 가장 잘 알고 있는 것은 클라이언트이며 클라이언트는 자신의 문제를 해결할 수 있는 자원을 이미 가지고 있으므로 그 자원을 끌어내어 활용할 수 있도록 원조하는 일이 핵심이 된다.
- 과거가 아닌 미래로
  - 의료모델에 초점을 둔 실천은 문제의 발생 원인, 즉 왜, 어떻게 문제가 생기고 발전했는지 등 과거 위주의 탐색에 치중한다.
  - 그러나 강점관점적 접근에서는 미래의 성장을 위한 이용 가능한 자원을 발견하기 위해 현재를 탐색한다. 현재의 문제를 해결하고 더 나은 미래를 위해서 지금 할 수 있는 것, 앞으로 할 수 있는 것을 발견하고 적극적으로 활용하는 것이 중요하다.

⑤ 강점관점과 역량강화모델의 관계

강점관점은 역량강화모델보다 좀 더 포괄적인 개념으로서 역량강화라는 구체적인 모델에 철학적 기반을 제공한다. 또한 클라이언트를 보는 전체적인 시각을 형성해준다. 역량강화는 무력감을 갖는 개인이나 가족 혹은 지역사회가 힘을 가질 수 있게 해주는 것인데, 클라이언트는 이미 문제를 해결할 수 있는 잠재적인 힘과 능력이 있다는 사실을 전제로 한다. 즉, 강점관점을 도입해서 보는 것이다. 이런 강점관점으로 클라이언트를 보았을 때 클라이언트를 과거와는 전혀 다른 새로운 존재로 볼 수 있게 된다.

2. 역량강화모델의 과정 [43)]

1) 대화단계: 역량강화 관계 수립

(1) 대화단계의 의미
- 사회복지의 성공은 클라이언트와 함께 그들의 현 상황과 목적 및 강점에 대한 지속적인 대화를 요구한다. 이러한 대화를 통하여, 클라이언트와의 관계는 클라이언트와 실천가 모두가 공헌할 협력적 파트너십으로 정의된다.
- 대화단계에서 사회복지사와 클라이언트는 그들 관계의 목적을 명확히 하고 협력적인 작업을 위한 예비 초점을 규정한다.

(2) 대화단계의 주요 내용
- 수용과 존중과 신뢰에 기반한 파트너십 수립

중요도

역량강화모델의 특징을 살펴보는 문제에서 대화→발견→발전의 순서를 확인하는 내용도 종종 등장했으며, 단독으로 각 단계별 과업을 확인하는 문제도 출제되고 있다.

- 클라이언트와 실천가 각각의 역할 규정
- 클라이언트의 경험과 도전되는 상황을 토의
- 협력작업의 목적 규정
- 변화를 위하여 클라이언트의 동기 촉진
- 위기에 필요한 사항에 역점

(3) 대화단계의 주요 과제

① 파트너십 형성: 동반자 관계 형성

사회복지사와 클라이언트체계가 사회복지의 목적과 윤리규칙의 규범을 반영하는 여러 방식에 따라 그들의 관계를 규정하는 과정이다. 사회복지사와 클라이언트는 상황을 이해하고 변화를 이루기 위하여 동업하는 협력자이다.

② 현재 상황의 명확화: 도전들을 설명

클라이언트가 사회복지의 원조를 받는 것을 촉진시키기 위하여 사회복지사와 클라이언트의 상호 이해를 발전시키는 과정이다. 이를 위해, 사회복지사는 클라이언트의 말을 적극적으로 경청하고 그 메시지에 담겨 있는 정보와 감정에 반응해야 한다.

③ 방향 설정

실천가와 클라이언트는 특정 목적을 위하여 함께 나갈 방향을 정한다. 이러한 구체적인 방향 감각은 클라이언트가 직면하는 여러 도전을 적절하게 만들어주고, 문제해결책을 만드는 데 유용한 자원과 강점이 무엇인지 결정하게 해준다. 여러 가지 방향을 설정함으로써 목적의식이 구체화되고 클라이언트의 참여를 동기화한다.

2) 발견단계: 사정, 분석, 계획

(1) 발견단계의 의미

- 클라이언트와 사회복지사는 해결책을 위한 자원을 체계적으로 수립하면서 계속하여 사정한다. 이 자원은 클라이언트체계 내부 혹은 외부의 사회·물리적 환경에 존재할 수 있다.
- 사회복지사와 클라이언트가 파트너로서 협력함으로써 변화계획을 발달시키기 위해 수집된 정보를 조직한다.

(2) 발견단계의 주요 내용

- 변화를 위한 자원인 클라이언트의 강점을 탐색한다.
- 클라이언트의 환경에 있는 자원의 여러 가능성을 검토함으로써 교류의 관점을 이행한다.
- 부차적인 자원에서 관련 정보를 수집한다.
- 가능한 자원체계의 역량을 사정한다.
- 도출된 목적을 규명하고 세부 목표들을 구체화한다.
- 행동계획을 세운다.
- 변화를 위한 계약을 맺는다.

(3) 발견단계의 주요 과제

① 강점 확인

발견단계에는 클라이언트의 강점이 변화의 초석임을 전제하고, 따라서 그것을 초기에 자주 주목해야 한다. 강점을 자세히 조사함으로써 클라이언트와 사회복지사는 여러 예외사항들을 탐색하게 되고 여러 가능성을 발견하게 된다. 클라이언트의 도전상황을 기술하는 것을 세심히 경청함으로써 사회복지사는 클라이언트의 대인관계와 문화와 조직 네트워크, 그리고 지역사회에서 발견되는 능력과 풍부한 자원, 창조성은 물론 강점을 발견하게 된다.

② 자원의 역량사정

이 과정은 클라이언트 상황의 이해에 여러 교류의 차원을 덧붙인다. 사회복지사와 클라이언트는 연합하여 개인과 개인, 가족과 집단, 조직과 지역사회, 사회와 정치체계를 사정함으로써 클라이언트체계와 환경의 교류라는 긍정적이며 광범위한 관점을 상술하게 된다. 강점 지향의 사정을 통하여, 사회복지사와 클라이언트는 변화노력에 기여할 수 있는 것을 발견하게 되고 그들이 구하는 결과를 탐색하기 위하여 활성화할 수 있을 자원체계가 무엇인지에 대하여 예측하게 된다.

③ 해결방안 수립

이 과정에서 사회복지사와 클라이언트는 여러 행동계획을 발전시킨다. 행동계획에는 클라이언트가 달성하려는 희망사항에 관한 진술은 물론 여러 목적과 그에 따른 세부 목표의 성취를 위한 전략 수립이 포함된다. 이러한 폭넓은 계획을 발전시키는 것은 현상의 이해에서부터 정보에 기초한 행동으로의 전이를 나타내고 이로써 클라이언트가 갈망하는 변화를 이루게 된다.

3) 발전단계(발달단계): 실행 및 변화 안정화

(1) 발전단계의 의미
- 발전단계에서 실천가와 클라이언트는 대인관계적 자원과 제도적 자원을 활성화하기 위하여 조정하고, 다른 체계와 동맹을 창출하며, 자원 개발을 통해 여러 기회를 확대한다. 이러한 접근은 클라이언트의 고유 역량과 환경 자원을 강화하게 해준다.
- 클라이언트체계와 환경체계에서 이루어진 변화를 견고히 한다.

(2) 발전단계의 주요 내용
- 행동계획을 시행한다.
- 클라이언트체계 내에 역량의 경험을 증가시킨다.
- 목표 달성에 필수적인 자원을 사정한다.
- 계획 완수를 위해 개인과 조직의 동맹관계를 창출한다.
- 추가 자원을 창출함으로써 기회와 선택권을 향상시킨다.
- 진행과정과 결과를 평가한다.
- 전문적 관계를 종결한다.

(3) 발전단계의 주요 과제

① 자원 활성화
이미 가지고 있거나 접근 가능한 자원을 활용할 수 있는 방향을 모색한다.

② 기회의 확대
사회복지사와 클라이언트는 환경 내에서 현재는 없으나 꼭 필요한 새로운 자원을 형성한다.

③ 성공의 확인
목적 달성을 측정하고 과정의 효과성을 평가하며 함께 일한 것 등에 대해 서로 협력자로서 인정하는 작업을 한다.

④ 성과의 집대성
클라이언트가 사회복지사와의 노력 끝에 성장, 발전, 변화하고 있음을 격려한다. 개입을 종결하며 클라이언트가 지속적으로 독립성을 유지할 수 있도록 한다.

역량강화모델의 실천단계와 과정 및 활동 내용

단계	과정	활동 내용
대화단계 (Dialogue Phase)	파트너십 형성	• 역량강화의 관계 수립 • 클라이언트의 고유능력 인식 • 사회복지사와 클라이언트 각각의 독창성 존중
	현재 상황의 명확화	• 클라이언트가 겪고 있는 도전적 상황 확인 • 여러 교류적 차원 추가 • 목적 탐색
	방향 설정	• 관계형성을 위한 예비목적 결정 • 클라이언트의 동기 활성화 • 적절한 자원 탐색의 지도
발견단계 (Discovery Phase)	강점의 확인	• 클라이언트의 강점 탐색 • 도전적 상황과 문화적 정체성에 대처 • 역경의 극복
	자원의 역량 사정	클라이언트의 다양한 교류관계(환경, 가족과 사회집단, 조직, 지역사회 제도)의 자원 탐색
	해결방안 수립	클라이언트와 환경자원을 활용하고, 목적 달성 가능한 행동계획을 수립
발전단계 (Development Phase)	자원 활성화	자문 · 자원 운영과 교육을 통하여 이용 가능한 자원을 가동함으로써 행동계획을 이행
	기회의 확대	프로그램 개발과 지역사회 조직, 사회행동을 통한 새로운 기회와 자원 개발
	성공의 확인	성취를 확인하고 지속되는 행위를 알리기 위한 변화노력의 성공 평가
	성과의 집대성	성공을 축하하고 긍정적 변화를 정착시키는 방식으로 변화과정을 종결

※ Miley et al, 2001: 99.

기출회차

1	2	3	4	5
6	7	8	9	10
11	12	13	14	15
16	17	18	19	20
21	22			

강의로 복습하는 기출회독 시리즈

Keyword 107

1. 위기에 관한 일반사항

(1) 위기의 정의

어떤 사건이 위기인지는 그 사람이 위기로 느끼느냐 아니냐에 따라 다르다. 사람마다 어떤 사건에 대한 대처능력이나 스트레스 정도는 다르기 때문이다. 따라서 많은 사람들이 동일한 사건을 경험했을 때 모두에게 위기개입이 필요하다고 단언할 수는 없다. 21회 시험의 문장을 인용해보면, 위기개입모델은 사건 자체보다 클라이언트의 주관적 인식을 더 중요시한다라고 말할 수 있다.

- 위협적 혹은 외상적 위험사건을 경험함으로 인해 취약해지면서 지금까지의 대처전략으로는 스트레스나 외상에 대처하거나 경감할 수 없는 불균형의 상태가 되는 것이다.
- 위기란 개인의 현재 자원과 대처기제로는 감당하기 어려운 사건이나 상황을 지각하거나 경험하는 것이다.
- 위기는 개인이 어떤 문제를 평상시의 방법으로는 해결하지 못해 심각한 정서적 혼란을 경험하는 상태를 말한다.

(2) 위기의 특성

① 위험과 기회의 공존

- 위험: 위기상황의 개인은 타살이나 자살에 이르는 심각한 병리상태가 될 수 있다.
- 기회: 고통을 경험하고 이러한 고통 때문에 도움을 구한다.

② 복잡한 증상

- 위기는 이해하기 복잡하고 어렵다. 단순한 원인과 결과로 설명하기 힘들다.
- 위기의 증상은 매우 복잡하다.

③ 성장과 변화의 씨앗

위기에 나타나는 불안은 긍정적 변화의 추진력이 된다.

④ 만병통치나 빠른 해결책의 부재

- 위기에 처한 사람은 단기치료와 같은 개입, 다양한 형태의 도움을 쉽게 받아들이지만, 오래된 문제일수록 빠른 해결책을 기대하기는 어렵다.

- 빠른 해결책은 위기를 유발한 자극을 변화시키기 어렵고 더 심각하게 만들 수 있다.

⑤ 선택의 필요성
- 선택은 최소한의 성장 가능성이 있는 위기에 처한 사람에게 목적을 설정하게 해준다.
- 선택은 어려움을 극복할 계획을 조직적으로 세울 기회를 준다.

⑥ 보편성과 고유성
- 보편성: 모든 위기에는 혼란이 따르게 되며 위기에 처했던 사람이 다시 위기를 경험할 수도 있다.
- 고유성: 같은 상황에서 누구는 성공적으로 위기를 극복할 수 있지만, 반면 다른 누구는 그렇지 못할 수도 있다.

(3) 위기의 유형: 위기상태를 촉발시키는 특성에 따른 구분

① 발달적 위기
- 인간이 성장하고 발달해나가는 가운데 발생하는 사건이나 발달단계마다 요구되는 발달과업에 의해 새로운 대처자원이 필요할 때 발생하는 위기이다.
- 인간발달의 극적인 변화나 전환으로 인하여 비정상적인 반응을 일으키게 만드는 것이다.
- 개인의 생애주기에 따르는 위기와 가족의 발달단계에 따르는 위기를 포함한다.
- 발달적 위기는 정상적인 것으로 볼 수 있으나, 모든 발달적 위기는 개인마다 독특한 것으로 각각의 독특한 방법으로 사정되고 다루어져야 한다.
  - **예** 아이의 출생, 청소년의 정체성 위기, 대학졸업, 중년기 직업 변화, 은퇴, 중년의 위기, 노년의 위기 등

② 상황적 위기
- 사람이 예견하거나 통제할 수 없는, 드물고도 이례적인 사건이 발생할 때 나타나는 위기를 말한다.
- 특징
  - 예견할 수 없다.
  - 누구에게나 일어날 수 있다.
  - 갑작스럽고 충격적이며 강렬하다.
  - 때로는 파괴적인 위력이 있다.
  - **예** 가족 등 가까운 사람의 죽음, 예상 못한 실직, 질병, 교통사고, 유괴 · 강간 등 범죄 피해, 지진 · 태풍 · 홍수 등 자연재해

합격자의 한마디

보통 위기라고 하면 자연재해나 사고 같은 큰 사건만을 생각하는데 생애주기나 발달단계에 따른 위기가 있다는 것도 기억해두자.

상황적 위기를 상황적 위기와 환경적 위기로 구분하여 설명하기도 한다.
- 상황적 위기: 갑작스런 사고 및 질병, 주변인의 사망 등
- 환경적 위기: 자연재해, 경기침체, 전염병, 전쟁 등

③ 실존적 위기

목적이나 책임감, 독립성, 자유, 책임 이행과 같은 중요한 삶의 이슈에 동반되는 갈등과 불안과 관련되는 위기이다.

> **예** 어떤 사람이 특정한 전문직이나 조직에 자신이 더 이상 영향력이 없음을 깨달으면서 경험하는 정신적 위기, 결혼을 하지 않고 부모와 함께 사는 것을 선택한 사람이 50세에 이르러서야 자신의 선택을 후회하면서 행복하고 가치 있는 인간이 될 기회를 놓쳤다고 후회하는 것 등

2. 위기상태의 발생

중요도

위기발달단계의 순서를 기억해두고, 개입이 필요한 단계는 실제 위기단계임을 기억해두자.

(1) 위기상태의 발생요인

• 위협을 포함하는 위험한 사건의 존재
• 그 위협이 갈등을 일으키는 초기 위협과 상징적으로 연관되어 있고, 현재 또는 과거의 본능적 욕구를 위협하는 것
• 개인이 적절한 대응기제로 대처해나갈 수 없는 경우

(2) 위기상태의 특징

• 위기상태에는 심리적인 무방비 상태가 고조되어 있으며 방어기제가 약해져 있다.
• 문제해결 능력이 극도로 제한되어 있다.
• 초기단계에서 주어지는 타인의 도움을 받아들이기 쉽다.
• 감정의 균형을 잃은 경험이 있는 사람들은 균형을 다시 찾으려고 노력한다.
• 일반적으로 급격한 위기상태는 일시적이며 단기간이다(6~8주).
• 위기는 삶에서 야기되는 다양한 사건의 대처법을 배울 수 있다는 점에서 성장과 발전의 기회라고 생각할 때 잘 대처할 수 있다.
• 위기에 수반되는 감정은 일정한 과정을 거쳐서 전개된다.

(3) 위기발달단계(N. Golan) 44) ★꼭!

골란의 위기발달단계는 위기가 발생하는 구성요소를 포함한다. 사회적 위험, 취약단계, 위기촉진요인 발생, 실제 위기단계, 재통합이라는 각 단계의 구성요소들은 보통 앞에서 뒤로 순차적으로 일어나는 경향이 있다.

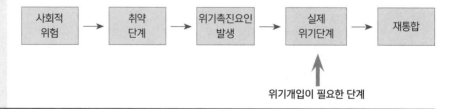

① 사회적 위험(hazardous event)

- 특정한 스트레스 사건으로서 외부적 쇼크나 내적인 변화가 개인의 신체 및 심리사회적 안정상태에 일어난다.
- 예기될 수 있는 사건(당연히 일어날 수 있는 것): 발달단계나 생활주기의 전환단계에서 일어날 수 있는 위기로서 잘 극복해 나감으로써 성장ㆍ변화해 나간다.

  예 첫 아기의 탄생, 아내에서 어머니로 역할 이행, 막내아이의 독립 등

- 예기치 않은 위기: 누구에게나 일어날 수 있지만 뜻하지 않은 시기에 닥쳐올 수 있는 돌연한 변화

  예 별거, 이혼, 사망, 정신적ㆍ신체적 질병이나 사고 등, 자연적 재해

② 취약단계(vulnerable state)

- 혼란(upset)단계라고도 한다.
- 최초의 쇼크에 대한 개인의 주관적 반응의 단계이다.
- 개개인마다 사건을 인지하는 정도에 따라 나름대로의 방법으로 대처한다.
- 대체로 이를 본능적 욕구나 자율성의 위협으로 바라보거나, 또는 인격이나 능력의 상실로 바라볼 수 있다.

③ 위기촉진요인(precipitating factor) 발생

- 취약단계를 불균형의 상태로 전환시키는 일련의 연쇄적인 스트레스 유발 사건들을 말한다.
- 최초의 사회적 위험이 위기촉진요인을 만나면 위기 당사자의 균형상태(homeostatic balance)는 무너지고 실제 위기단계(active crisis state)로 넘어간다. 경우에 따라 최초의 한 가지 사건만으로 바로 위기상태에 빠지기도 한다.

  예 남편의 실직 → 부인의 병 → 인척관계들과 충돌 → 청소년 아들의 가출 등과 같다. 이 경우, 여러 가지 연쇄적인 스트레스 상황들을 위기촉진요인으로 볼 수 있다.

④ 실제 위기단계(active crisis state)

- 위기단계란 개인의 주관적인 상황에 대한 표현이다.
- 일단 개인의 항상성 기제(homeostatic mechanisms)가 무너지면 긴장이 최고조에 달하고 불균형 상태가 시작된다.
- 캐프란(Caplan)은 이러한 불균형의 위기단계는 길어야 4~6주간 지속될 수 있다고 하였다.

합격자의 한마디

개입이 필요한 단계는 바로 '실제 위기단계'

⑤ **재통합(회복, reintegration, restoration)**
- 긴장과 불안이 점차 가라앉고 개인의 기능이 다소 재구성되는 단계이지만 사실상 위기단계의 연장이다.
- 불균형 상태는 그리 오래 지속될 수 없지만 조정, 적응과 통합, 또는 부적응과 부정적인 형태와 같은 새로운 문제가 발견될 수 있다.

3. 위기개입모델

(1) 위기개입모델의 개념
- 위기상황에 즉각적으로 개입하여 단기 전문원조를 제공하는 모델이다.
- 개인이나 가족이 갑작스럽고 심각한 위험에 처했을 때 단시간/단기간 안에 일시적이고 집중적으로 개입한다.
- 위기에 처한 클라이언트가 자신의 심리적 능력과 사회적 자원을 동원할 수 있도록 원조하는 것이며, 스트레스 사건의 영향을 최소화하기 위한 심리사회기능적인 접근방법이다.

(2) 위기개입의 기본 원리 [45] ★꼭!

① 신속한 개입
시간제한적인 본질 때문에 즉각적인 개입이 필요하며, 위기단계(active crisis state)에서 6주 이내에 해결한다.

② 행동기술
사회복지사의 역할은 행동기술에 초점을 두어 지시적인 특징이 있다.

③ 제한된 목표
최소한의 목표는 파멸의 예방, 균형상태 회복, 이전 상태로 돌아가는 것이다.

④ 희망과 기대
절망하는 클라이언트에게 희망을 고취한다.

⑤ 지지
사회복지기관이나 병원 등 클라이언트에게 필요한 여러 자원의 정보를 제공하고 지지체계를 개발한다.

⑥ 초점적 문제해결

문제파악과 해결에 초점을 두면서 클라이언트가 조종할 수 있을 만큼 현실에 직면하도록 돕는다.

⑦ 자기상(self-image)

클라이언트와 신뢰관계를 조성하여 클라이언트의 방어를 줄여 자기상을 보호하고 건전한 자기상을 확립하도록 원조한다.

⑧ 자립

클라이언트의 자신감 회복을 위해 효과적으로 대처할 수 있도록 지원한다.

(3) 위기해결을 위한 치료의 목표 [46)]

라포포트(Rapoport)는 위기해결을 위한 치료목표를 2단계로 제시했다. 처음 4개는 최소한 달성해야 하는 기본 목표이며, 다음 2개의 목표는 상황이나 기회, 클라이언트의 성격 등을 고려하면서 달성하는 추가 목표이다.

① 1단계의 치료 목표: 기본 목표

- 위기로 인한 증상을 완화 · 제거한다.
- 위기 이전 수준으로 기능을 회복한다.
- 불균형 상태를 야기한 위기촉진 요인과 사건들에 대해 어느 정도 이해한다.
- 클라이언트나 가족이 이용할 수 있는 지역사회의 자원 및 치료방법을 모색한다.

② 2단계의 치료 목표: 추가 목표

- 현재의 스트레스를 과거의 경험이나 갈등상황과 연결시킨다.
- 즉각적인 위기상황을 넘어서는 데 유용한 새로운 적응 및 대처반응을 파악하고 발전시키도록 새로운 방법을 가르친다.

(4) 위기개입모델의 과정 [47)]

① 길리랜드의 위기개입모델(Gilliland, 1982)

1~3단계는 경청하기, 4~6단계는 활동하기 단계이다.
- 1단계: 문제 정의
  위기개입의 전 과정에서 경청과 행동기술 사용
- 2단계: 클라이언트의 안전 확보

클라이언트 자신과 타인의 신체적 · 심리적 위험을 최소화한다.
- 3단계: 지지하기
  사회복지사는 클라이언트를 무조건적 · 긍정적으로 수용해야 한다.
- 4단계: 대안탐색하기
  대안을 폭넓게 찾아보되, 많은 대안보다는 적합한 몇 가지가 필요하다.
- 5단계: 계획 세우기
  - 지지를 받을 수 있는 자원을 명확히 한다.
  - 클라이언트가 할 수 있는 구체적이며 긍정적인 대처기제를 제시한다.
  - 클라이언트의 체계적인 문제해결에 초점을 둔다.
- 6단계: 참여 유도하기
  - 클라이언트에게 계획한 내용을 요약해보게 한다.
  - 계획된 행동 수행에 클라이언트를 참여시킨다.

② 골란(Golan, 1978)의 위기개입모델
- 시작단계: 형성
  - 계약 형성
  - 위기 파악
- 중간단계: 수행
  - 계약 이행
  - 과업 확인 및 이해
  - 자료의 조직과 이에 따른 활동
  - 행동변화 초래
- 종결단계: 종료
  - 개입상황 점검
  - 대처유형, 성취한 과업 확인
  - 미래에 대한 계획 수립
  - 종료시기 결정

③ 아길레라와 메식(Aguilera & Messick, 1974)의 위기개입모델
- 1단계: 사정단계
  - 위기 및 선행 사건에 대한 파악
  - 현재의 위기와 선행 사건에 관한 클라이언트의 인식
  - 자원에 대한 고려
  - 과거의 문제경험과 대처기술
  - 클라이언트의 자해 또는 타해의 위험 정도

- 2단계: 계획단계
    - 클라이언트의 기능 손상 정도 및 회복 가능성, 주변 자원의 활용 가능성 등에 대한 평가
    - 잠재적 대안들에 대한 고려 및 행동계획
- 3단계: 개입단계
    - 클라이언트의 감정 표현 돕기
    - 대처기제 탐색
    - 기존 지지체계의 유지 및 새로운 지지체계의 형성을 통한 사회적 활동 재개 원조
- 4단계: 위기 대비 계획 단계
    - 개입과정에서 클라이언트가 어떤 것을 배웠는지를 확인하여 이후에 위기를 맞았을 때 학습된 대처 기술을 활용할 수 있도록 함
    - 평가와 함께 의뢰, 사후관리 등을 안내

한걸음 더 · 위기개입: 자살에 대한 오해와 이해

일반적으로 자살에 대해서는 이야기를 꺼내는 것조차도 금기시되어 왔는데 전문적 관점에서 보면 이는 잘못된 것이다. 제대로 알아야 자살의 위험에 있는 사람들을 제대로 도울 수 있다. 이를 비롯해 자살에 대해 흔히 잘못 알고 있는 내용을 점검해본다.

1. 자살은 대부분 충동적이거나 갑작스러운 사건 때문에 일어난다?
아니다. 자살을 하게 하는 사건이나 정서상태는 갑작스럽게 일어나는 것이 아니라 상당기간에 걸쳐 일어난다. 단 하나의 원인이나 사건만으로 자살이 일어나지는 않는다.

2. 자살은 사전에 경고없이 일어난다?
아니다. 자살의 위험이 있는 사람들은 대부분 어떤 신호를 보낸다. 예를 들면, 일기장에 '자살을 하고 싶다'거나 '내가 없어지면 모든 사람이 행복해질 것이다'와 같은 경고들을 보낸다.

3. 자살의 위험이 있는 사람과 자살에 대해 직접적으로 이야기해서는 안 된다?
아니다. 자살에 대해 이야기를 하는 것이 매우 위험스럽다고 일반적으로 생각하지만 그렇지 않다. 자살에 대해 이야기함으로써 오히려 자살의 위험은 감소한다. 어떤 사람이 실제 자살을 할 가능성이 있는지 알아보는 가장 좋은 방법은 자살에 대해 직접적으로 묻는 것이다. 옆에 있는 사람들이 자살에 대해 회피하고 무관심을 보이면 오히려 외로움을 느끼고 도움을 요청하기 어려워지므로 자살 위험이 있는 사람에게는 이에 대해 솔직하게 이야기하고 관심을 보여야 한다.

4. 자살에 대해 이야기하는 사람은 자살하지 않을 것이다?
자살을 계획하는 사람들은 사전에 경고를 하듯이 행동으로 옮기기 전에 이를 표현하는 경우가 많다. 따라서 주변에서 자살에 대해 이야기를 하는 경우 주의 깊게 봐야 한다.

한걸음 더 | 클라이언트중심모델 및 동기강화모델

클라이언트중심모델 및 동기강화모델이 간혹 선택지 중에 구성되어 등장하기도 한다. 여기서는 간략히 소개하며, 더 자세한 내용은 보충자료를 통해 확인하기 바란다.

1. 클라이언트중심모델

- 미국의 심리학자인 칼 로저스(Rogers)가 제시한 모델로, 인본주의, 실존주의, 현상학 등을 기반으로 한다.
- 인간의 성장 자체에 초점을 두어 사회복지사와 클라이언트 간 인간적 관계를 통해 클라이언트의 성장적 변화를 추구한다.
- 사회복지사의 지식이나 기술이 아닌 태도가 클라이언트의 변화를 촉진시킨다고 본다.
- 주요 기법: 공감, 무조건적인 긍정적 관심(해석이나 불필요한 탐색을 거부), 진실성

2. 동기강화모델

- 미국의 심리학자 밀러(Miller)에 의해 시작된 모델이다. 로저스의 인간중심 철학을 기반으로 한 클라이언트 중심적 접근이다. 클라이언트가 변화에 대한 자율성, 자기결정권을 갖고 있다고 전제한다.
- 클라이언트가 변화에 대해 갖는 양가감정을 탐색하고 해결해가는 과정에서 변화동기를 강화해가도록 하는 데에 목적을 둔다.
- 3개월 이내의 집중적인 단기개입이며, 변화를 향한 지시적 접근을 취한다.
- 변화는 대인간 상호작용으로부터 발생한다고 보아 클라이언트와 사회복지사의 파트너십을 강조한다.
- 주요 기법: 개방형 질문하기, 인정하기, 반영하기, 요약하기 등

※ 오봉욱 외, 2020: 9장; 조미숙 외, 2020: 8장.

보충자료

클라이언트중심모델

보충자료

동기강화모델

7장 가족에 대한 이해

한눈에 쏙!

중요도

❶ 가족의 개념

1. 가족에 대한 정의

2. 체계로서의 가족 ★★★ 22회 기출

3. 가족에 대한 다양한 관점

❷ 가족의 변화

1. 다양한 가족유형

2. 현대사회와 가족의 변화 ★ 22회 기출

❸ 가족생활주기

1. 가족생활주기의 개요 ★

2. 가족생활주기 단계 ★

기출경향 살펴보기

이 장의 기출 포인트

가족체계와 관련된 다양한 개념을 비롯해 가족의 기능, 가족생활주기, 현대가족 개념의 변화 등의 내용이 단독으로 출제되기도 하고 종합적으로 출제되기도 한다. 가족은 하위체계이면서 상위체계라는 점, 단선적 인과론이 아닌 순환적 인과론의 관점에서 가족문제를 살펴봐야 한다는 점은 특히 자주 등장한 지문이다.

최근 5개년 출제 분포도

연도별 그래프

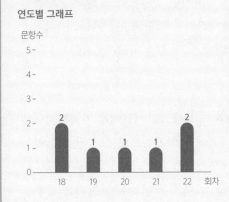

문항수

회차	18	19	20	21	22
문항수	2	1	1	1	2

평균출제문항수

1.4 문항

2단계 학습전략

데이터의 힘을 믿으세요!
강의로 복습하는 **기출회독 시리즈**

3회독 복습과정을 통해
최신 기출경향 파악

최근 10개년 핵심 키워드

기출회독 108	가족 관련 개념 및 특성	15문항

기본개념 완성을 위한 **학습자료 제공**

기본개념 강의, 기본쌓기 문제, ○X 퀴즈, 기출문제, 정오표, 묻고답하기, 지식창고, 보충자료 등을 **아임패스**를 통해 만나실 수 있습니다.

기출회차

1	2	3	4	5
6	7	8	9	10
11	12	13	14	15
16	17	18	19	20
21	22			

강의로 복습하는 기출회독 시리즈

Keyword 108

1 가족의 개념

1. 가족에 대한 정의

(1) 협의의 가족

• 서로에 대한 의무를 가지고 함께 거주하는 사람으로 구성된 일차집단이다.
• 혈연, 입양 혹은 혼인을 기반으로 하는 일차적인 집단으로 성관계가 허용된 최소한의 성인 남녀와 그들에게서 출생하거나 양자로 된 자녀로 구성되어 경제협력을 특징으로 하는 사회집단이다.

(2) 광의의 가족

가족이란 그들 스스로를 가족으로 정의하고 지속적으로 서로에게 가족체계의 핵심적 요소로 간주되는 의무감을 주는 둘 이상의 개인으로 구성된 집단이다. 또한, 한부모가족, 확대가족, 혈연·입양, 결혼 등으로 제한되지 않는 친족의 개념, 레즈비언과 게이 부부 그리고 그들의 자녀들을 포함하는 등의 가족형태의 다양성을 인정한다.

(3) 「민법」상의 정의

우리나라 「민법」 제4편(친족편) 제779조에서는 가족의 범위를 다음과 같이 규정하고 있다.

> 제779조(가족의 범위) ① 다음의 자는 가족으로 한다.
> 1. 배우자, 직계혈족 및 형제자매
> 2. 직계혈족의 배우자, 배우자의 직계혈족 및 배우자의 형제자매
> ② 제1항 제2호의 경우에는 생계를 같이 하는 경우에 한한다.

(4) 기타 다양한 정의

가족은 한 명 혹은 그 이상의 자녀를 포함하거나 포함하지 않을 수 있는 사회집단이며, 자녀는 결혼생활에서 탄생할 수도 있고 그렇지 않을 수도 있다(입양아동, 배우자가 이전 결혼에서 낳은 자녀). 성인들의 관계는 결혼에 의한

것일 수도 있고 그렇지 않을 수도 있다(법적 부부, 동거). 그들은 같은 거주지에 살 수도 있고 그렇지 않을 수도 있다(주말부부). 성인들은 성관계를 가질 수도 있고 그렇지 않을 수도 있으며, 관계는 사랑, 매력, 경건함, 두려움처럼 사회적으로 패턴화된 감정을 가질 수도 있고 그렇지 않을 수도 있다.[48]

2. 체계로서의 가족

중요도 ★ ★ ★

경계, 역동성, 항상성, 하위체계, 순환적 인과성, 비총합성 등 가족체계론의 주요 개념들을 살펴보자.

(1) 가족체계이론

- 가족을 하나의 체계로 보는 관점에서는 가족성원 개개인에 초점을 맞추기보다는 전체로서의 가족에 중점을 두는데 이러한 이론을 가족체계이론이라고 한다.
- 가족체계이론은 어떻게 가족체계가 전체적으로 기능하는지, 가족체계의 부분들은 어떻게 상호연관을 맺는지를 밝히려고 한다.
- 가족체계이론은 원인과 결과 간의 직접적인 직선적 관계를 밝히려는 이론과 달리 가능한 다양한 결과들을 강조한다.

(2) 체계로서의 가족

- 가족은 가족구성원 개개인으로 구성된 전체이며, 지역사회를 구성하고 이에 적응하는 부분으로서의 체계(system)이며 가족은 사회체계의 한 유형이다. 따라서 가족은 체계의 특성과 성격을 갖는다.
- 가족구성원은 상호의존하는 관계에 있다. 따라서 한 사람의 행동이 다른 가족에게 영향을 미치며 이는 반복적인 상호작용 행동으로 유형화된다. 체계로서 통합성을 유지하는 한편, 경계를 형성하여 외부체계와 구분되기도 한다. 가족의 상위체계로는 지역사회, 확대가족이 있고, 하위체계는 부부체계, 부모-자녀체계, 형제체계 등이 있다. 이 모든 체계들은 서로 상호작용하면서 에너지를 교환한다.

(3) 가족체계에 대한 주요 가설

- 전체로서의 가족은 각 부분의 합 이상이다.
- 가족은 변화와 안정성의 균형을 맞추기 위해 노력한다.
- 가족 내 한 구성원의 변화는 모든 가족성원에게 영향을 미친다.
- 가족성원의 행동은 순환적 인과관계로 설명할 수 있다.
- 가족은 보다 큰 사회체계에 속하며 많은 하위체계를 포함한다.
- 가족은 기존의 규칙에 따라 움직인다.

(4) 가족체계의 역동성

- 가족구성원 모두는 가족 내에서 다른 가족원에게 일어나는 일의 영향을 받는다.
- 가족구성원 각자와 전체로서의 가족은 가족을 둘러싼 다른 많은 환경체계의 영향을 받는다.
- 가족과 외부체계를 구분하는 경계는 엄격함과 침투성 정도에 따라 다양하다.
- 가족은 시간이 지나면서 반복되는 상호작용 패턴, 즉 적응과 균형을 추구한다.

(5) 가족체계와 관련된 주요 개념 ⭐^{꼭!}

① 가족항상성

- 체계가 스스로 평형(균형) 상태를 유지하려는 경향을 항상성이라고 한다.
- 모든 가족은 구성원들의 행동이나 태도를 상식적인 수준으로 제한하고 균형이 깨지려 하면 다시 유지하려는 속성이 있다. 이렇듯 가족이 구조와 기능에 있어 균형을 유지하려는 속성을 가족항상성이라 한다.
- 가족항상성은 위기이론과 관련이 있는데 가족은 위기상황 이후에 정상적인 기능수행으로 되돌아가려는 경향이 있다. 사회복지사는 상호작용 패턴을 재조직하고 이러한 패턴을 조절하는 새로운 규칙을 만들어냄으로써 새로운 균형상태를 유지하게 한다.

  <small>예 부부갈등이 있는 부부가 자녀의 식욕과다 증상에 초점을 맞춤으로써 안정상태를 유지하려고 한다.</small>

경계의 특성
- 명확성: 체계 내부와 외부 간 구별이 명확하게 되는 정도
- 투과성: 체계 내부에서 외부로, 외부에서 내부로 에너지나 정보가 들어가고 나올 수 있는 정도
- 유연성: 정보 혹은 에너지의 종류에 따라 투과의 정도를 조절할 수 있는 정도

② 경계

- 경계란 체계의 내부와 외부 또는 한 체계와 다른 체계를 구분하는 보이지 않는 선이다.
- 경계는 명확성, 투과성, 유연성 등의 특성을 가진다.
- 가족의 경계는 명확하면서도 융통성 있는 것이 바람직하며, 경계가 지나치게 경직되어 있거나 혼돈되어 있으면 가족 내 문제가 발생할 가능성이 높다.

㉠ 가족 내부경계

- 경직된 경계: 체계 간 상호작용이 이루어지기 어렵기 때문에 의사소통에 융통성이 없고 다른 체계에 관심을 보이지 않는 경계이다.
- 명확한 경계: 너무 경직되지도 않고 너무 혼돈되지도 않은 경계이며, 유연하고 융통성이 있다. 명확한 경계를 가진 가족은 가족성원 간이나 가족 하

위체계 간 혹은 가족과 외부체계 간에 독립성과 자율성이 인정되면서 융통성 있는 상호작용이 이루어진다.
- 혼돈된 경계: 체계 간에 독립심과 자율성이 결여되어 지나친 밀착상태에 있으며 체계 간 구분이 어려운 경계이다.

ⓛ 가족 외부경계
- 폐쇄형 가족체계: 외부와의 경계가 엄격하게 제한되어 외부와의 상호작용, 외부 사람의 출입, 정보교환 등이 일어나지 않는다.
- 개방형 가족체계: 합의에 따라 가족의 규칙을 도출하며 외부와의 경계는 유동적이다. 규칙의 범위 내에서 외부와 상호작용한다.
- 방임형 가족체계: 외부와의 경계가 모호하여 외부와의 교류에 제한이 없고 가족 경계선의 방어를 중요하게 생각하지 않는다.

③ 하위체계
- 가족 하위체계에는 부부 하위체계, 부모 하위체계, 부모-자녀 하위체계, 형제자매 하위체계가 있다.
- 건강한 가족은 하위체계 간 경계가 혼돈되지 않고 분명하다.
- 하나의 체계는 상위체계에 속한 하위체계이면서 동시에 다른 것의 상위체계가 된다(홀론).

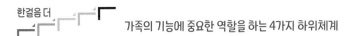

한걸음 더 **가족의 기능에 중요한 역할을 하는 4가지 하위체계**

부부 하위체계
상호지지와 협동이 있어야 하고 동시에 서로 독립적으로 행동할 수 있는 능력이 있어야 한다. 상호협동하면서 독립적인 경계를 가진 부부는 각자 자아가 확립되어 있고 자신의 행동에 책임을 진다. 부부 하위체계에 갈등이 생기면 가족 전체에 부정적 영향을 미친다.

부모 하위체계
부모 하위체계는 자녀에 초점을 두고 전체 가족을 이끌어가는 책임을 지는 하위체계이다. 자녀의 출생 및 성장과 더불어 통제와 허용을 조절하면서 자녀가 독립성을 갖도록 해야 한다.

부모-자녀 하위체계
세대가 서로 다른 가족원들로 구성되어 있는 하위체계이다. 따라서 다른 하위체계보다 역기능적 문제를 많이 가질 수 있다. 부모-자녀 하위체계는 부모가 자녀에게 엄격함과 허용을 적절히 조화시키는 것이 중요하다. 특히 부모 중 한 사람이 다른 한 사람을 배제시키는 방식으로 자녀와 관계를 맺게 되면 역기능적 가족이 되어 문제를 일으키기 쉽다.

형제자매 하위체계
어른들로부터 자신들을 보호할 필요가 있을 때 형제자매들은 서로 연합을 형성한다. 부모가 형제자매 하위체계를 엄격히 다루면 자녀의 독립성이 방해를 받아 역기능적 가족이 되기 쉽다.

④ 순환적 인과성(=순환적 인과관계)

- 단선적 또는 직선적 인과관계와 대립되는 개념으로서, 가족 내 한 성원의 변화는 다른 성원이 반응하게 되는 자극이 되고, 이 자극은 다른 가족에게 영향을 미치게 되어 전체에 영향을 주게 된다. 이 영향은 처음 변화를 유발한 성원에게 다시 순환적으로 영향을 미친다.
- 순환적 인과성에 따라 가족문제를 해결하기 위해서는 '왜?'보다는 '무엇'을 하느냐에 초점을 두어야 한다. 즉, 문제의 원인보다는 문제가 지속되는 가족의 상호작용에 초점을 두어야 한다.

⑤ 환류고리(feedback loop)

- 가족은 현재의 평형상태를 유지하려는 경향을 갖고 있는데, 주로 의사소통을 통해 조절하거나 환류(feedback)를 통해서 이 상태를 유지하려고 한다.
- 가족은 가족규범을 만들고 강화함으로써 항상성을 유지하려고 한다. 가족 구성원들은 환류고리에 따라 규범을 강화하기도 하고 가족규범에서 벗어나려는 행동을 부적환류 과정을 통해 저지하며 가족의 항상성을 유지한다.
- 환류고리는 정적 환류와 부적 환류로 나뉘는데, 두 종류의 환류고리는 정보가 체계에 들어와 작용할 때 체계가 그때까지의 안정을 깨고 일탈을 향해 움직이려는 경향을 증대 혹은 감소시키느냐에 따라 구분하는 것이며, 어느 것이 더 바람직한가의 의미는 없다.

정적 환류

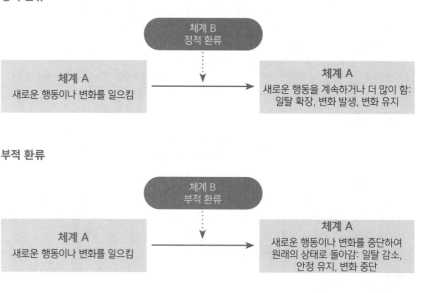

부적 환류

○ 정적 환류(positive feedback)

- 적극적 환류, 적극적 피드백이라고도 한다.
- 정적 환류는 현재의 변화가 지속되거나 증폭되도록 하는 환류이다.
- 현재 자신의 행동이나 변화에 대해 그 행위를 계속하게 하는 정보를 받는 것이다. 즉, 어떤 체계가 A라는 행위를 하고 상대체계가 B라는 반응을 보였을 때, 처음의 체계가 A를 계속하게 되면 B는 정적 환류이다.
- 새로운 행동이나 변화가 생겼을 경우, 변화를 수용하여 그 변화를 유지하게 하는 역할을 한다.
- 내용이 긍정적이든 부정적이든 관계없이 상황이나 행위, 변화를 지속하게 하면 정적 환류가 된다. 자녀의 어떤 행동에 대해 부모가 칭찬을 하든 잔소리를 하든 그 결과로 인해 자녀의 행동이 증가했다면 칭찬도 잔소리도 모두 정적 환류이다.
- 가족체계에서 정적 환류는 가족규범을 벗어나려는 행동에 적응하고 변화를 받아들이는 것이다.
- 가정에서 일어나는 일탈행동이나 갈등상황에 대해 정적 환류를 적용하면, 정적 환류는 최초의 일탈이나 갈등을 증폭시키는 작용을 한다.

  예 자녀가 새로운 의견을 말했을 때(변화) 부모가 그것을 칭찬하고 지지해주었더니 자녀는 계속 자신의 의견을 자신 있게 말하게 되었다(결과: 변화 유지). 이때 부모의 칭찬과 지지는 정적 환류이다.

  예 사춘기 자녀가 반항적인 행동(변화)을 해서 부모가 잔소리를 했더니, 자녀의 반항적 행동이 더 많아졌다(결과: 변화 유지 및 발생). 부모의 잔소리가 정적 환류이다.

○ 부적 환류(negative feedback)

- 부정적 환류, 소극적 환류, 소극적 피드백 등이라고도 한다.
- 부적 환류는 어떤 상태나 변화, 새로운 행동이 부적절하므로 원래의 상태로 돌아가게 하는 환류이다.
- 체계가 항상성을 유지하고 안정을 유지하게 하는 일탈 감소, 안정 유지, 변화 감소의 역할을 한다.
- 일탈이나 위기상황으로 더 이상 진전되는 것을 멈추고 원래의 상태로 되돌아가게 하는 작용을 한다.
- 가족규범으로부터 벗어나려는 행동은 부적 환류를 통해 저지되면서 항상성을 유지하는 데 기여한다.

  예 자녀가 새로운 의견(변화)을 말했을 경우 부모가 거부하거나 야단을 치면 자녀는 더 이상 새로운 의견을 말하지 않게 된다(결과: 일탈 감소). 이때 부모의 야단은 부적 환류이다.

  예 사춘기 청소년 자녀가 새로운 시도들과 실험적 행동을 했을 때 부모가 '정신나간 행동'이라고 말해서 자녀들이 변화하지 못하게 하는 것이다(결과: 일탈 감소). '정신나간 행동'이라는 부모의 말이 부적 환류이다.

  예 밤 9시 이전에 귀가해야 하는 가족규칙을 자녀가 어겼을 경우 부모가 꾸중을 함으로써 자녀가 9시 이전에 귀가해야 하는 규칙을 지키게 한다(결과: 일탈 감소). 부모의 꾸중은 부적 환류이다.

⑥ **비총합성**(nonsummativity)

• '전체는 부분의 합보다 크다'는 뜻이다.

• 체계이론의 이 개념을 가족에 적용하면, 전체는 부분의 합보다 크기 때문에 가족은 개별성원의 특성을 단순히 합한 것으로만은 기술될 수 없으며, 가족을 이해하기 위해서는 개별 가족성원의 특성보다는 성원들의 행동을 연결하는 상호작용이나 의사소통 유형에 주의를 기울여야 한다.

3. 가족에 대한 다양한 관점

(1) 구조기능론자들의 낙관론적 관점

• 파슨스(Parsons)를 비롯한 구조기능론자들은 사회체제 유지를 위해 필요한 체계의 기능 중에서 가족은 유형 유지의 기능을 담당하는 제도로 간주한다.

• 가족을 구성하는 개개인들은 기존 체제에 적응하는 동기를 조성해주는 기제를 가족이 담당한다는 점에 의의를 둔다. 즉, 부모는 자녀들을 사회질서를 도모하여 체제의 안정을 유지하는 데 필요한 인성을 형성하고 사회화를 시킴으로써 사회가 안정적으로 유지될 수 있도록 한다.

(2) 갈등론자들의 비판적 관점

• 마르크스와 엥겔스를 비롯한 마르크스 주의자들에 의한 관점이다.

• 부르주아 가족은 부르주아적 질서를 유지하게 하는 특정 권위지향적 행위에 적응하도록 하는 것이며, 여성을 경제적으로 의존하게 하여 전통적 성향을 키우는 것 등으로 인한 부조화 기능을 수행하고 있다고 비판한다.

• 갈등론자들은 가족을 부르주아적 제도의 표상으로 보고, 자본주의 경제체제와 함께 등장한 가족제도는 자본주의 체제가 붕괴하면서 함께 소멸될 것으로 본다.

(3) 여성주의자들의 비판적 관점

• 여성주의자들은 현재의 가족체계에서 남편과 아내는 다른 계급에 놓여 있고, 이익과 권력에서 불평등이 존재하므로 가부장적 체계는 권력을 가진 남성의 이익에만 기여하고 여성들을 억압한다고 비판한다.

• 여성이 해방되기 위해서는 여성과 남성이 평등성을 성취하도록 하는 범위 내에서 가족구조를 수정해야 한다고 주장한다.

(4) 사회구성주의적 관점

- 포스트모더니즘을 기반으로 한 사회구성주의는 어떤 사실보다 그 사실을 해석하는 관점을 중요시한다. 동일한 상황일지라도 그 상황을 받아들이고 의미를 부여하는 정서적·상징적 과정은 다르기 때문에 해석에 따라 사실과 의미가 달라짐을 강조한다. 복잡한 사회현실은 객관적으로 존재하는 것이 아니라 그 문제를 바라보는 관점에 따라 다르게 파악될 수 있고 그에 따라 해결방법도 다양해질 수 있다는 것이다.

- 사회구성주의적 관점은 가족개입에 있어서, 클라이언트의 관점을 따라 문제를 파악하고 대처해야 함을 강조한다. 사회복지사는 클라이언트의 삶에 대해 잘 알지 못한다는 자세, 그와 관련해 클라이언트 가족으로부터 배우고자 하는 진지한 태도를 취해야 한다.

사회구성주의적 관점을 기반으로 해결중심모델 및 이야기치료 등이 등장하면서 이전에 체계론적 관점에 따른 가족개입을 1차 가족치료모델, 사회구성주의적 관점에 따른 가족개입을 2차 가족치료모델로 구분하기도 한다. 해결중심모델 및 이야기치료는 이후 9장에서 자세히 학습한다.

기출회차

1	2	3	4	5
6	7	8	9	10
11	12	13	14	15
16	17	18	19	20
21	22			

강의로 복습하는 기출회독 시리즈

2 가족의 변화

1. 다양한 가족유형

① 확대가족

- 한집에 여러 세대가 사는 가족이다.
- 핵가족이 종적(직계) 또는 횡적(방계)으로 연결되어 형성되며, 자녀가 결혼한 후에도 부모와 동거하는 가족형태이다.
- 전통적으로 우리나라에서는 가부장제도에 근거한 확대가족이 이상적인 가족형태였으나 핵가족의 증가에 따라 확대가족은 점점 감소하고 있다.

② 핵가족

- 한 쌍의 부부와 미혼의 자녀들로 된 기본적 사회단위이다.
- 부부와 미혼인 직계자녀로 구성된 2세대 가족이다.

③ 수정확대가족

- 기존의 확대가족이 현대화를 거치면서 수정된 형태이다.
- 가족 구성은 확대가족과 동일하지만 확대가족처럼 한 집에서 살지 않는다. 결혼한 자녀의 집이 독립되어 핵가족처럼 보이지만, 가까운 곳에 살면서 자주 만나며 친밀한 유대관계를 유지한다. 독립적이면서도 부모의 손자녀 양육과 자녀의 부모 부양이 이루어지며, 경제적·정서적 도움을 주고받으며 살아간다.

④ 수정핵가족

- 결혼한 자녀 가족과 부모가 같은 집에 거주하지만 분리된 생활공간에서 독립적으로 생활하는 형태이다.
- 부모 세대와 자녀 세대가 아래층, 윗층으로 나누어 각자의 생활을 유지하는 형태로 전반적인 가계운영이나 가사노동까지 분리되는 경우가 많다.

⑤ 한부모가족

부모 중 한 명과 그 자녀로 구성된 가족으로서 최근 이혼과 배우자 사망으로
인해 점차 증가하고 있다.

⑥ 재혼가족

- 부부 중 어느 한쪽 혹은 양쪽 모두 재혼을 함으로써 형성되는 가족 형태이다.
- 새로운 관계의 형성, 새로운 가족에 대한 계획, 새로운 가족체계의 형성·
  확립의 과정을 거치며 이러한 과정에서의 적응이 주요 당면 과제가 된다.

⑦ 혼합가족(blended family)

- 인척이나 혹은 인척이 아닌 사람들이 함께 동거하면서 전통적인 가족 역할
  을 수행하는 형태의 가족을 말한다.
- 혈연이나 법적으로 아무런 관계가 없을 수도 있다.

⑧ 생식가족(family of procreation)

부부는 이성 혹은 동성일 수 있으며, 생식은 성관계 혹은 인공수정이나 대리
모와 같은 보조적인 생식기술을 통해 형성된다.

⑨ 위탁가족(foster family)

- 일정 기간 동안 다른 사람의 자녀를 양육하는 가족형태이다.
- 위탁아동이 그 가정에서 지내는 기간은 며칠에서 아동기 대부분에 이르기
  까지 다양하다.

⑩ 노인가족

산업화에 따른 사회구조와 가치관의 변화로 핵가족화되면서 노인만으로 구성
된 가족이 증가하고 있다. 노인이 자녀와 별거하려는 선호도는 점점 늘고 있
어 앞으로 노인가족은 더 늘어날 전망이다.

⑪ 조손가족

- 부모 없이 할아버지 혹은 할머니와 손자 혹은 손녀가 함께 거주하는 형태
  이다.
- 조부모의 건강 문제, 경제적 문제, 양육에 대한 부담감 및 일상생활의 제약
  문제 등을 살펴봐야 한다.

⑫ 다문화가족

- 다문화가족이란 국제결혼이나 입양 등에 의해서 가족구성원 간에 여러 문화가 존재하는 가족을 말한다.
- 우리나라는 결혼이민자 및 그 자녀 등으로 구성되는 다문화가족이 겪는 사회부적응, 가족구성원 간 갈등 및 자녀교육에의 어려움 등에 대한 지원정책을 마련하기 위해 2008년 다문화가족지원법을 제정 · 시행하고 있다.

2. 현대사회와 가족의 변화 ^{22회기출}

중요도

이 내용은 단독으로 출제되기도 하지만 앞서 공부한 가족의 개념 및 특징, 가족 유형 등을 포괄적으로 다룬 문제에서도 등장한다. 어려운 내용은 아니므로 한번쯤 살펴보기 바란다.

(1) 현대가족의 개념 변화

현대사회에 들어오면서 가족의 개념은 변화하고 있는데, 전통적으로 혈연이나 혼인에 의한 관계를 강조하기보다는 가족형태의 다양성을 인정하는 개념으로 변화하고 있다.

(2) 현대가족의 구조 및 기능상의 변화 ★

① 다양한 형태의 가족유형 증가

한부모가족, 동거부부, 계약결혼, 무자녀 가족, 재혼에 의한 재결합가족, 노인가족, 독신자가족, 동성애 가족, 비동거가족, 공동체 거주가족 등 다양하고 비전통적 형태의 가족유형이 증가하고 있다.

② 가족구조의 단순화 및 가족규모의 축소

- 자녀 수 감소와 핵가족화, 1인 단독가구 증가에 의한 가족규모의 축소 등이 뚜렷하게 나타나고 있다.
- 전통적 가족구조와 달리 핵가족화, 출산력 저하, 단독가구의 증가 등의 변화가 일어나고 있는데, 핵가족과 부부만으로 이루어진 가족의 비율이 급증하고 있고, 조부모 · 부모 · 자녀로 이루어진 3세대 가족의 비율은 감소하고 있다.
- 대가족 혹은 복합가족은 감소되고 부부가족이 일반화되고 있다.

③ 가족주기상의 변화

- 결혼연령이 높아지는 만혼 경향으로 가족주기에 진입하기 이전 기간이 길어지고 있다.
- 결혼연령이 높아지고 자녀를 많이 낳지 않는 경향으로 인해 가족생활주기

제1단계인 결혼부터 첫 자녀출산까지의 기간과 제2단계인 첫 자녀 출산부터 막내 자녀 출산 완료까지에 해당하는 기간이 단축되고 있다.

- 자녀출산 완료 이후 자녀 결혼이 시작될 때까지의 시기가 길어지고 있고, 자녀의 결혼이 완료되는 시기까지는 출산 자녀의 수가 감소되면서 짧아지고 있다.
- 자녀결혼 완료 이후 배우자 사망까지의 기간이 길어짐에 따라 '빈둥지 기간'도 길어지고 있다.
- 가족생활주기의 마지막 단계, 즉 부부 모두가 사망에 이르기까지의 기간은 평균수명의 연장으로 인해 길어지고 있다.

빈둥지 증후군

일상생활의 중심이었던 자녀들이 독립, 결혼 등에 따라 떠난 후 양육자들이 우울, 허탈, 자기 정체성 상실 등을 느끼는 현상이다.

④ 기혼여성의 사회활동 참여 증가 가족 기능상의 변화

- 탈산업화 사회로 진전되면서 주부의 가사노동이 경감되고 여가시간이 증가하게 되었으며, 생산과 고용이 전통적인 생산 산업보다는 문화나 서비스 분야에서 더욱 많이 이루어지게 되었다. 이러한 변화는 여성의 노동과 사회참여활동을 증가시켰다.
- 여성의 취업과 사회활동의 증가와 더불어 기혼여성의 취업률이 증가함에 따라 아동을 양육하고 노인과 장애인을 보호하는 가족의 기능은 약화되고 있다.
- 직장과 지역사회가 가족공동체에서 분화되어 감으로써 가족은 본래 가지고 있던 기능의 많은 부분을 다양한 사회제도로 넘기게 되었다.

(3) 현대가족의 문제와 욕구

- 가족성원의 보호기능 약화, 가족성원들 간의 갈등, 가정폭력, 가족해체, 빈곤 등의 문제, 확대 가족 내 세대 간 갈등 문제 등이 심각해지고 있다.
- 빈곤가족, 경제적 부양의 문제 등 가족소득 관련 문제가 증가하고 있다.
- 핵가족화의 결과, 주말부부의 증가, 자녀 수 감소, 주거생활 변화에 따른 가족구성원들에 대한 가족의 보호기능 약화에서 오는 문제가 많다.
- 가족의 통제능력과 통제기능이 약화되며, 가족공동체로서의 사회화, 정서적 지지의 기능 수행이 약화되고 있다.
- 다양한 가족문제를 겪음에 따라 가족의 기능을 지원하는 사회정책 및 예방적, 치료적 차원의 프로그램과 다양한 서비스에 대한 욕구가 증가하고 있다.
- 산업화에 따라 가족문제가 다양해지면서 현대가족의 기능 강화를 위해 사회복지정책과 제도를 보완하고 다양한 가족의 문제해결을 위한 전문적 프로그램과 서비스를 활성화해야 한다.

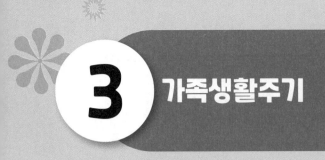

중요도 ⭐

가족생활주기는 앞서 나온 가족
체계의 개념들과 함께 출제되기
도 하며 단독으로 출제되기도 하
는데, 단순하게는 가족생활주기
의 개념적 특징만을 다루기도 하
지만 뒤이어 공부할 단계별 과업
을 확인하는 문제로 출제되기도
한다.

1. 가족생활주기의 개요

(1) 가족생활주기(family life cycle)의 정의

- 결혼을 통하여 가족이 결성된 순간부터 자녀의 성장이나 독립, 은퇴, 배우
  자 사망 등에 이르기까지 가정생활의 변화과정, 즉 가족의 구조와 관계상
  의 발달 및 변화를 가족생활주기라고 한다.
- 가족생활주기는 가족성원의 연령과 세대를 고려한 발달단계를 의미한다.
  개인의 발달단계마다 발달과업이 있듯이, 가족도 생활주기에 따라 성취해
  야 할 발달과업이 있다.
- 가족생활주기에서는 각 단계에 따라 일정한 발달과업이 수반되며, 새로운
  단계로 전환할 때는 일종의 위기를 경험하게 된다.

(2) 가족생활주기의 특징

- 가족생활주기는 가족의 유형에 따라 혹은 사회·문화적 차이에 따라 달라
  진다. 즉, 한부모가족인지, 재혼가족인지에 따라 가족생활주기는 달라지
  며, 같은 가족유형이라도 사회와 문화적 배경이 다르면 가족생활주기도 달
  라질 수 있다.
- 가족생활주기 각 단계의 길이나 내용은 가족마다 달라지는데 부부의 결혼
  연령과 자녀출산시기, 자녀 수, 독립기간, 부부의 은퇴나 사망 등의 영향
  을 받는다.
- 가족은 가족생활주기에 따라 발달하며, 각 생활주기마다 가족이 수행해야
  하는 발달과제와 욕구를 갖는다.

(3) 가족생활주기와 발달과업

- 가족생활주기마다 가족이 수행해야 하는 역할이나 해결해야 할 일을 발달
  과업(과제)이라고 한다.
- 가족생활주기에서는 각 단계에 따라 일정한 발달과업이 수반되며, 새로운
  단계로 전환할 때는 일종의 위기를 경험할 수도 있다. 각 단계를 잘 거쳐 나

가기 위해서는 각 단계의 발달과업을 성공적으로 성취하는 것이 중요하다.
- 가족의 욕구와 문제는 가족생활주기에 따른 발달과업과 관련되는 경우가 많다.

(4) 사회변화와 가족생활주기
- 최근 초혼 연령이 상승하고 출산율이 저하되고 있으며 평균 수명이 연장되는 등의 사회적 변화가 발생함에 따라 가족생활주기에도 변화가 발생하고 있다.
- 첫 자녀의 독립부터 막내자녀의 독립까지를 의미하는 '자녀를 독립시키는 단계'는 과거에 비해 단축되고 있으며, 중년부모의 빈둥지 기간이 연장되거나 노년 가족단계가 길어지고 있다.

(5) 가족발달과 세대 간 변천
- 가족은 가족생활주기에 따라 발달할 뿐만 아니라 가족의 문화적, 종교적 유산과 신념체계, 관계유형 등을 이전 세대에서 다음 세대로 전승함에 따라 여러 세대에 걸쳐 발달한다.
- 가족성원이 보이는 병리적 행동은 대를 이어 전승되기도 한다.
  > **예** 가정폭력의 가해자 자신이 아동기에 가정폭력의 직접적 혹은 간접적 피해경험을 가지고 있는 경우가 많으며, 알코올중독자의 자녀가 성인이 되어 알코올중독자가 되는 비율은 일반 가정 자녀보다 높게 나타남

2. 가족생활주기 단계

중요도 ★

학자별로 제시된 가족생활주기가 다른데, 이 내용들을 학자별로 구분하여 암기할 필요는 없다. 다만, 어느 시점에서 어떤 과업이 필요한지를 대략적으로 살펴볼 필요는 있다.

(1) 듀발의 가족생활주기
듀발(Duvall)은 가족생활주기를 8단계로 나누었는데 결혼, 출산, 자녀의 성장, 사망 등으로 가족성원이 늘어나거나 줄어드는 것을 축으로 단계를 구분하였으며, 가족의 생활주기와 그에 따른 발달과업을 다음과 같이 제시하였다.

듀발의 가족생활주기 단계와 발달과업

가족생활주기 단계	가족의 발달과업(과제)
1. 자녀가 없는 부부	• 상호 만족스러운 결혼생활의 확립, 임신과 부모역할에 대한 적응 • 친족망과 조화이루기
2. 자녀임신 · 출산 가족 (첫 자녀 출생부터 30개월까지)	• 유아의 발달에 적응하기 • 부모와 유아가 만족하는 가정의 확립

3. 취학전자녀 가족	• 취학전자녀의 주요 욕구와 관심을 격려하고 성장을 증진하 도록 적응 • 에너지 고갈과 프라이버시 부족에 대처
4. 학령기자녀가 있는 가족	• 학령기가족의 지역사회와 조화 • 자녀의 교육 성취에 대한 격려
5. 십대자녀 가족	• 자유와 책임의 조화 • 부모역할을 마친 후의 관심과 진로 확립
6. 성인초기자녀를 독립시키는 가족	• 적절한 의례와 지원으로 초기성인 독립 • 지지적 가정기반의 유지
7. 중년기부부 가족	• 결혼관계의 재확립 • 노인세대, 젊은 세대와의 관계 유지 • 빈둥지에 적응하기
8. 노년기부부 가족	• 사별과 혼자 사는 것에 대처하기 • 노년에 대한 적응, 은퇴에 대한 적응

(2) 콜린즈 등의 가족생활주기

콜린즈 등(Collins et al., 1999)은 베크버 등과 카터 등, 그리고 듀발의 가족생활주기 모델에 기반을 두고 아래와 같은 가족발달단계와 발달과업을 제시하였다.

콜린즈 등의 가족생활주기

가족생활주기 단계	가족의 발달과업(과제)
1. 자녀가 없는 부부	• 관계에 헌신하기, 역할과 규칙을 형성하기 • 원가족에서 분리하면서 부부로서 차별화하기 • 구체적이고 개인적인 욕구와 관련하여 타협하고 협상하기
2. 학령전자녀 가족	• 부부 단위를 삼각형으로 재안정시키기, 자녀를 수용하고 가족에 통합시키기 • 서로에 대한 그리고 일에 대한 관계를 재고하기
3. 학령기자녀 가족	• 좀 더 많은 독립을 허용하기, 새로운 사회적 제도를 수용할 수 있도 록 가족경계를 열기 • 역할변화를 이해하고 수용하기
4. 십대자녀 가족	• 경계를 조정하여 십대의 독립에 대처하기 • 개인의 자율성에 대한 새로운 개념에 적응하기 • 규칙변화, 한계설정 및 역할타협
5. 자녀독립 준비 및 독립가족	• 십대에게 학업과 직업훈련을 통하여 독립된 생활을 준비시켜 주기 • 청년의 독립을 수용하기
6. 중년기부부 가족	빈둥지(empty nest)에 적응하기
7. 노년기부부 가족	손자녀와 자녀의 배우자들과의 관여, 노화문제에 대처하기

(3) 카터와 맥골드릭의 가족생활주기

카터와 맥골드릭(Carter & McGoldrick)은 6단계로 구성된 가족생활주기 모형을 제시하였다. 이들의 가족생활주기 모형은 현대사회의 새로운 동향을 고려하였는데, 어떤 가족에게도 소속되지 않은 젊은 성인 단계를 두었다는 점이 특징적이다.

카터와 맥골드릭의 가족생활주기

가족생활주기의 단계	가족의 발달과업(과제)	발달과정에 의해서 일어나는 이차적 변화
1. 미혼의 젊은 성인	부모로부터 분리	• 가족과의 관계에서 자기 확립 • 친밀한 또래관계의 발달 • 직업상의 정체감 확립
2. 결혼에 의한 가족 탄생기 (가족형성단계)	새로운 가족체계의 출발	• 부부체계 형성 • 확대가족이나 친구들이 배우자를 수용
3. 어린 자녀를 둔 단계	가족체계 내의 새로운 구성원 수용	• 자녀를 포함한 부부체계의 재구성 • 부모역할 수행 • 부모 또는 조부모 역할을 포함하는 확대가족 관계 회복
4. 사춘기 자녀를 둔 단계	자녀의 자립을 인정해주는 가족경계의 확대	• 사춘기 자녀가 가족체계 안과 밖을 자유롭게 드나드는 것을 허용하는 형태로 부모자녀관계가 이행 • 중년의 부부문제나 직업 등의 발달과제에 대한 재인식 • 노년세대에 대해 배려하는 방향으로 관심이행
5. 자녀의 자립단계	가족체계 밖에서 생활하거나 가족체계에 새롭게 참가하는 가족의 다양화 현상	• 부부체계의 새로운 협력 • 성장한 자녀와 부모 사이의 관계가 성인과 성인이 맺는 관계로 이행 • 자녀의 배우자와 손자녀를 포함한 형태의 가족관계 • 부모 또는 조부모의 신체적, 정신적 장애나 죽음에 대한 대처
6. 노년기를 보내는 가족	세대에 따른 역할변화의 수용	• 자신 또는 부부기능 유지와 육체적 쇠약에 대한 관심 • 중년세대가 보다 중심적인 역할을 하도록 지지 • 연장자의 지혜와 경험을 가족체계 속에서 살리는 기회형성 • 배우자, 형제, 동료의 상실에 대응하고 자신의 죽음을 준비, 인생통합

8장 가족문제 사정

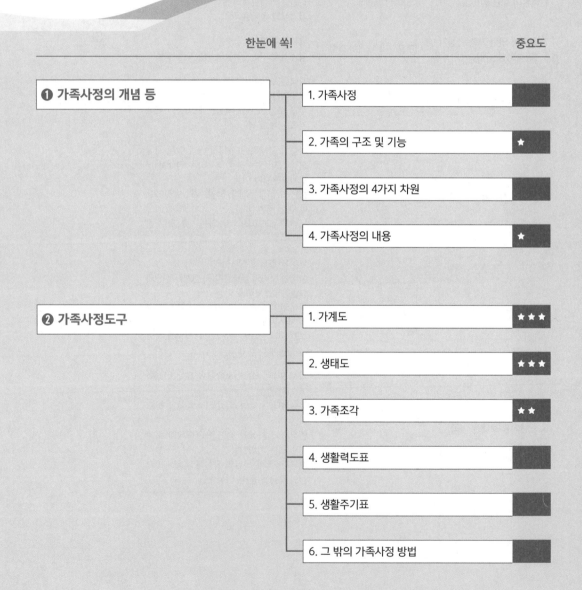

한눈에 쏙!   중요도

❶ 가족사정의 개념 등   │   1. 가족사정

                          │   2. 가족의 구조 및 기능   ★

                          │   3. 가족사정의 4가지 차원

                          │   4. 가족사정의 내용   ★

❷ 가족사정도구   │   1. 가계도   ★ ★ ★

                          │   2. 생태도   ★ ★ ★

                          │   3. 가족조각   ★ ★

                          │   4. 생활력도표

                          │   5. 생활주기표

                          │   6. 그 밖의 가족사정 방법

기출경향 살펴보기

이 장의 기출 포인트

가장 주목해서 봐야 할 내용은 사정도구이다. 그동안 가계도와 생태도는 실천론과 기술론을 넘나들며 가장 많이 출제된 사정도구이기도 하다. 그 밖에 가족사정의 기능 및 특징을 살펴보는 문제, 가족사정에서 살펴 봐야 할 요소들과 관련한 문제 등이 출제되기도 했다.

최근 5개년 출제 분포도

연도별 그래프

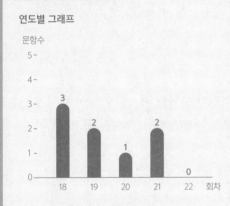

문항수

회차	18	19	20	21	22
문항수	3	2	1	2	0

평균출제문항수

1.6 문항

최근 10개년 핵심 키워드

기출회독 109	가족사정도구	10문항
기출회독 110	가족사정의 요소들	7문항

기본개념 완성을 위한 **학습자료 제공**

기본개념 강의, 기본쌓기 문제, ○Ⅹ 퀴즈, 기출문제, 정오표, 묻고답하기, 지식창고, 보충자료 등을 **아임패스**를 통해 만나실 수 있습니다.

1

가족사정의 개념 등

기출회차				
1	2	3	4	5
6	7	8	9	10
11	12	13	14	15
16	17	18	19	20
21	22			

강의로 복습하는 기출회독 시리즈

Keyword 110

사정과 진단

진단이 병리적이고 문제 중심의 탐색이라면, 사정은 클라이언트의 강점이나 자원, 잠재력 등에 초점을 둔다.

1. 가족사정(family assessment)

(1) 가족사정의 개념

가족사정이란 가족을 하나의 단위로 보고 가족 내부 및 외부 요인 그리고 이들 양자 간의 상호작용 등을 파악하기 위해 자료를 수집 및 분석하고 종합하는 과정이다.

(2) 가족사정의 내용: 무엇을 사정할 것인가?

• 가족은 하나의 체계이다. 따라서 가족성원의 문제를 가족의 기능이나 역동과 관련하여 이해하는 것뿐만 아니라 가족에게 영향을 미치는 환경체계와 관련하여 그 상호작용 양상을 이해해야 한다.
• 가족을 사정하기 위해서는 가족의 기능과 구조를 중심으로 사정해야 한다.

한걸음 더　　　　가족사정에 있어 고려해야 할 일반적인 사항들

가족을 사정할 때에는 가족성원들의 행동양상, 가족의 역사적 맥락, 환경과의 상호작용 등을 파악한다.

• 가족성원 간 행동양상
  - 표출문제의 탐색: 문제상황, 문제의 원인에 대한 구성원들의 시각 등을 탐색
  - 가족끼리 문제를 해결하고자 했던 노력들에 대한 탐색
  - 폭력이나 알코올남용 등의 문제
  - 가족구성원의 상호작용에 대한 의미체계 탐색: 가족성원들이 그동안 상호작용해온 과정에서 서로에게 부여한 의미를 확인
• 가족의 역사적 맥락: 주로 가계도를 사용
• 가족을 둘러싼 주변 환경들과의 상호작용 파악: 생태도, 사회적 관계망표 등을 활용

※ 참고: 이영호, 2015: 279-293.

2. 가족의 구조 및 기능

중요도

가족의 구조와 기능은 가족을 사정함에 있어서 기본적으로 파악해야 할 내용이다. 기능적 가족 및 역기능적 가족의 특징에 대한 문제도 출제된 바 있다.

(1) 가족구조

- 가족구조란 가족들의 상호작용을 결정하는 기능적 조직 혹은 가족들이 상호작용하는 조직화된 유형이다.
- 가족구조는 가족의 상호작용을 지배하는 암묵적인 규칙과 위계를 포함한다.
  - 예 부모는 자녀와 다른 정도의 권위를 가짐으로써 위계를 형성하고 부모와 자녀는 가족 내의 위계에 따라 상호작용한다.
- 가족구조는 가족성원들이 어떻게, 언제, 누구와 상호작용하는지, 가족성원들 사이의 상호교류 유형과 관련된 가족규범은 어떤지를 나타낸다.
  - 예 부부 하위체계, 부모 하위체계, 부모-자녀 하위체계, 형제자매 하위체계 등
- 가족구조는 일단 유형화되면 항상성을 유지하기 위해 변화에 저항하는 속성이 나타나는 경향이 있다.

잠깐!

가족구조는 가족형태와 비슷한 개념으로 사용된다. 몇 세대 가족인지, 한부모가족 또는 별거가족 등 가족구성원의 수와 세대, 혹은 규모와 범위 등에 관한 개념으로 사용되기도 한다.

(2) 가족기능

- 가족기능이란 가족집단이 가족성원이나 사회에 대하여 행하는 지속적인 작용 또는 작용관계로서 가족이 수행하는 역할, 행위로서의 가족행동을 의미한다.
- 가족기능에는 구성원들의 의사소통, 상호작용방식, 문제해결방법, 역할분담 등 다양한 요소가 포함된다.
- 전통적으로 가족은 양육·보호, 사회화·교육, 문화계승, 경제적 기능 등이 이루어졌으나 가족기능은 사회·문화 및 시대적 흐름에 따라 변화하게 된다. 현대사회에는 핵가족 및 맞벌이 부부 증가로 보호 기능이 약화되면서 복지 정책은 이를 보완하거나 대신 수행하는 방향으로 발전하고 있다.

① 기능적 가족의 특징

- 가족성원들 사이에 경계가 분명하고 자율성이 있다.
- 가족성원들은 서로에 대해 깊은 신뢰감을 가지고 있다.
- 가족규칙은 가족발달에 맞게 변화되며 유연하다.
- 부모가 서로 연합하여 권력을 가지되 위협적이지 않다.
- 환경체계와 분명히 구분되는 동시에 개방적이고 융통성이 있으며, 개방형 가족체계의 적응적인 경계를 갖고 있다.
- 가족의 발달단계에서 요구되는 과업을 융통성 있게 수행한다.
- 성원 개개인의 역할이 분명하지만, 가족생활주기의 변화에 따라 융통성이 있다.

② 역기능적인 가족의 특징

- 가족체계가 외부와 폐쇄적이어서 교류가 없다.
- 가족규범(규칙)에 융통성이 없어 경직되어 있으며 위협적이다.
- 가족성원 간에 서로 집착하는 정도가 심하거나 또는 지나치게 무관심하다.
- 가족성원에게 정형화된 역할을 부여한다.
- 가족의 발달과업을 수행하는 데 있어 경직되어 있다.
- 혼란스럽고 모호한 의사소통 및 의사소통의 불일치가 나타난다.

3. 가족사정의 4가지 차원

(1) 가족이 제시하는 문제

- 가족은 문제 혹은 욕구를 무엇으로 보는가?
- 가족원 중 누가 이런 욕구 혹은 문제를 인식하고 제기하는가?
- 가족원들은 문제를 어떻게 규정하고 있으며, 가족원들 간에 생각의 차이가 있는가?
- 가족을 둘러싼 환경체계들은 가족의 문제를 무엇으로 규정하는가? 주변 사람들이 말하는 가족문제는 무엇인가?

(2) 생태학적 사정

- 가계수입, 음식, 거주지의 안전 등 가족의 기본적 욕구는 충족되고 있는가?
- 거주지역의 안전, 교육 및 보건의료자원, 교통과 통신에 대한 접근 등은 어떠한가?
- 이웃이나 친구, 지역사회와 의미있는 상호교류를 하며, 적응적 균형을 이루는가?
- 가족원과 환경체계들 간의 경계는 어떠한가?
- 환경체계들과의 관계에서 개별성원들 간의 차이가 있는가?

(3) 세대 간 사정

- 부모님(혹은 자녀)의 큰 사고나 죽음, 이혼 혹은 별거 같은 주요 상실을 경험했는가?
- 확대가족과의 관계는 어떠한가?
- 가계도 분석을 통해 드러난 가장 유의미한 가족 유형은 무엇인가? 여러 세대에서 반복적으로 나타나는 가족의 유형, 관계, 문제 등은 무엇인가?
- 해결되지 않은 세대 간 가족문제가 있는가?

(4) 가족 내부에 대한 사정

- 가족구조와 기능, 의사소통, 가치, 신념체계는 무엇인가?
- 가족 내 하위체계들이 각각 적절한 기능을 수행하고 있는가?
- 가족외부와의 경계는 어떠한가? 개방적인가 폐쇄적인가?
- 가족성원 간 경계는 밀착되었는가 혹은 경직되었는가?
- 가족 의사소통을 지배하는 규칙들이 있는가?
- 의사소통은 명확한가?

4. 가족사정의 내용

1) 가족경계

중요도

사정에서 살펴봐야 할 내용들을 확인해두자. 앞서 7장에서 배운 내용과 함께 출제되기도 한다.

(1) 가족구성원 간 내부경계

내부경계의 유형 및 특징

경직된(유리된) 경계	명확한(유연한) 경계	혼돈된(밀착된) 경계
• 가족 사이에 상호작용이 없음 • 최소한의 접촉, 최소한의 의사소통 • 소외감, 거리감 • 나는 나! 너는 너!	• 자율성을 인정하며 협력하는 융통성 있는 경계 • 자녀의 성장 등 필요에 따라 가족원의 역할 변화 • 독립성, 협동, 지지 • 따로 또 같이	• 과도한 밀착으로 경계가 없음 • 지나친 관심과 관여로 개인의 사생활이 없음 • 간섭, 헌신, 의존 • 나=너

① 경직된 경계(유리된 가족)

- 가족 구성원 간에 상호작용이 제대로 이루어지지 못한다. 가족의 응집력, 결속력이 낮아 가족문제나 개인의 문제를 함께 해결하기 어렵다.
- 아동에 대한 보호 기능이나 사회화 기능이 적절히 수행되기 어렵다.
- 가족 내에서 적절한 지지를 받지 못하면 외부에 의존하기가 쉽다. 유리된 가족의 청소년은 또래집단에 의존하면서 비행이나 가출을 선택하기도 한다.

② 명확한 경계

이상적인 경계로, 가족간 의사소통이 원활하게 이루어져 서로 자율성을 인정하면서 상호간에 협력과 지지가 일어난다.

③ 모호한 경계(밀착된 가족)

- 가족원들의 자율성이 억압되어 개인의 주관적 판단과 결정이 무시되고, 가족응집력이 지나치게 높아 획일적인 감정과 생각을 강요한다.
- 가족을 위한 희생이나 가족 간 지나친 간섭과 속박을 당연하게 여긴다.
- 밀착된 가족의 청소년은 의존도가 높아 자립적인 도전과 해결을 두려워하기도 하며, 학교 등 다른 곳에서 반항심을 드러내기도 한다.

(2) 가족 외부와의 경계

외부경계의 유형 및 특징

폐쇄형 가족체계	개방형 가족체계	방임형(임의형) 가족체계
• 막힌 경계 • 외부인의 출입이 금지된 집, 굳게 닫힌 집 • 홈스쿨링을 이유로 자녀들을 집에서만 활동하게 하고 바깥 활동을 극도로 제한하는 경우	• 유동적인 경계 • 가족규칙의 범위 내에서 손님이 오는 집 • 홈스쿨링을 하면서 도서관, 복지관, 학원, 커뮤니티 등 시설과 매체를 활용하는 경우	• 경계가 없음 • 손님이 아무때나 마음대로 오는 집 • 홈스쿨링을 하는 아이가 적절한 지도 없이 방치되어 하루종일 동네만 돌아다니는 경우

① 폐쇄형 가족체계

- 외부와의 관계에 침투력이 없는 경계이다. 폐쇄형 가족에서는 대체로 가족 내의 권위자가 경계를 일방적으로 통제한다.
- 외부인을 포함한 외부의 자원, 정보 등과의 관계를 허용하지 않는다. 이로 인해 가족문제를 자체적으로 해결하기 어려울 때에도 외부의 도움을 거부하여 더 큰 혼란에 빠질 수 있다.

② 개방형 가족체계

외부와의 관계가 명확하면서도 침투력이 있는 건강한 경계이다. 경계가 유동적이며, 필요에 따라 가족의 공간이 지역사회로 확장되기도 하고, 지역사회의 자원이 가족으로 유입되기도 한다.

③ 방임형(임의형) 가족체계

- 외부와의 경계선이 명확하지 않고, 외부와의 교류에 제한이 없다.
- 가족의 방어선이 없어 가족에 영향을 미치는 외부의 문제에 대해 적절히 대처하기가 어렵다. 외부와의 관계에 대한 가족규칙이 불분명해 가족원이 제각기 행동하게 되며 통제가 어렵다.

2) 가족원의 의사소통

(1) 기능적 의사소통

① 특징

- 기능적인 의사소통이란 가족원들이 서로 억압받지 않고 자유롭게 사실이나 감정을 표현하는 긍정적인 의사소통 유형이다.
- 개방적이고 직접적이며 분명하고 정확한 표현을 주고받으며, 억압받지 않고 자유롭게 감정을 표현한다. 즉, 의사소통의 명확성이 높다.
- 언어적 수준, 비언어적 수준, 상황적 수준 간의 일치성이 높다.

② 기능적 의사소통의 예: 나 전달법(I-message)

- 고든(T. Gordon)이 부모효율성 프로그램(P.E.T)을 통해 소개한 대화방법이다.
- '나'를 주어로 하여 자신의 감정을 표현하기 때문에 상대방을 존중하면서도 자신의 주장을 전달할 수 있다. 솔직하고 개방적이어서 상대로 하여금 친밀성과 진지함을 가지게 하여 원만한 관계를 유지할 수 있다.
- 구성
  - ⅰ) 상대방의 특정 행동에 대한 묘사
  - ⅱ) 그 행동으로 인한 나의 감정을 표현
  - ⅲ) 그 행동으로 인해 발생한 결과 혹은 영향을 표현

(2) 역기능적 의사소통

① 특징

- 역기능적 의사소통은 서로 눈치를 보면서 주제를 선택하거나 표현을 주저하고 회피적인 태도를 보이는 의사소통 유형이다.
- 애정적 표현보다는 비난적인 표현을 더 많이 하며, 의사소통이 원만하게 잘 이루어지지 않는다.
- 애매모호하고 간접적인 방식으로 의사소통한다.
- 언어적 메시지와 비언어적 메시지의 의미가 일치하지 않는다.
- 역기능적인 의사소통방식은 심각한 문제를 유발하거나 문제를 지속되게 하여 가족성원에게 고통을 안겨줄 수 있다.

메타 커뮤니케이션
(meta communication)

말의 억양, 얼굴 표정, 소리의 크기, 자세 등으로 의미를 강화시키거나 약화시키는 비언어적인 메시지를 말한다. 의사소통은 보고(내용)와 지시(관계, 명령)의 차원으로 구성되는데, 언어적 의사소통(=말)이 보고의 차원이라면, 메타 커뮤니케이션은 지시의 차원이 된다. 9장에서 공부할 전략적 가족치료에서는 이러한 메시지의 내용과 메타 커뮤니케이션 등의 두 가지 수준을 살펴봄으로써 가족 간의 관계유형을 파악한다.

이중구속 메시지와 관련해서는 이후 9장 전략적 가족치료에서 다시 한 번 다룬다.

② 역기능적 의사소통의 예

- 이중구속 메시지(double-bind message)
  - 언어적 수준과 비언어적 수준이 다른 상호 모순적인 메시지를 받는 것이다.
  - 주요한 타인으로부터 다른 수준의 상호 모순되는 두 가지 메시지를 동시에 받으면, 듣는 사람은 두 메시지 중 어떤 메시지에도 반응할 수 없는 혼란스러운 상황에 놓이게 된다.

    예 고등학교 시절에 부모와 갈등이 많았던 아들이 군 입대를 한 후 오랜만에 휴가를 나왔다. 반갑게 엄마와 포옹하려 하자, 엄마는 차가운 표정을 지으면서 고개를 돌렸다. 당황스러운 아들이 멈칫하자 엄마는 "너는 오랜만에 엄마를 만났는데도 반가워하지 않는구나?"라고 말했다.

- 위장(신비화 혹은 거짓꾸밈, mystification)[49]
  - 의사소통의 명확성이 낮은 역기능적 의사소통으로서 가족 내에서의 갈등이나 어려움을 드러내지 못하고 오히려 모호하게 하거나 가면을 쓰고 거짓반응을 하는 것을 말한다.
  - 자신의 행동이 상대방에게 영향을 미쳐서 상대방이 어떤 생각을 하여 그 생각을 표현했을 때 자신의 행동을 부인하는 것이다.
  - 말하는 사람의 인식을 흐리게 하는 데 효과적인, 판독하기 어려운 모호한 반응을 한다든가 비꼬는 반응을 하여 의미를 다중적으로 만드는 것이다.

- 너 전달법(You-message)
  - 나 전달법인 'I-Message'와는 반대되는 것으로 '너(you)'가 주어가 되는 대화형식이다.
  - 일반화시키거나 지시나 명령 혹은 비난을 섞어서 표현하고 상대방에 대한 평가를 담은 표현을 많이 한다.
  - 상대방에게 행동변화를 요구하지만 오히려 상대방이 받아들이기 어렵고 저항하게 만든다.

나 전달법(I-message)과 너 전달법(You-message)의 비교

> [상황] 친구와 만나기로 약속을 해서 약속장소에서 기다리는데 한 시간을 기다려도 나타나지 않았다. 전화를 해도 받지 않아 속상하고 화가 난 채로 집으로 돌아왔다. 다음날 학교에서 그 친구를 만났다.

- **나 전달법(I-message)**
  예 "약속을 했는데 연락도 없고 오지도 않아서 무슨 일이 생기지 않았나 걱정했어. 내가 기다린다는 거 알면서 연락도 안 하니까 섭섭하고 화도 나더라."

- **너 전달법(You-message)**
  예 "너는 아무 말도 안 하고 약속에 안 나타나니?", "너하고 이제 약속하나 봐라.", "네가 하는 게 다 그렇지 뭐……."

(3) 구두점(punctuation)

구두점이란 연속적으로 지속되는 의사소통의 흐름 가운데 어느 지점에 구두점을 찍느냐에 따라 어떤 상황의 원인과 결과가 달라질 수 있음을 나타내는 상징적 표현이다. 예를 들어, 집에 늦게 들어오는 자녀에게 잔소리를 하는 아내의 입장에서는 "자녀가 늦게 들어오니 잔소리를 한다"고 말하면서 상황 묘사의 구두점(=마침표)을 찍었다. 그러나 자녀의 입장에서는 "엄마가 잔소리를 하니 늦게 집에 들어온다"라고 하면서 상황 묘사의 구두점을 찍었다. 하나의 상황에서도 엄마의 입장과 자녀의 입장에서 문제의 원인과 결과는 서로 다르게 표현되는데 이는 순환되는 상황에서 어느 지점에 마침표를 찍느냐에 따라 원인과 결과가 다르게 인식되기 때문이다. 따라서 이러한 의사소통상 구두점은 순환적 인과관계의 상황에 있는 사람들이 각자 구두점을 어디에 두느냐에 따라 동일한 문제 형상에 대해 수많은 다른 원인들이 등장할 수 있음을 암시하는 것이다. 따라서 가족의 의사소통을 사정할 때는 의사소통에서 보이는 구두점을 확인해야 한다.

(4) 의사소통 유형(사티어)

경험적 가족치료를 제시한 사티어는 가족의 의사소통 유형을 일치형, 비난형, 회유형(아첨형), 초이성형(계산형), 혼란형(주의산만형) 등 다섯 가지로 구분하였으며, 이 중 일치형은 기능적 의사소통으로, 그 밖에 나머지 유형은 역기능적 의사소통으로 본다.

사티어의 가족치료모델은 인간에 대한 긍정적 사고와 성장에 대한 믿음을 기초로 하며, 수많은 가족에 대한 치료경험을 바탕으로 한 기법들을 사용한다. 가족의 의사소통 유형도 이러한 맥락에서 도출되었다. 사티어의 경험적 가족치료와 의사소통 유형에 대해서는 이후 9장에서 자세히 공부한다.

(5) 가족원의 의사소통 사정에서 고려해야 할 요소 [50]

- 의사소통의 일치성과 명확성
  - 의사소통의 일치성은 의사를 전달할 때 사용되는 언어적, 비언어적, 상황적 요소가 일치되는 정도를 말한다.
  - 의사소통의 명확성은 메시지를 전달할 때 의견, 생각, 느낌 등을 분명하게 전달하는 정도를 의미한다.
- 효과적인 의사소통을 방해하는 요인: 의사소통 과정에서 성급하게 주제를 바꾸거나 지나친 질문, 불충분한 대답, 잘못된 진단이나 해석, 일방적 지시나 명령, 부정적 평가나 비판, 비꼬기, 과잉일반화, 흑백논리 등은 효과적인 의사소통을 방해하여 역기능적으로 흐를 수 있다.
- 의사소통의 표현성과 수용성
  - 표현성: 자신의 감정과 생각 등을 솔직하고 개방적으로 드러낼 수 있는 것을 말한다.
  - 수용성: 서로의 감정과 생각, 시각, 관점들을 인정하는 것을 말한다.

- 가족의 정서 및 감정표현 범위와 허용: 기능적인 가족에서는 애정, 공감, 친절, 긍정적 감정의 표현이 나타나는 반면, 역기능적인 가족에서는 근심, 우울, 절망, 냉소, 무관심 등이 나타난다.

3) 가족규범 [51)

(1) 개념
- 가족들 간에 지켜야 할 의무나 태도에 대한 지침이나 권리 등을 가족규범(가족규칙, family rule)이라고 한다.
- 가족의 항상성 유지를 위해 가족성원들에게 특정한 방식으로 행동하는 것을 허용하거나 허용하지 않을 수 있는데, 가족규범은 가족집단 내에서 적절한 행동이라고 간주되는 것을 구체화한 것이다.
- 가족원들이 가족규칙을 어떻게 유지하고 변화시킬 것인가에 관한 규칙 혹은 가족규칙에 대한 규칙을 '메타규칙'이라고 한다. 메타규칙이 유연할수록 체계는 순기능적으로 움직인다. **예** 우리 집의 가족규칙은 우리 아빠만 바꿀 수 있다.

(2) 특징
- 가족 내에서의 관계나 역할 수행과 행위 지침에 대한 지도원리로서, 모든 가족들이 대부분 동의하지만 말로 표현되지 않는 경우가 많다.
- 전체 가족과 개별 가족성원들이 효과적이고 생산적으로 기능하도록 하는 규칙을 수립하는 것이 중요하다.

(3) 역기능적 가족의 가족규범
모든 가족에게 동일하게 옳다고 할 수 있는 가족규칙의 내용과 수가 정해져있는 것은 아니다. 하지만, 대체로 역기능적 가족일수록 가족규칙이 한정되어 있고 유연하지 못한 특징이 있으며, 역기능의 정도가 심할수록 가족규칙의 수가 적은 것으로 알려져 있다.

(4) 바람직한 가족규범
- 가족성원들의 협의와 변화의 가능성을 개방적으로 수용하여 성립된 규범이다.
- 가족의 발달단계에 따라 융통성 있게 변화한다.

(5) 가족규범과 가족문제 사정

① 가족규범 사정 시 유의사항

- 역기능적 가족규범은 가족에게 부정적인 영향을 미치게 되므로 가족체계 사정 시 가족규범을 주의깊게 보아야 한다.
- 가족 내에 역기능적 가족규범이 존재하고 가족원들이 충실히 따른다면 문제가 되는 행동들은 지속되고 강화된다.
- 가족규범이 항상 명시적인 것은 아니므로 가족들의 상호작용과 의사소통을 관찰함으로써 가족규범을 추론해야 한다.

② 가족규범 사정에 포함될 내용

- 역기능적인 가족규범의 존재와 그 내용, 가족규범을 만드는 사람, 가족규범 형성의 과정과 역동 등을 사정한다.
- 가족규범이 가족성원이나 상황에 따라 변화가 가능한지(기능적 가족규범), 아니면 규범이 엄격하여 가족구성원들이 변화하는 시대와 환경의 스트레스로부터 행동을 수정해 나가는 것이 금지되는지(역기능적 가족규범)를 확인한다.
- 규칙을 어겼을 때 가족들의 반응은 어떠한지도 사정한다.

③ 가족규범 사정 시의 질문

- 가족 내 존재하는 규칙들은 어떤 것인가?
- 현재의 가족규범 중 변화가 필요한 내용은 무엇인가?
- 적합한 규칙과 부적합한 규칙은 어떠한 것인가?
- 가족규범을 누가 만드는가?
- 가족규범은 융통성이 있는가?
- 규칙을 어길 때 어떻게 반응하는가?

기능적 가족규범과 역기능적 가족규범의 의사소통의 예

기능적 가족규범	"가족은 모두 소중하단다. 각자의 생각과 거기에 대한 다른 사람의 의견은 중요한 거야." "서로 다르다는 것을 인정해야 해. 가족이라고 해서 항상 동의할 필요는 없어." "실망, 두려움, 상처, 분노, 비난, 즐거움, 성취 등 어떤 감정이든 얘기하는 것이 좋아." "실수를 인정하고 사과하는 것이 좋아. 가족들이 이해하고 도와줄 거야."
역기능적 가족규범	"아빠는 어떤 말이든 내키는 대로 말할 수 있지만 다른 사람들은 아빠 귀에 거슬리는 말을 하면 안 돼요." "엄마한테 얘기할 때 조심해야 돼. 엄마가 화나지 않게." "가족문제에 대해서 심각하게 의논하지 말자."

4) 가족역할

(1) 가족역할 사정

• 가족역할이란 개인이 가족기능을 충족시키기 위해 반복적으로 일어나는 행동유형이다. 과제달성을 하기 위해서는 각자의 역할이 적절하게 분배되어 있어야 하며, 가족성원은 분배된 역할에서 요구하는 활동을 실행해야 한다.
• 기능적이고 건강한 가족은 역할분담과 책임이 명백하며 가족원은 자신들의 역할을 명확히 이해한다.
• 역기능적 가족은 가족원의 역할이 경직되거나 명확하지 않기 때문에 가족성원은 자신에게 요구되는 기대가 무엇인지 잘 알지 못한다.

(2) 가족역할 사정 시 질문 내용 [52]

• 가족역할을 배분할 때 성원의 능력, 관심, 수행가능시간 등을 고려하는가? 아니면 성에 기초해서 결정하는가?
• 가족역할은 얼마나 명확하게 규정되어 있는가?
• 부부는 각자 규정된 역할에 얼마나 만족하는가? 부부의 역할규정에 대한 불만이 문제의 핵심원인인 경우 부부는 얼마나 이를 수정하려 하는가?
• 부부는 배우자와 부모로서 주어진 역할을 얼마나 적절히 수행하는가?
• 부부의 역할규정에 있어서 부모, 친척, 친구 등의 의견은 얼마나 반영되는가? 외부의 의견이 부부체계에 미치는 영향은 어떠한가?
• 부부의 시간과 에너지를 집안일 또는 직장, 어느 한쪽에 너무 치우쳐 사용할 때, 역할의 과부하로 인한 압력과 스트레스는 어느 정도인가?

(3) 부모화

• 부모화(parentification)는 어떤 자녀가 가족 내에서 부모나 배우자의 역할을 대신 수행하는 것을 말한다. 즉, 자녀가 한쪽의 부모나 다른 형제자매에 대해서 부모가 하는 양육적 역할을 하는 것이다.
• 부모의 역할을 대신 수행하는 자녀는 정서적 · 지적 · 신체적으로 부모의 역할을 할 준비가 되어 있지 않음에도 불구하고 부모 역할이나 책임감을 수행해야 하는 경우가 많다. 이런 경우는 대부분 자신들에게 기대되는 역할이 그 자녀가 아이로서 가지고 있는 욕구와 상충될 수 있으며 이러한 요구는 그가 가진 능력으로는 달성할 수 없을 때도 있다. 결과적으로는 심리적으로 압박감을 느끼게 되며 아이가 달성해야 할 다른 측면의 발달과업을 제대로 수행하지 못하게 된다.

(4) 희생양(혹은 속죄양, scapegoat)

- 희생양이란 가족 내에서 가족성원 중 한 명을 골라내어 특이하고 일탈적이라고 여겨지는 사람을 말한다. 아프다, 나쁘다, 미쳤다, 게으르다 등의 낙인이 붙는다.
- 부모가 자신들의 갈등을 해결하기 위해 다른 가족성원에게서 문제를 찾거나 작은 문제를 과장하는데 이를 '희생양 과정'이라고 하며, 문제가 있다고 여겨지는 사람을 '희생양'이라고 한다. 일반적으로 희생양의 대상은 자녀가 된다.
- 희생양은 가족의 문제를 위해 부당하게 비난을 받는다. 이들은 가족의 문제를 책임지고, 가출이나 약물 사용, 비행 등과 같은 자기파괴적인 행동을 하기도 한다.

5) 가족생활주기

(1) 가족생활주기의 필요성

- 가족은 생활(인생)주기에 따라 각 단계마다 요구되는 과업을 성공적으로 완수해야 한다.
- 대부분의 문제는 가족의 생활(인생)주기 가운데 어떤 단계의 중단 또는 위치 변화가 있을 때 발생한다. 가족은 가족생활주기의 단계를 거치면서 각 단계의 적응과정에서 많은 스트레스를 경험할 수 있고, 스트레스가 심하면 가족의 위기 혹은 가족문제가 발생할 수 있다.
- 가족을 사정할 때 가족이 생활주기를 어떻게 경험하였고, 현재 어느 생활주기에 처해 있으며 이에 대해 각 성원들이 어떻게 반응하는지 등의 적응상태와 평가 등을 사정한다.
- 가족의 생활주기를 사정함으로써 가족원들의 욕구와 욕구 충족 여부를 파악할 수 있다.

(2) 가족생활주기를 사정하는 질문의 예

- 가족의 역사는 어떠한가? (가족과 함께 가계도를 그려본다)
- 이 가족은 생활주기 중 어디에 위치하고 있으며, 가족은 가족원들의 발달욕구를 적절하게 충족시켜주고 있는가?
- 각 가족성원들은 자신들의 발달욕구와 과업을 잘 수행하고 있는가?
- 이 가족이 가지고 있는 발달주기상의 위기를 해결하는 방법은 무엇인가?

6) 기타 사정 내용

(1) 가족의 권력구조

- 권력은 한 구성원이 다른 구성원의 행동변화를 지시할 수 있는 힘을 말한다.
- 가족은 체계 내에서 각 구성원이 서로에게 행사하는 상대적 영향력의 크기와 의사결정과정에 누가 어떤 방식으로 참여할 수 있는지를 만들어간다.
- 권력구조에 의해 가족체계는 개인의 행동을 허용 범위 내에서 유지하고, 이러한 유지기능을 통해 가족의 생존 가능성을 최대화한다.

(2) 가족신화

- 가족성원들에게 받아들여지고 지지되는 믿음으로서 가족구성원 개개인 그리고 그들 간의 관계에 대한 기대와 공유된 믿음으로 구성된다.
  - **예** "행복한 가족은 언제나 의견일치를 이룬다."
- 가족신화는 가족의 항상성을 유지하는 데 기여하기도 하지만, 가족관계를 파괴할 정도로 위협적이고 강도 높은 긴장을 유발시키기도 한다. 주로 현실을 왜곡하거나 단순화시킨다.
- 가족신화를 알아내기 위해 가족이 어떤 행동의 결과에 대한 원인을 어디에서 찾으려 하는가를 파악하는 것이 도움이 된다. 가족을 변화시키기 위해서는 가족신화를 유지하고 싶어 하는 가족의 욕구를 서서히 경감시켜 가면서, 가족신화 없이도 효율적으로 기능할 수 있을 때까지 점진적으로 이루어지는 것이 바람직하다.

(3) 가족의 강점

- 가족은 약점이 아니라 강점을 따라가며, 모든 가족은 선천적인 강점이 있다.
- 사회복지사는 가족이 스스로 그 강점을 사용하여 선택하고 결정하는 것을 도와야 한다.
  - **예** 문제에 대해 의논하려 하고 도움을 받아들이는 자세, 고통스러운 문제를 해결하려는 마음가짐, 가족구성원에 대한 관심 표현, 가족문제를 발견하려는 노력, 가족에 유익한 방향으로 문제를 수정·변화하려는 의도의 표현 등

(4) 가족 외부체계와의 상호작용

사회복지실천에서 '사정'은 생태체계적 관점에서 이루어지므로 가족 내부에 대한 사정만이 아니라 가족을 둘러싼 환경에 대한 사정도 이루어져야 한다.

- 가족의 인종, 문화, 성, 민족성, 사회계층 등을 이해한다.
- 의식주, 재정지원, 직업교육 등 자원으로의 접근력과 확보능력을 포함한다.
- 가족에게 영향을 미치는 주된 사회적 관계망과 지지체계를 사정한다.

2 가족사정도구

기출회차

1	2	3	4	5
6	7	8	9	10
11	12	13	14	15
16	17	18	19	20
21	22			

강의로 복습하는 기출회독 시리즈

Keyword 109

1. 가계도(genogram)

(1) 가계도의 개념과 특징 ⭐

- 3세대 이상에 걸친 가족성원에 관한 정보와 가족성원들 간의 관계를 도표화한 가족사정도구이다.
- 결혼이나 별거, 이혼, 재혼, 질병, 사망 등 중요한 생활사건이나 인종, 민족, 종교, 직업 등 인구사회학적 특성이 표시되어 있어 각 세대의 가족에 대한 중요한 정보를 얻을 수 있고, 가족 내에서 반복되는 정서적·행동적 패턴, 여러 세대에 걸쳐 발전된 가족역할, 유형, 관계 등을 알아볼 수 있다.
- 가족에 관한 정보가 그림으로 표시되어 있기 때문에 복잡한 가족유형의 형태를 한눈에 볼 수 있다.
- 보웬의 가족치료모델에서 많이 사용하지만 일반적인 가족 대상 사회복지실천에서도 사용한다.

(2) 가계도를 통해 알 수 있는 정보 ⭐

- 가족구성원에 대한 상세 정보: 성별, 나이, 출생 및 사망시기, 직업, 교육수준, 결혼관계, 동거, 병력, 종교 등
- 인종집단, 사회계층, 종교와 같은 사회적 정보
- 각 구성원과의 관계: 단절 또는 융합, 밀착
- 가족관계: 혈연 또는 인위적 관계
- 가족의 역할 및 유형

중요도

가계도는 세대에 걸쳐 반복적으로 나타나는 특성을 살펴볼 수 있는 사정도구이자, 9장에서 공부하게 될 다세대 가족치료의 개입 기법이기도 하다. 가족사정도구 중에서 출제빈도가 가장 높으며, 주로 가계도를 통해 알 수 있는 것을 찾는 문제가 가장 많이 출제된 유형이다.

합격자의 한마디

가계도에서는 환경을 다루지 않음!

한걸음 더

가계도에는 인구사회학적 정보를 기록한다!

가계도에는 각 구성원 옆에 교육수준, 직업, 종교, 인종 등과 같은 인구사회학적 정보를 같이 기록한다는 점도 기억해두자. 예를 들어, 아이들이 "내가 뭘 잘하는지 모르겠고, 전공 선택을 어떻게 해야 할지 모르겠다"라고 진로고민을 할 때 부모, 조부모, 부모의 형제·자매 등의 전공과 직업 등을 살펴보면서 그 범위를 좁혀가는 데에 활용할 수 있다.

가계도의 예시

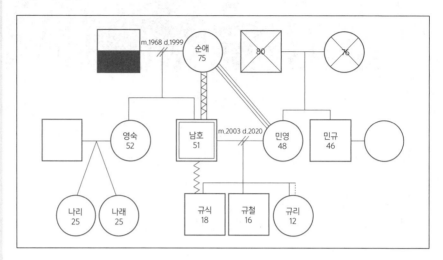

가계도의 상징

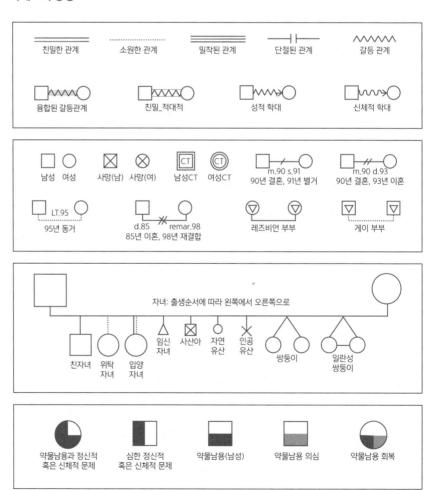

(3) 가계도 작성법 [53] ★꼭!

- 보통 클라이언트와 사회복지사가 함께 작성한다. 가족성원이 가계도 작성에 거부감을 보일 경우 이를 존중해주어야 한다.
- 보통 여성은 원으로, 남성은 네모로 표시한다.
- 네모나 동그라미 밖의 이중 테두리는 개인 클라이언트를 표시한다.
- 동일세대의 가족구성원은 수평선으로 그린다. 즉, 수평선은 결혼이나 관습 법적 관계를 표시한다.
- 결혼하여 생긴 자녀는 부모의 수평선 바로 밑에 수직선으로 연결한다.
- 아동은 연장자부터 연소자로 나이 순서에 따라 왼쪽에서 오른쪽으로 서열한다.
- 각 개인은 현재 그 가정에서 살고 있는지, 생존자인지와 무관하게 가계도 상에서 명확히 필요한 지점에 표시되어야 한다.
- 가족구성원의 이름과 연령은 네모나 원 안에 표기한다. 그 바깥쪽에 중요한 정보들을 문자로 기록한다. 예 "잦은 이동", 혹은 "학교 중퇴" 등
- 가족구성원이 사망하였다면 사망 연도, 사망 연령, 사망 원인을 기록한다.
- 수직선은 결혼과 자녀를 나타내는 다른 원과 사각형에까지 연결한다.
- 사망, 이혼 및 재혼 등과 같은 중대한 사건을 표시하고 재발된 행동양식을 나타내기 위한 다른 기호 또는 문자해설을 포함한다.

(4) 가계도 분석

① 가족의 구성과 구조분석

- 사회복지사와 가족이 함께 가계도를 작성한 후 사회복지사는 가계도를 분석해야 한다.
- 먼저, 이혼, 재혼 등의 결혼상태와 형제순위, 자녀에 대한 부모의 기대와 태도 등 가족의 구성과 구조를 분석한다.

② 가족의 생애주기(=발달주기) 분석

가족이 생애주기에 따른 변화에 성공적으로 적응해 왔는지 분석한다.

예 부모님이 돌아가신 직후에 자녀가 결혼했다면 아직 해결되지 않은 애도의 문제가 있을 수 있다.

③ 세대 간 반복된 유형

- 적응력, 강점, 창조성 등 적응적 유형과 가정폭력, 알코올 남용, 자살 등 부적응적 유형이 대를 이어 반복되는지 분석한다.
- 가족원 간 상호작용에서 친밀감, 소원함, 단절, 갈등, 삼각관계 등이 세대

간 반복되는지 살펴본다.

④ 가족성원의 역할과 기능

- 가족원들의 역할과 기능에서 균형이 이루어지는지 분석한다.
- 부부간, 형제자매 간 혹은 능력이나 부모의 선호, 가족가치 등에서 차이가 있는 성원들 사이에 힘의 균형이 어떻게 이루어지고 있는지, 불균형이 있는 경우 가족들이 이를 어떻게 해결할지, 평등한 균형을 이루기 위해 성원들이 어떻게 변화해야 하는지 등에 대해 검토한다.

2. 생태도(ecomap)

(1) 생태도의 개념과 특징 ★꼭!

- 1970년대에 앤 하트만에 의해 개발된 것으로서 개인 및 가족의 사회적 맥락과 개인 및 가족을 둘러싼 사회체계들과의 상호작용 상태를 하나의 그림으로 나타낸 사정도구이다.
- 가족생활 및 가족이 집단, 단체, 조직, 다른 가족, 개인들과 맺는 관계의 본질에 대하여 전체적인 시각 또는 생태학적 시각을 가지도록 돕는다.
- 개인 또는 가족의 삶의 공간에 존재하는 생태체계들, 개인 및 가족과 그들 체계와의 관계, 개인 및 가족을 둘러싼 자원 또는 에너지의 유입과 유출을 표시함으로써 클라이언트(개인이나 가족)에게 유용한 자원이나 환경이 무엇인지 등을 알 수 있다.
- 환경 속의 인간에 초점을 두기 때문에 클라이언트를 생태학적 관점에서 이해하는 데 도움이 된다.
- 개입 초기에 가족을 사정하는 도구로 활용할 뿐 아니라 변화를 확인하는 도구로 반복해서 사용할 수 있는데 이를 연속생태지도라고 한다.
- 생태도를 그린 후 사회복지사와 클라이언트는 클라이언트 체계의 적응과 대처능력을 향상시킬 수 있는 외부요인을 찾고, 조정되어야 할 갈등요소, 연결 및 동원되어야 할 자원들을 확인해내야 한다.

(2) 생태도의 기능 [54]

- 결혼 및 가족 상담, 입양과 위탁가정 연구 등의 다양한 상황에도 활용된다.
- 생태도는 기본적인 사회적 정보를 간편하게 기록하는 방법이므로 전통적인 사회력과 사례기록을 보완하는 역할을 한다.
- 생태도는 클라이언트와 실천가 모두에게 클라이언트의 문제에 대한 통찰력

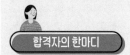

을 얻도록 해주며, 건설적인 변화를 더 잘 모색할 수 있도록 해준다.

- 생태도는 특정 시간 동안 중요하게 일어난 상호작용에 대한 '스냅사진'의 역할을 한다.

생태도의 예시

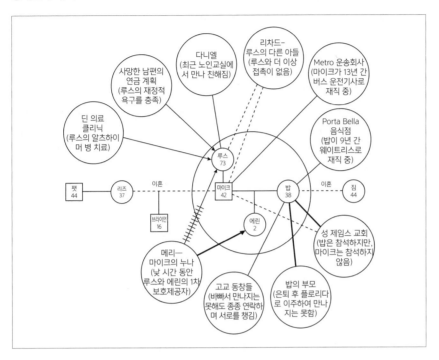

생태도에서 흔히 사용하는 기호

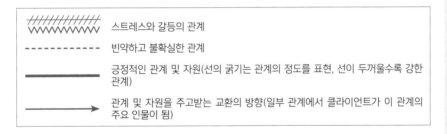

(3) 생태도 작성방법 [55] ★꼭!

- 가족을 표현하는 원을 중앙에 그려 클라이언트와 그 가족을 표시한다.
- 가족이 일상적으로 상호작용하는 관련된 주변 환경체계(직장, 병원, 학교, 친구, 사회복지, 오락, 확대가족성원, 보호관찰소 등 가족성원이 일상생활을 해나가는 동안 주로 접촉하는 사람이나 기관)는 중심원 주변에 각각의 원으로 표시한다.

- 생태도 사용자는 나름의 약어와 기호를 만들어낼 수 있다.
- 가족과 환경체계의 관계(교류상황 및 상호교류성격)를 다양한 선으로 표현한다.
- 가족 및 관련 체계 사이의 자원 및 의사소통 교환인 에너지의 직접적인 흐름의 방향은 화살표로 나타낸다.
- 외부체계가 가족 내 특정 개인과만 연결되어 있으면 그 개인과 외부체계를 선으로 연결하고, 외부체계가 가족 전체와 연결되어 있으면 외부체계와 큰 원을 선으로 연결한다.
- 실선(———)은 긍정적 관계를 나타내는데 실선이 굵을수록 강한 관계(▬▬▬)를, 점선(-------)은 미약한 관계, 그리고 사선이나 지그재그선(╫╫╫╫ , ＶＶＶＶ)은 긴장이 많거나 갈등적인 관계를 보여준다.

연속생태지도(sequential ecomap)

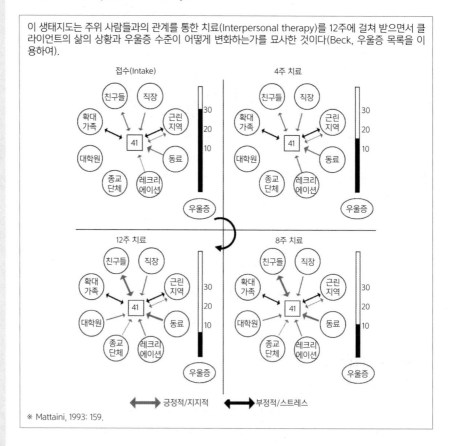

이 생태지도는 주위 사람들과의 관계를 통한 치료(Interpersonal therapy)를 12주에 걸쳐 받으면서 클라이언트의 삶의 상황과 우울증 수준이 어떻게 변화하는가를 묘사한 것이다(Beck, 우울증 목록을 이용하여).

※ Mattaini, 1993: 159.

3. 가족조각[56]

(1) 특징 ★꼭!

- 공간 속에서 가족구성원들의 몸을 이용해 가족의 상호작용 양상을 표현함으로써 가족에 대한 이해를 돕는 기법이다.
- 가족조각이나 가족그림은 가족구조나 기능을 살펴볼 수 있는 사정도구로도 활용되며 치료적 개입기법으로도 사용된다.
- 이 기법을 통해 역기능적 가족연합을 보여줌으로써 가족관계 재조정의 필요성을 인식시켜주는 효과를 기대할 수 있다.
- 사회복지사의 도움으로 가족들은 자신의 가족구조에 대해 논의하게 되는데, 이러한 논의로써 가족은 기존의 가족연합을 바꾸고자 한다.

(2) 방법

- 가족원 중에 한 사람이 조각자가 되어 각 가족원에게 자신이 지각하고 있는 것을 나타내는 위치와 신체적 표현을 하도록 하며, 나머지 구성원들은 조각자가 표현하고 싶은 것이 모두 표현될 때까지 자세를 유지한다. 가족조각을 하는 동안 서로 이야기하거나 웃지 않아야 한다.
- 모든 가족원이 조각을 해보도록 한 후, 가족원 모두는 조각 이후에 경험한 것을 이야기한다. 이때 이성적 피드백보다는 감정적 피드백이 더 중요하다.
- 가족원들은 가족에 대한 개인의 위치, 입장, 감정, 생각 등을 표현하고 다른 가족원들의 조각을 보는 과정에서 통찰력, 이해, 공감, 동정, 후회, 사과 등의 감정을 경험하게 된다.

(3) 가족조각을 통해 표현될 수 있는 요소 ★꼭!

가족조각을 통해 가족 간의 위계질서, 연합, 거리감 혹은 친밀감, 말로 표현되지 않는 힘의 역학 같은 상호작용 등이 표현된다.

- 하위체계 내에 누가 포함되고 배제되는가
- 누가 서로 융합되어 있는가
- 누구와 누구 사이가 가장 소원한가
- 누가 지배적 위치에 있고 누가 복종적 위치에 있는가
- 가족규칙의 양상이 어떻게 나타나고 있는가

중요도 ★ ★

가족조각의 개념을 확인하는 단답형 문제가 쉽게 출제되기도 했지만, 가족조각을 통해 알 수 있는 내용이나 가족조각의 실시 방법을 확인하는 문제도 출제된 바있다.

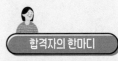

합격자의 한마디

가족조각에서, 아빠가 어떤 모습을 하고 있을 때 자녀들은 어떤 모습을 하는지를 살펴보면서 가족규칙을 파악할 수 있습니다.

가족조각의 예

[1단계]
사회복지사는 가족조각이 어떻게 진행되는지를 설명한다. 사회복지사는 조각이 진행되는 동안 가족이 서로 이야기하거나 웃지 않는다는 원칙을 알려준다. 조각의 주제는 과거 어려웠던 상황이나 사건 중에서 선택하게 하고 주제를 더 잘 표현하기 위해 가구나 주변의 소품을 사용할 수 있음을 알려준다.
조각을 하고 싶은 성원이 있으면 나오라고 해서 조각을 하게 한다.
"가족은 지금 찰흙과 같은 상태입니다. 가족의 몸이나 얼굴을 마음대로 움직여서 당신이 표현하고 싶은대로 가족을 표현해 주세요. 당신과 가족이 현재 어떤 관계를 나타내고 있는지 만들어 주세요."

[2단계]
조각가가 된 성원이 조각이 끝났음을 표시하면(보통 조각가가 위치와 자세를 잡는 것으로 마무리됨), 모두 그 자세를 1~2분간 유지하게 한다. 이는 가족에게 자신들이 어떤 생각과 감정이 드는지 느껴보는 시간이 된다. 이후 사회복지사는 가족성원 개개인에게 가족조각을 하는 동안 느낌이 어떠했는지 어떤 생각이 들었는지를 물어본다.

[3단계]
사회복지사는 가족들에게 "가족조각이 이루어진 이 장면에 어떤 제목을 붙이고 싶은가요?"하고 물어본다. 혹은 "이렇게 표현된 가족의 모습에 동의하나요? 자신의 생각과 다르거나 불편한 점은 없나요?"라고 질문하기도 한다.
그 다음 "가족이 앞으로 어떻게 변화했으면 좋겠어요?"라고 질문하면서 가족들과 대화를 나눈다. 가족이 어떤 모습으로 변하면 좋을지에 대한 이야기를 나눈 후 그 모습을 재조각한다.

[4단계]
가족이 원하는 모습, 바라는 방향을 담아 다시 조각한 후 가족성원 개개인에게 "가족이 앞으로 이렇게 변화가 가능하다면 무엇을 어떻게 하고 싶으세요?"라고 질문한다.

4. 생활력도표(life history grid)

(1) 생활력(도)표의 개념과 특징

- 클라이언트 삶의 중요한 사건이나 문제를 시기별로 전개해 표로 나타낸 사정도구이다.
- 클라이언트나 가족이 겪고 있는 문제의 발생시점과 촉발사건 등을 파악할 수 있으며, 사건 간에 보이는 양상이나 관계를 파악할 수 있다.
- 클라이언트의 생애 동안 발생한 사건이나 문제의 발전과정을 알 수 있다.
- 생태도나 가계도처럼 원이나 선, 화살표 등 기호를 사용하지 않고 표를 이용한다.

(2) 생활력도표의 활용

- 특정 발달단계의 생활경험을 이해하는 데 도움이 된다.
- 아동과 청소년 대상의 활동에서 유용하게 사용된다.
- 가족의 다양한 시기의 자료를 조직화하여 표현한다.
- 출생부터 개입시점까지 클라이언트 삶의 다양한 시기에 관련된 여러 가지

특징들을 조사하여 다른 자료와 종합함으로써 클라이언트의 현재를 이해하는 데 도움이 된다.

생활력도표의 예시

클라이언트: 왕대박(여, 47세)

연도	나이	장소	가족	주요 사건	문제
2006	30	서울시	첫째 자녀	출생	미숙아로 태어남
2008	32	광주	남편	실직과 잠적	빚 독촉을 심하게 받아서 남편이 잠적
2012	36	광주	남편	입원	심한 알코올중독
2023	47	김해	가족 모두	친정 근처로 이사	극심한 생활고

5. 생활주기표

- 클라이언트의 생활주기 및 각 발달단계의 과업 및 가족구성원의 발달단계와 주요 과업을 하나의 표로 나타낸 것이다.
- 가족 내 각 성원은 각각 다른 발달단계에 있기 때문에 서로 다른 발달과업 및 위기를 경험하게 되는데 생활주기표를 이용하면 가족 내 개별 성원의 현재 발달단계와 과업, 위기 등을 한눈에 볼 수 있다.

생활주기표의 예

가족성원	발달단계 및 연령								
	0~1	2~4	5~7	8~12	13~17	18~22	23~34	35~60	61~
할아버지									
할머니									
아버지									
어머니									
클라이언트									

6. 그 밖의 가족사정 방법[57]

(1) 면담

- 면담(혹은 면접)은 가족을 사정하는 데 가장 기본적이며 중요한 방법이다.
- 부모나 자녀, 확대가족 혹은 가족에 대해 잘 알고 있는 이웃 등을 대상으로 실시할 수 있다.
- 면담을 하기 전에 가족에 관한 기록 등을 미리 살펴보는 것이 중요하다.

(2) 관찰

- 관찰은 면담 중에 이루어지기도 하고, 가족원의 집을 방문하여 일상생활에서 자연스럽게 나타나는 모습을 관찰할 수도 있다.
- 면담 중에는 가족조각이나 실연(enactment)기법 등을 통해 가족의 상호작용을 관찰하여 가족의 역기능적 상호작용 형태나 의사소통 방식, 내용 등을 발견한다.
- 필요한 경우, 가족원의 집을 방문하여 가족원이 생활하는 모습 그대로를 관찰하기도 한다. 물론 가족의 동의와 협조가 필요하다.

(3) 사회적 관계망표(social network grid) [58]

① 사회적 관계망표의 개념과 특징

사회적 관계망 격자는 개인의 사회적 지지체계를 사정하는 도구이지만 가족원 여러 명을 차례로 분석함으로써 가족에 대한 사정도 가능하다.

- 사회적 관계망표(=사회적 관계망 격자, 사회적 관계망 그리드)는 개인의 사회적 관계망 혹은 사회적 지지를 사정하는 도구이다.
- 사회적 관계망표에는 클라이언트의 사회적 관계망 내에 있는 사람들이 클라이언트와 어떤 관계에 있는 사람들이고 이들이 클라이언트에게 물질적·정서적·정보적 지지를 어느 정도 주고 있으며, 도움은 일방적인지 쌍방적인지, 관계망 구성원과의 근접성과 접촉빈도 및 최초 접촉시기 등이 표시된다.
- 효과적인 사회적 지지를 사용하여 자신의 문제나 어려운 상황을 극복할 수 있도록 돕기 위해서 사회복지사는 클라이언트와 함께 잠재적인 사회적 관계망과 그들로부터 받는 사회적 지지를 확인해야 하는데 이를 확인하기 위해 사회적 관계망표가 사용된다.

② 사회적 관계망표에서 알 수 있는 정보

- 가족의 사회적 관계망에서 중요한 인물
- 가족이 지지를 받는 생활영역
- 사회적 관계망에서 지지를 제공하는 각각의 지지의 특정 유형

- 제공되는 지지 정도의 중요도
- 지지의 방향: 상호적인가 혹은 일방적인가
- 개인적 친밀감 정도, 접촉 빈도, 관계의 기간(알고 지낸 기간)

③ 사회적 관계망표 작성방법
- 클라이언트가 중요하다고 생각되는 사람, 즉 사회적 관계망 구성원을 선택하게 한다. 여기에는 가족, 친척, 직장동료나 친구, 자신이 속한 단체나 동아리, 이웃, 전문가 등이 포함된다.
- 사회적 관계망 구성원의 이름을 표의 맨 왼쪽에 한 사람씩 쓴다. 각각의 사람들이 삶의 어떤 영역에서 접촉하게 되는지에 따라 [생활영역]에 해당 번호를 기입한다(예를 들어, 가족원이면 ①). 그 사람이 제공한 물질적 지지, 정서적 지지, 정보적 지지, 친밀감, 만나는 빈도, 알고 지내는 기간, 원조의 방향 등을 적는다.
- 표를 다 작성하면 사회복지사는 클라이언트가 활용 가능한 중요한 지지망을 문제해결이나 대처자원으로 활용할 수 있도록 도와준다.

사회적 관계망표의 예시
- 클라이언트 이름: 박보검
- 작성일자: 년   월   일

	생활영역	물질적 지지	정서적 지지	정보적 지지 (조언 등)	비판	원조방향	친밀감	접촉빈도	알고 지낸 기간
사회적 관계 망에서 중요한 인물 (지지제 공자)	① 동거 가족 ② 다른 가족 ③ 직장/ 학교 ④ 조직 ⑤ 친구 ⑥ 이웃 ⑦ 전문가 ⑧ 기타	① 거의 없다 ② 가끔 ③ 자주	① 거의 없다 ② 가끔 ③ 자주	① 거의 없다 ② 가끔 ③ 자주	① 거의 없다 ② 가끔 ③ 자주	① 양방향 ② 그들에 게만 ③ 그들이 당신에 게만	① 거의 친하지 않음 ② 가까운 정도 ③ 매우 친함	① 1년에 서너번 ② 한 달 에 서 너 번 ③ 매주 ④ 매일	① 1년 이하 ② 1년에 서 5년 사이 ③ 5년 이상
안영이	③	②	②	③	③	③	③	③	②
장수원	⑧	②	②	②	②	②	②	②	②
오상식	③	②	②	②	②	②	②	②	②
어머니	①	②	②	②	②	②	②	②	②
바둑 사범	⑥	②	②	②	②	②	②	②	②
하선생	⑤	①	①	①	①	②	①	①	

(4) 맥마스터 모델(McMaster model)의 가족사정척도(Family Assessment Device, FAD)

① 척도의 목적

가족의 기초 과업, 발달과업, 힘든 과업을 포함하여 현재의 가족기능을 검사한다.[59]

② 구성

총 60문항에 7개의 하위범주로 구성되어 있으며, 하위범주는 각각 문제해결, 의사소통, 역할, 정서적 반응성, 정서적 관여, 행동통제, 전반적 기능으로 구성된다.

③ 채점 방법과 해석

- 각 항목의 점수와 건강하지 않은 기능을 기술하는 문항은 역으로 채점해서 합산한다.
- 총점이 높을수록 가족기능이 건강한 것이다.

가족사정척도(The McMaster Family Assessment Device, FAD)의 예시

다음은 여러분의 가족생활 일반에 대한 질문입니다. 여러분 가족에 대해 느끼는 감정이 가장 잘 맞는다고 생각되는 칸에 ✓표를 해주십시오.

		① 매우 그렇다 (1점)	② 그렇다 (2점)	③ 그렇지 않다 (3점)	④ 전혀 그렇지 않다(4점)
1	서로를 잘 이해하지 못하기 때문에 가족 모임을 계획하기 어렵다.				
2	집안에서 생기는 문제들을 대부분 해결한다.*				
3	가족 중에 누군가가 기분이 나쁘면 가족들은 그(그녀)가 왜 그런지를 안다.*				
11	슬픈 일이 있어도 서로에게 그런 말을 할 수 없다.				
12	대부분 문제에 관해 내려진 가족의 의사결정을 따른다.*				
	이하 생략				

(*은 역채점 문항/총점이 높을수록 가족기능이 좋은 것임)

※ 반포종합사회복지관 · 실천사회복지연구회, 2006: 342-348.

맥마스터 모델의 가족사정척도는 캐나다 맥마스터 대학 정신과에 재직하던 앱스타인 등에 의해 개발된 가족사정도구인데 가족의 기능을 평가하는 데 뛰어나다는 평가를 받는다.

(5) 원가족 척도

- 개인의 원가족에 대한 전반적인 불만족을 측정하여 자신의 원가족에 대한 전반적인 파악을 할 수 있는 척도이다.
- 원가족 내에서 가족성원 간 친밀감은 어떠했는지, 충분한 자율성을 느꼈는지 등에 대해 평가할 수 있다. 자신의 원가족에 대한 평가를 통해 자신의 부부관계와 자녀와의 관계 등에 대해 이해할 수 있는 기회를 갖게 된다.
- 질문의 예
  - 우리 가족은 서로의 감정을 잘 헤아려주는 때가 많았다.
  - 가족 앞에서 나는 의견 표현하기가 어려웠다.
  - 우리 가정의 분위기는 즐겁지 못한 때가 많았다.
  - 우리 부모는 우리 형제를 공평하게 대했다.

9장 가족 대상 실천기법

한눈에 쏙!　　중요도

❶ 가족실천 초기과정
- 1. 접수
- 2. 자료수집
- 3. 사정
- 4. 계획

❷ 가족실천 중간과정
- 1. 보웬의 다세대 가족치료 ★★ 22회 기출
- 2. 미누친의 구조적 가족치료 ★★★
- 3. 사티어의 경험적 가족치료: 성장모델 ★★ 22회 기출
- 4. 전략적 가족치료 ★★ 22회 기출
- 5. 해결중심 단기가족치료 ★★★ 22회 기출
- 6. 다양한 실천기법 ★

❸ 가족실천 종결과정
- 1. 종결단계의 과업

기출경향 살펴보기

이 장의 기출 포인트

여기서 공부하는 모델들이 각각 한 문제는 꼭 나온다고 생각하고 학습해야 한다. 사례에 적합한 모델을 찾는 문제, 사례에 적용된 개입기술을 찾는 문제, 각 모델별 주요 특징을 파악하는 문제, 주요 개념에 대한 설명을 확인하는 문제 등 여기서 학습하는 내용은 모두 출제범위임을 염두에 두고, 학자-모델-특징-기술을 헷갈리지 않도록 정리해두어야 한다.

최근 5개년 출제 분포도

연도별 그래프

문항수

회차	문항수
18	2
19	6
20	6
21	4
22	5

평균출제문항수

4.6 문항

2단계 학습전략

데이터의 힘을 믿으세요!
강의로 복습하는 **기출회독 시리즈**

3회독 복습과정을 통해
최신 기출경향 파악

최근 10개년 핵심 키워드

기출회독 111	다세대 가족치료	6문항
기출회독 112	구조적 가족치료	10문항
기출회독 113	경험적 가족치료	7문항
기출회독 114	전략적 가족치료	7문항

| 기출회독 115 | 해결중심 가족치료 | 14문항 |
| 기출회독 116 | 이야기치료모델과 문제의 외현화 | 2문항 |

기본개념 완성을 위한 **학습자료 제공**

기본개념 강의, 기본쌓기 문제, O X 퀴즈, 기출문제, 정오표, 묻고답하기, 지식창고, 보충자료 등을
아임패스를 통해 만나실 수 있습니다.

				기출회차		
	1	**2**	3	4	5	
	6	7	8	9	**10**	
	11	12	13	14	15	
	16	17	18	**19**	20	
	21	22				

강의로 복습하는 기출회독 시리즈

1 가족실천 초기과정

가족실천 초기과정의 과제

초기과정	중간과정	종결과정
접수 자료수집 사정 계획	개입 점검	종결 평가

1. 접수

(1) 내용

- 사회복지실천과정을 시작하는 단계이다.
- 사례의 적격 여부를 판별하여 접수를 결정한다.
- 서비스 제공이 불가능하다고 판단되면 의뢰한다.
- 접수된 사례에 대해서는 클라이언트와 긍정적인 원조관계를 수립함으로써 클라이언트의 참여를 유도한다.

(2) 사회복지사의 과제

① 의뢰하기

- 서비스를 받기 위해 기관에 찾아와 접수를 했을 때 신청자의 욕구가 기관의 서비스 방향이나 내용과 맞지 않을 때 혹은 더 적합한 기관이 있을 경우 의뢰한다.
- 의뢰한 기관의 서비스에 관해 정확하게 정보를 제공하고 그 기관과 접촉할 수 있게 돕는다.

② 참여유도하기

- 관계형성(라포형성)하기
  - 라포형성: 클라이언트들이 일반적으로 보이는 두려움과 불안 등을 해소

하기 위해 사회복지사와 상호 긍정적인 친화관계를 형성한다.
- 도우려는 의지와 진실성: 사회복지사는 클라이언트를 따뜻하게 이해하고 진정으로 도우려는 의지와 진실성을 보여주어야 한다.
- 클라이언트 동기화시키기
  - 클라이언트가 원조과정 동안 적극적으로 참여할 수 있도록 동기를 부여한다.
  - 지나치게 낙담하고 더 이상의 변화를 기대하지 않는 클라이언트의 고통을 이해하고 이제까지 견뎌온 의지를 격려하며 문제해결에 대한 희망을 갖게 한다.
- 저항감 해소와 양가감정 수용하기
  클라이언트의 양가감정을 수용하고 자유롭게 표현하여 저항감을 해소해주어야 한다.

(3) 관련 기술: 합류하기

- 합류하기(joining)는 가족치료 혹은 가족 대상 사회복지실천 초기단계의 몇 회기 동안, 사회복지사 혹은 치료자가 가족성원들과 신뢰감을 수립하는 것을 말한다.
- 사회복지사는 가족원들의 입장을 있는 그대로 수용하고 가족원의 관점을 인정하고 존중해야 한다. 이때 주의할 점은 특정한 가족성원을 수용하는 것이 아니라 가족성원 모두를 수용하고 이해하는 것이다.

(4) 가족실천 초기과정에서 필요한 태도 및 자세

- 가족의 조직과 유형이 역기능일지라도 먼저 받아들인다.
- 가족의 상호교류 양식과 그 장점을 경험한다.
- 배척되거나 속죄양이 된 가족성원의 고통을 느끼고 공감한다.
- 가족성원들이 가장 중요시하는 문제를 알아야 한다.
- 가족성원들과 함께 문제탐색과정에 참여해야 한다.
- 의사소통의 방식(속도, 언어스타일 등)을 알고 따른다.
- 가족의 욕구에 초점을 둔다.
- 클라이언트의 자율성을 존중한다.
- 의존 조성을 피한다.
- 클라이언트의 저항을 재사정한다.
- 전문적인 거리를 유지한다.

2. 자료수집

- 클라이언트 문제를 이해하고 분석, 해결하는 데 필요한 자료를 모으는 과정이다.
- 문제를 이해하고 해결하는 데 도움이 되는 자료를 마련한다.
- 자료수집의 출처
  - 클라이언트의 진술·이야기(일차적인 정보제공자로서 가장 중요)
  - 클라이언트의 비언어적 행동
  - 초기 면접지 자료
  - 관련 인물들(가족, 이웃, 친구, 다른 기관 등)의 면접을 통한 부수적 정보
  - 각종 검사 결과(심리/신체검사)와 기록(학교/병원기록)
  - 관찰과 가정방문
  - 직접 상호작용하면서 느끼는 사회복지사의 개인적 경험
  - 사례와 관련된 자료: 신문, 인터넷 뉴스 등

3. 사정

- 자료해석 + 의미부여 + 문제규정 + 개입방향을 결정하는 일이다.
- 수집정리된 자료를 분석하고 심사숙고하여 문제를 규정해내는 작업이다.
- 사정과 자료수집은 동시에 일어나며 순환적으로 진행된다.
- 앞의 '8장 가족문제 사정'에서 학습한 바 있는 가계도, 생태도, 생활력도표 등을 사정도구로 활용한다.

4. 계획

- 클라이언트와 사회복지사가 서로의 의무와 과업, 구체적인 실천활동을 상호간에 약속하는 것이다.
- 목표달성 전략, 사회복지사와 클라이언트의 역할, 개입방법, 평가방법 등을 기술한 내용에 대해 사회복지사와 클라이언트가 동의하는 것이다.
- 상호 계약의 공식화, 원조과정과 클라이언트가 실제로 무엇을 기대하고 기대받을 수 있는지 명확하게 한다.

2 가족실천 중간과정

기출회차

1	2	3	4	5
6	7	8	9	10
11	12	13	14	15
16	17	18	19	20
21	22			

강의로 복습하는 기출회독 시리즈

Keyword 111~116

가족 대상 사회복지실천에서는 가족치료의 기법이 많이 사용되므로 주요 가족치료 학파의 개입기법을 중심으로 살펴본다.[60]

가족실천 중간과정의 과제

초기과정	중간과정	종결과정
접수 자료수집 사정 계획	개입 점검	종결 평가

1. 보웬의 다세대(세대 간) 가족치료 🏆22회기출

중요도

가장 기본적인 키워드는 자아분화와 탈삼각화이지만, 다소 어렵더라도 여기서 제시된 주요 개념은 모두 파악해두는 것이 필요하다. 문제에 사례가 제시되는 경우가 많기 때문에 사례가 어떤 개념과 관련되어 있는지를 찾을 수 있어야 한다.

(1) 특징

• 보웬은 가족을 다세대적 현상으로 보아 다세대적 분석을 통해 현재 가족문제를 파악하려고 했다.
• 대부분의 가족문제는 가족성원이 자신의 원가족에서 심리적으로 분리되지 못한 데에서 비롯된다고 보았다.
• 문제해결을 위해 가족성원이 원가족과 맺는 관계를 통찰하고, 해결되지 못한 감정적 애착의 해결을 강조하였다.
• 인간은 부모에 대한 해결되지 않은 정서적인 반응을 가지고 있으며 새로운 깊은 관계를 형성할 때 과거의 유형을 반복하게 된다고 본다. 따라서 건강한 인격을 형성하기 위해서는 가족에 대한 해결되지 않은 정서적 애착을 적극적으로 해결해야 함을 강조한다.
• 미분화된 가족자아 덩어리(=핵가족 정서체계)로부터 벗어나도록 돕는 것, 불안을 경감시켜 자아분화를 촉진하게 하는 것을 개입의 목표로 삼는다.

합격자의 한마디

다세대 모델에서 핵심단어는 자아분화, 탈삼각화, 가계도!

(2) 주요 개념 ★꼭!

① 삼각관계(정서적 삼각관계)

- 두 사람 사이에서 스트레스나 긴장관계가 발생했을 때 제3자를 두 사람의 상호작용체계로 끌어들여 긴장의 수준을 완화하려는 것을 말한다.
- 가족의 분화수준이 낮을수록 삼각관계를 형성하려고 하는 경향이 있다.
- 보웬은 삼각관계가 불안이나 긴장, 스트레스를 일시적으로 감소시킬 수는 있으나 가족의 정서체계를 더욱 혼란스럽게 만들어 증상을 악화시킨다고 주장하였다.
- 대부분의 가족문제는 삼각관계적 성격을 띠고 있다.

삼각관계의 예

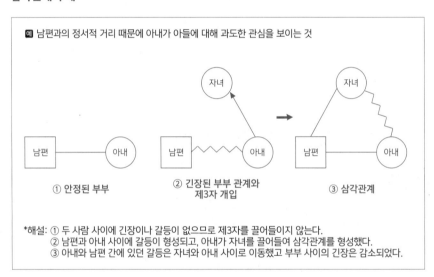

*해설: ① 두 사람 사이에 긴장이나 갈등이 없으므로 제3자를 끌어들이지 않는다.
② 남편과 아내 사이에 갈등이 형성되고, 아내가 자녀를 끌어들여 삼각관계를 형성했다.
③ 아내와 남편 간에 있던 갈등은 자녀와 아내 사이로 이동했고 부부 사이의 긴장은 감소되었다.

② 자아분화

- 자아분화란 한 가족의 정서적 혼란으로부터 자신이 자유로워지는 과정을 말한다.
- 자아분화는 정신 내적 측면과 외부관계적 측면을 모두 포함하는 개념이다.
  - 정신 내적 측면에서의 자아분화란 개인의 지적 측면과 정서적 측면의 분리 또는 구분을 의미한다. 자아분화 수준이 높으면 생각과 감정이 적절히 분리되어 있고, 사고와 감정이 균형을 이룬다. 정서와 지성 간 분화 수준이 낮으면(=융합되면) 타인과 융합되려는 경향이 있다.
  - 외부(대인)관계적 측면에서의 자아분화는 한 개인이 타인과의 관계에서 확고한 자아 개념 또는 일관된 신념을 갖고 타인과 분리되어 자주적·독립적 행동을 하는 정도를 나타낸다. 자아분화 수준이 높으면 타인에게

분화
- 자율적으로 기능할 수 있는 힘
- 분화는 사람이 극단적인 반응에 사로잡히지 않도록 돕는다.

융합 혹은 융해(fusion)
- 자신과 타인 간 모호한 심리적 경계
- 한 명과 다른 한 명이 정서적으로 매우 가까워 자신의 감각이나 경계가 다른 사람에게 의존하는 것처럼 보이는 경향

자신의 생각이나 감정을 자유롭게 표현하고 친밀감을 유지하면서도 자신의 독특한 세계를 지켜 나가는 독립된 개체로서 행동한다.

보충자료

자아분화와
자아분화 척도

- 가족 내에 자아분화 정도가 낮은 성원이 있으면 그를 중심으로 삼각관계가 형성될 수 있다.
- 자아분화수준이 낮은 부모는 미분화(未分化)에서 오는 자신들의 불안을 삼각관계를 통해 회피하려고 한다.

③ 핵가족 정서과정

- 핵가족은 하나의 정서체계로서 긴장과 불안이 발생하면 그것을 다루는 독특한 기제가 나타나게 되는데, 핵가족 정서과정이란 원가족에서 해소되지 못한 불안들이 개인에게서 새로운 가족에게로 투사되는 것을 말한다.
- 보웬은 일반적으로 사람들이 자신과 비슷한 혹은 원가족에서 가지고 있었던 관계의 특징을 재현할 수 있는 배우자를 선택한다고 보았다. 이로 인해 원가족에서 정서적으로 융합되고 자아분화 수준이 낮은 사람이 자신과 비슷한 배우자를 만나 핵가족을 형성하게 되면, 이 둘 사이에 융합이 크게 일어난다는 것이다. 핵가족 부부 사이에 감정적 의존도가 높으면 불만과 불안이 고조되기 쉽고 이러한 문제가 지속되면 가족의 불안수준이 높아지면서 가족문제는 더욱 심화되고 다음 세대인 자녀에게 전달되어 자녀의 분화수준과 기능에도 영향을 미치게 된다.

④ 가족투사과정

- 어떤 가족성원이 갈등의 근원을 다른 가족 성원에게 돌리는 것을 말한다.
- 대체로 부부가 불안이 증가될 때 자신의 미분화된 정서문제를 자녀에게 투사하는 방식으로 나타난다. 가족투사과정에서 부모의 불안 투사 대상이 된 자녀는 부모의 영향을 가장 많이 받게 되고 진정한 자기로서 기능하는 능력을 키울 수 없게 된다. 자녀는 점점 진정한 자기로서의 기능이 저하되어, 더욱 부모에게 의존적이 된다. 이때 부모는 자녀를 더욱 통제하려 하면서 상호의존적인 관계가 고착되며, 부모와 투사된 대상이 된 자녀는 역기능적 삼각관계를 형성하게 된다.

가족투사과정의 예

어머니가 자녀에게 자신의 불안을 집중함 ▶ 자녀 기능이 저하됨 ▶ 어머니로 하여금 더욱 통제할 구실을 제공 ▶ 자녀의 정서적 문제가 더욱 드러남 ▶ 부모의 집중된 관심

⑤ 다세대 전수과정

- 가족정서과정(자아분화수준, 삼각관계, 융합 등)이 그 세대에서 그치는 것이 아니라 대를 이어 전개되는 것이다.
- 미분화된 가족은 가족원들의 자아분화수준에 영향을 미치고 가족투사를 통해 삼각관계가 상호 맞물려 형성된다. 가족 내에 지나친 융합이나 정서단절 등의 정서과정이 반복되며 이러한 가족정서과정은 대를 이어 전달된다.

⑥ 출생순위

- 보웬은 출생순위에 따른 성격유형 연구를 자신의 연구에 접목시켜 출생순위가 가족역할에 미치는 영향에 대해 정리하였다.
- 가족정서과정에서 출생순위에 따른 일반적 특성과 관계가 있다.
- 형제들은 같은 가족 내에서 모두 같은 경험을 할 것으로 보이지만 형제 순위에 따라, 출생 전후에 가족에게 발생한 사건이나 상황에 따라 제각기 다른 환경을 경험하게 된다. 동일한 사건에 대해서도 형제간에 경험하는 것은 서로 다르다.
- 출생순위에 따른 특성을 알아두는 것은 특정 순위의 자녀가 어떤 특성을 나타낼지, 가족 정서과정에서 어떤 역할을 할지, 다음 세대에서 어떤 유형의 가족관계 유형으로 나타나는지 예측하는 데 도움이 된다.

⑦ 정서적 단절(emotional cutoff)

- 세대 간의 불안을 처리하는 방법으로서 해결되지 못한 정서적 애착으로부터 도피하는 것을 의미한다. 즉, 극심한 정서적 분리의 양상을 의미한다.
- 세대 간 미분화의 결과로 나타난다. 세대 간 정서적 융합이 심할수록 정서적 단절의 가능성도 높아진다. 융합이 심한 사람은 가족과의 정서적 접촉을 회피함으로써 문제를 해결하려고 하지만 고립된 소외에서 오는 불안으로 다른 사람과 관계를 맺으면 또 다른 융합을 초래한다.

⑧ 사회적 퇴행

가족의 정서과정을 사회적 정서과정으로 확장한 개념이다. 가족이 지속적, 만성적 불안에 처하게 되면 감정적으로 반응하고 결정하게 된다. 이와 마찬가지로 사회의 불안이 증가하면 사회의 분화수준이 낮아지는데, 이는 과도한 집단결속에 따른 따돌림, 사회적 분열 및 갈등 등을 비롯해 개인의 자존감 · 자율성 저하, 대인관계 회피 등의 역기능으로 이어질 수 있다.

(3) 대표적 기법 ★꼭!

① 탈삼각화

- 가족 내 두 사람 사이에서 스트레스나 긴장관계가 발생했을 때 제3자를 두 사람의 상호작용체계로 끌어들이는 것을 삼각화(혹은 삼각관계)라고 한다. 삼각관계는 문제를 해결하는 데 도움이 되지 못하고 오히려 문제를 은폐하거나 분산하게 한다. 따라서 제3자를 두 사람의 관계에서 분리시켜 탈삼각화를 통해 가족원들이 자아분화하도록 한다.
- 부부간 갈등이 심한 경우 자녀를 삼각관계로 끌어들이게 되는데 사회복지사는 제3자를 분리시켜 부모가 그들의 갈등을 스스로 다루게 해야 한다. 또한 사회복지사를 삼각관계로 끌어들이려는 경우에는 이에 끼어들지 않고 객관적인 자세를 취해야 한다.
- 탈삼각화 과정에서 제3자를 분리함에 따라 남은 두 사람의 혼란, 불안, 긴장이 크게 나타날 수 있다. 이때 사회복지사는 의도적으로 제3자 대신 두 사람 사이에 개입해 긴장을 완화해나가는 방법을 취할 수 있으며, 이를 치료적 삼각관계라고 한다. 치료적 삼각관계에서 사회복지사는 중립적인 입장에서 두 사람이 만드는 분위기나 어느 한 사람의 감정에 끌려가지 않도록 주의해야 하며, 탈삼각화를 유도하기 위한 정도로 진행해야 한다.

② 가계도

- 가족의 문제를 사정하기 위해서도 사용되지만, 치료적으로도 활용한다.
- 다세대에 걸쳐 내려오는 가족체계의 문제, 가족역할, 유형, 갈등, 단절, 삼각관계 등을 알아볼 수 있다.

2. 미누친의 구조적 가족치료

(1) 특징

- 가족을 재구조화함으로써 가족이 적절한 기능을 수행할 수 있도록 돕는 가족치료 방법이다.
- 가족구조의 불균형(경계가 불분명하거나 지나치게 밀착되어 있는 것, 위계질서의 모호함, 체계 간 경직성 등)의 결과로서 가족문제가 발생한다고 보고 가족구조의 변화, 즉 가족의 재구조화를 목표로 한다.
- 변화는 하위체계들의 역할과 책임이 명확해지고 이것을 가족구성원 모두가 수용할 때 일어난다고 본다.

보웬가족치료와 가계도

보웬 가족치료이론은 체계적 관점의 가족치료모델로서 원가족 관계에서의 부모와 자녀의 분화 정도가 핵가족에서도 전수된다는 개념에서 출발한다. 따라서 핵가족 내 부모와 자녀 사이의 자아분화 정도에 초점을 두고, 삼각관계에 개입하여 탈삼각화를 꾀하며, 세대 간에 전수되는 문제들을 사정하기 위해 가계도를 활용한다.

경계만들기, 실연, 합류하기, 균형 깨트리기 등 개입기법이 어떻게 적용될 수 있는지를 살펴보는 것이 중요하다.

구조적 모델에서 핵심단어는 경계, 하위체계, 가족의 재구조화!

- 가족 역기능의 주요 원인: 하위체계 간의 불건전한 동맹과 분절, 지나친 경직과 불분명한 경계선 등
- 대표적인 학자: 미누친(Minuchin)
- 사회복지사의 역할: 가족구성원과 그 성원 간의 규칙 및 역할의 습득 방법을 가족에게 이해시킴으로써 가족을 원조하며, 가족원 간 경계선을 바꾸거나 하위체계를 재정비하기 위하여 가족성원 각각의 행동과 경험을 바꾼다.
- 개입목표: 가족구조의 변화, 즉 역기능적인 가족체계를 기능적인 구조로 바꾸는 것이다.

(2) 주요 개념 ★꼭!

① 경계
- 체계와 체계를 구분하는 보이지 않는 선이다.
- 가족의 상호작용 과정에 구성원 누군가가 어떠한 방법으로 참가할 수 있는가에 대한 규약이다.
- 하위체계 간의 상호역동은 경계가 명확한지, 밀착되었는지, 경직되었는지에 따라서 명확한 경계, 경직된 경계, 밀착된 경계로 구분한다.

② 하위체계
- 가족체계는 각각 하위체계가 있으며 다른 체계와는 구별되는 기능을 한다.
- 하위체계의 유형으로는 부부 하위체계, 부모 하위체계, 부모-자녀 하위체계, 형제 하위체계 등이 있다.

③ 제휴
- 가족체계의 한 개인이 다른 구성원의 활동을 협력하거나 반대하거나 하는 관계를 가지는 것을 말한다.
- 제휴의 유형으로는 연합과 동맹이 있는데, 연합은 두 사람이 제3자에게 대항하기 위해 제휴하는 것이고, 동맹은 제3자와는 다른 공동의 목적을 위해 두 사람이 제휴하는 것으로 반드시 제3자와 적대관계에 있지는 않다.

④ 세력(혹은 권력)
- 가족 개개인이 상호작용을 통해 다른 사람에게 미치는 영향력을 의미한다.
- 절대적인 권한을 의미하는 것은 아니다.
- 가족성원들이 적극적·수동적으로 조화를 이루는 방법에 의해 만들어진다.

⑤ 가족구조

- 구조적 가족치료에서 구조란 '보이지 않는 일련의 기능적 요구'이다. 가족 원끼리 상호작용 방법과 연속성, 반복, 예측되는 가족행동 등을 조직한다 면, 가족은 고유의 구조를 가지고 있다고 볼 수 있다.
- 가족구조는 추상적 개념이므로 이를 이해하기 위해서는 가족성원 간에 존 재하는 인과관계의 규칙을 이해해야 한다.
- 가족구조를 사정하는 질문
  - 가족성원들은 언제, 어떻게, 누구와 상호작용을 하는가?
  - 가족성원 간 상호작용 유형은 어떻게 유지되는가?

(3) 대표적 기법 ⭐꼭!

① 경계만들기

- 가족 내 하위체계 간 모호한 경계 및 경직된 경계를 명확한 경계로 수정하 는 것이다. 이를 통해 가족성원 각자가 체계 내에서 적절한 위치에 있을 수 있도록 한다.
- 체계의 경계가 명확해짐으로써 가족 내 적절한 상호작용이 일어나고, 체계 의 순기능이 증가하며, 가족구조가 안정된다.
- 밀착된 가족에 대한 개입: 하위체계 간 경계선을 강화시키고 각 개인의 독 립성을 키워준다.
- 분리된 가족에 대한 개입: 가족성원 간 교류를 촉진시키고 경직된 경계선 을 완화시킨다.
- 부부연합을 강화하는 개입: 부모연합이 약한 가족인 경우 부부관계를 강화 하고 아이들과 상호작용으로 연합전선을 형성할 수 있도록 돕는다.

  > **예** 부부, 가족 전체, 아이들을 따로 만난다. 혹은 아이들을 빼고 부부만 밖에 나가서 할 수 있는 활동을 하 게 한다.

  > **예** 어머니가 지나치게 간섭하고 관여하는 청소년 자녀와 어머니 사이에 경계를 만들어서 자녀의 자율성을 확보한다. 자녀는 부모의 방해를 받지 않고 자신의 느낌과 생각을 표현할 수 있도록 하고, 부모는 자녀 의 이야기를 경청하도록 한다.

② 실연(enactment)

- 가족 간에 있었던 상황을 사회복지사 앞으로 가져오게 하는 것이다. 가족 갈등을 치료상황인 '지금-여기(here and now)'로 가져와 역기능적인 가족 성원 간의 교류를 분명히 드러나도록 함으로써 가족구조를 이해하고 구체 적인 정보를 얻을 수 있다.
- 실연은 있었던 일을 사회복지사 앞에서 재현하는 과정이며, 사회복지사는

합격자의 한마디

'경계만들기'라고 해서 없는 경계 를 만든다는 의미만 있는 것은 아 니라는 점! 경직된 경계를 유들유 들하게 만드는 것도 포함된다는 점! 헷갈리면 안 돼요.

이때 가족들의 (언어보다) 행동을 중요하게 살펴야 한다.

- 사회복지사는 실연 과정에서 가족의 역기능적인 부분에 초점을 맞추고, 역기능적 교류를 둘러싼 상호작용을 밝히며, 가족이 지금까지 해온 방식이 아닌 다른 상호작용 방식을 시도해보도록 한다.

  예 "두 분이 여기에서 그 점에 관하여 직접 이야기해 보시죠."

③ 합류하기(joining)

- 사회복지사가 개입장면에서 가족의 분위기를 파악하여 그에 맞추어 행동하거나 감정을 표현하는 것이다. 일반적으로 개입 초기단계에서 가족과 사회복지사의 거리를 좁혀주는 기능을 한다.
- 치료자는 가족의 언어적 · 비언어적 의사소통(제스처, 말하는 태도, 억양, 얼굴표정 등)과 감정표현을 모방함으로써 가족에 합류한다. 수용과 이해를 바탕으로 한 합류는 성원들의 변화의지와 동기를 이끌 수 있다.

한걸음 더 — 합류하기와 라포

합류하기는 사회복지사가 가족과 인간적인 관여를 하는 것인데 가족과 사회복지사가 신뢰 속에서 서로 협력하며 치료를 계속하기 위해서 매우 중요한 기법이다. 합류하기는 라포와 비슷한 개념인데 라포가 치료적 관계의 상태를 의미한다면, 합류하기는 사회복지사나 가족치료자 같은 치료자의 행동을 표현하는 용어이다. 합류하기에는 추적, 적응, 모방과 같은 구체적 기법이 있다.

- 추적: 기존에 가족이 가진 체계에 사회복지사가 순응하는 것이다. 즉, 가족이 지금까지 해 온 의사소통이나 행동을 존중하고 가족의 기존 교류의 흐름을 뒤따라가는 것(=추적)이다.

  예 가족이 말한 것을 반복하거나 가족이 말한 내용에 대해 지지적 언급을 하는 것 등
- 적응: 사회복지사가 가족의 교류에 자신의 행동을 맞추는 것으로서 가족교류의 법칙을 존중하고 그것에 따르려고 하는 것이다.

  예 가족의 중심인물이 아버지라고 판단되면 면담과정에서 사회복지사가 아버지에게 "막내아들에게 제가 질문을 해도 될까요?"라고 양해를 구하고 가족원과 교류한다.
- 모방: 사회복지사가 가족의 언어적 혹은 비언어적 행동을 사용하는 것이다. 가족의 독특한 행동을 따라하거나 감정 등을 모방해서 가족이 자연스럽게 사회복지사에게 친밀감을 느낄 수 있게 하는 것이다.

  예 "우리 집에도 그와 비슷한 일이 있어요."

④ 긴장 고조시키기

- 가족 내의 긴장을 고조시킴으로써 대안적인 갈등해결방법을 사용하도록 돕는 기법이다.
- 가족성원 간 의사소통 통로를 차단함으로써 가족원 간 긴장을 고조시킬 수 있다.

  예 모녀간의 의사소통을 계속 해석해 온 장남에게 "잠깐만"이라고 말하면서 의사소통 통로를 차단한 후

딸에게 "계속해서 이야기하세요. 저는 따님이 하는 이야기를 직접 듣고 싶어요"라고 말한다. 즉, 아들의 의사소통로를 차단시켜 긴장을 고조시켰지만 결과적으로 모녀간 접촉을 증가시켜 줌으로써 가족조직의 유통성이 생기며, 모녀의 하위체계가 가까워지므로 재구조화가 이루어질 수 있다.

- 가족성원 간의 의견 차이를 강조하여 가족원 간 긴장을 고조시킬 수 있다.
  사회복지사는 가족구조 내에서 발전해 온 가족원 간의 차이점을 강조하여 긴장을 고조시킨다. 가족원들에게 문제에 대한 의견을 질문하고, 이 문제에 대하여 의견이 다른 것을 가족성원 간에 의논하도록 한다. 은폐하려는 의견 차이를 오히려 표현하게 함으로써 긴장을 고조시켰지만 결과적으로 상대방을 이해하고 견해를 절충하여 상호교류 유형에 변화를 가져오게 된다.

  > **예** 가족성원이 서로의 의견 차이를 은폐하려고 할 때 "서로 의견이 다른데 한번 의논해보시죠"라고 하면서 서로의 차이를 강조하여 긴장을 고조시키는 것이다.

⑤ 과제부여

- 가족 상호교류에서 자연스럽게 발전될 수 없는 행위를 실연해 보도록 한 후, 가족이 해야 할 분야를 개발시키기 위하여 과제를 주는 것이다.
- 치료면담 중 내릴 수 있는 과제
  "3분 동안 방해하지 마세요", "위치를 바꾸어 서로 좀 더 가까이 앉으세요"라고 요구한다.
- 집에서 수행할 수 있는 과제
  - 아들이 소리 지르고 짜증을 내면서 말한다고 불평하는 어머니에게 아들이 소리 지르지 않고 짜증내지 않으면서 말하는 시간과 상황을 관찰해 오도록 한다.
  - 관찰 이후의 과제: 아들이 바람직하게 말을 잘할 때 칭찬하거나 이야기를 끝까지 들어줄 것을 과제로 부여한다.

⑥ 균형 깨뜨리기

- 하위체계 간의 관계를 재배치함으로써 가족 내 하위체계들 간의 역기능적 균형을 깨뜨려 기능적 균형을 갖게 하기 위한 기법이다.
- 사회복지사는 의도적으로 일부 가족성원의 편을 들기도 한다.

  > **예** 지배적인 남편과 순종적인 아내 사이에서 사회복지사는 아내의 편을 들어 자기주장을 할 수 있게 한다.

⑦ 증상 활용

- 구조적 모델은 가족원 사이의 상호작용 속에서 개인의 증상이 나타난다고 보기 때문에 개인의 증상을 다룸으로써 가족의 변화가 가능하다고 본다.
- 증상 활용에는 증상에 초점두기, 증상을 강화하기, 증상을 무시하기, 새로운 증상으로 초점 옮기기, 증상 재명명하기 등의 방식이 있다.

3. 사티어의 경험적 가족치료: 성장모델 22회기출 🏆

(1) 특징 ★꼭!

- 경험적 가족치료에서는 가족에게 통찰이나 설명을 해주기보다는 가족의 특유한 갈등과 행동양식에 맞는 경험을 제공하려고 노력한다. 따라서 가족이 보이는 역기능 양상이 다양한 만큼 그들이 가족에게 주려는 경험도 다양하다.

- 변화와 그 변화를 확장해 가면서 성장할 수 있는 인간의 능력에 바탕을 두고 있으며 개인과 가족의 잠재능력 개발과 자기실현에 초점을 둔다는 측면에서 경험적 가족치료를 성장모델이라고 한다.

- 경험적 가족치료자들이 제공하는 '경험'이란 가족구성원들이 가족과 함께하는 깊은 교류를 의미한다. 가족성원이 자발적으로 자신을 열어 보일 수 있는 기회, 표현의 자유, 개인의 성장 등을 포함한다.

- 사티어는 성장과정을 체험하는 것이 치료라고 주장하면서 가족이 성숙한 인간으로 성장할 수 있도록 도와야 한다는 성장모델을 강조하였다. 또한 사티어는 체계론적 개념과 실증주의적 실존주의자들의 사상에 근거한 인간관을 발전시켜 인간은 역기능적 대처방식을 높은 자존감과 연결된 자기-돌봄 수준으로 전환시킬 수 있는 긍정적 생명력이 있다고 보았다.

- 건강한 가족: 사티어는 직접적이고 명백한 의사소통을 사용하며 융통성 있는 가족규칙, 외부체계와 융통성 있고 개방적인 가족을 건강한 가족이라고 보았다. 건강한 가족은 서로에게 감정표현을 자유롭게 하기 때문에 기쁨과 같은 긍정적 감정만이 아니라 실망, 공포, 상처, 분노와 같은 감정도 자유롭고 개방적으로 이야기한다.

- 병리적 가족: 사티어는 문제가 있는 가정의 의사소통은 모호하고 간접적이라고 지적하면서 이러한 의사소통은 가족원의 낮은 자아존중감에서 비롯된다고 하였다.

- 초점: 가족관계의 병리적 측면보다는 긍정적 측면에 초점을 둔다.

- 건강하고 정상적인 가족: 가족성원들이 서로의 성장을 돕는 가족

- 역기능적인 가족: 정서가 메말라 있고 회피적, 자기방어적인 가족

- 개입목표: 가족과 개인의 상호작용이나 경험 등을 변화시킴으로써 성장할 수 있는 경험을 하게 한다.

- 특징: 가족에게 통찰이나 설명을 해주기보다 가족의 갈등과 행동양식에 맞는 경험을 제공하려고 하며, 가족성원이 내적 경험을 개방하여 가족과의 상호작용을 촉진하게 한다.

(2) 주요 개념

① 자아존중감

- 자아존중감은 사티어의 경험적 모델의 핵심이 되며 치료의 결과적 목적이 되는 개념이다.
- 자아존중감의 형성에는 가족구조와 부모와의 관계가 중요하게 부각되는 생애 초기에 자녀가 어떠한 관계를 경험했는가가 중요하다.
- 부모-자녀관계에서 부모가 자녀에게 적절하게 반응하지 못하거나, 자녀가 자기가치와 자아존중감을 발전시킬 기회를 갖지 못한 경우에 자아존중감이 낮게 형성된 경우가 많다. 또한 부모가 역기능적인 의사소통을 보여주거나 의사소통의 내용이 부정적일 때 자녀의 자아존중감은 손상된다.
- 사티어의 모델은 개인의 낮은 자아존중감을 회복시켜 자신의 가치를 인정하고, 보유하고 있는 장점과 자원을 발견하고 활용함으로써 문제상황에 잘 대처할 수 있게 한다.

② 의사소통

- 사티어는 가족을 하나의 체계적 단위로 보며, 가족 내에서 일어난 모든 행동은 의사소통에 의한 것으로 본다. 즉, 가족이 기능적으로 움직이는지 혹은 역기능적인 병리적 가족인지를 결정하는 중요한 요인 가운데 하나가 의사소통체계라는 것이다. 따라서 사티어의 가족치료에서는 가족의 역기능적 의사소통의 맥락에서 확인하고 그러한 의사소통방법을 교정하는 것을 중시한다.
- 역기능적 의사소통의 공통점은 표현하는 언어적 메시지와 비언어적 메시지의 의미가 일치하지 않는 이중적 메시지로 전달될 때 생긴다. 이러한 이중의 메시지는 자존감이 낮으며, 다른 사람의 감정을 상하게 하는 것을 두려워하는 사람에게 나타나므로 사티어는 가족치료를 통하여 그들의 자존감을 높이려고 했다.

(3) 의사소통 유형

- 사티어는 사람들이 긴장할 때 보여주는 의사소통 및 대처유형을 관찰한 결과, 긴장을 처리하는 방식에 공통점이 있음을 발견하고, 이들 유형을 네 가지로 나누었다.
- 다음의 의사소통 유형 중 일치형을 제외한 네 가지 유형은 역기능적 의사소통 유형이며, 주로 자아존중감에 문제가 있음을 의미한다.

사티어는 겉으로 보이는 인간의 행동은 수면 위에 드러난 빙산의 일각이라고 보면서 심리적 내면에 대한 이해를 강조했다. 빙산 탐색을 통해 일치형 의사소통으로의 변화 및 개인의 성장과 건강한 가족관계 수립을 꾀했다.

보충자료

사티어의 빙산 기법

사티어의 의사소통 유형

구분	특징	구분
일치형	• 언어적 메시지와 비언어적 메시지가 일치 • 메시지가 분명하고 직접적 • 진솔한 의사소통. 자신과 타인, 상황 모두를 고려함	기능적 의사소통
비난형	• 상대방보다 강하게 보이기 위해 타인의 결점을 발견하고 잘못을 남의 탓으로 돌림 • 타인의 말이나 행동을 비난하고 통제하며 명령 • "다 너 때문이야.", "넌 제대로 하는 것이 없어.", "나에게는 아무 잘못이 없어."	역기능적 의사소통
회유형 (아첨형)	• 상대방이 화를 내거나 자신을 비난하지 않도록 하기 위해 상대방의 비위를 맞추려 함 • 자신의 내적 감정이나 생각을 무시하고 타인의 비위에 맞추려 함 • 자기욕구를 표출하지 않음 • "다 내 잘못이야.", "난 신경쓰지마.", "당신이 원하는 게 뭐예요?"	
초이성형 (계산형)	• 매사에 비판적이고 분석적이며 평가하는 반응 • 자신의 감정을 잘 표현하지 않으며 실수하지 않으려고 노력함 • 전문적인 자료를 제시함 • "사람은 논리적이어야 해.", "최근의 연구자료에 의하면…….", "객관적 사실과 정확한 논리에 의해 판단하자면……."	
혼란형 (주의산만형)	• 타인의 말이나 행동과는 상관없는 의사소통을 함 • 상황을 제대로 파악하여 적절하게 반응하지 못하고, 의사표현에 초점이 없고 요점이 없음 • 지리멸렬, 주제에서 벗어난 동문서답	

(4) 대표적 기법

① 가족조각

가족조각은 가족구조나 기능을 살펴볼 수 있는 사정기법으로 8장에서 가족사정도구로 학습한 바 있으며, 치료적 개입기법으로도 사용된다.

• 개념

공간 속에서 가족구성원들이 몸을 이용해 가족의 상호작용양상을 표현하게 함으로써 가족에 대한 이해를 돕는 기법이다.

• 방법

가족성원 중에 한 사람이 조각자가 되어 자신이 지각하고 있는 상황을 각 성원에게 표현하도록 각자의 위치와 신체적 표현을 정해준다. 나머지 구성원들은 조각자가 표현하고 싶은 것이 모두 표현될 때까지 그 자세를 유지한다. 모든 가족이 조각해 보도록 한 후, 조각한 이후에 가족성원 전체가 경험한 것을 이야기하도록 한다. 이때 이성적인 피드백보다는 정서적 피드백이 더 중요하다.

• 특징

– 가족원들은 다른 성원들의 조각을 보는 과정에서 통찰력, 이해, 공감,

동정, 후회, 사과 등의 감정을 경험하게 된다.
- 주어진 공간에서 구체적으로 관계유형을 볼 수 있고 경험할 수 있다.
- 말없이도 다른 사람의 관점을 이해하는 수단을 제공하므로 특히 말이 서투른 가족원에게 유용하다.

② 역할극/역할연습, 역할반전

- 역할극 혹은 역할연습(role play)
  - 정상적 생활에서의 역할과는 다른 역할을 해보는 것을 말한다.
  - 사회복지사는 한 성원이 다른 성원의 역할이나 특성을 맡도록 요청하여 새로운 행동을 시행해 볼 기회를 제공한다. 또한 다른 사람의 내면에 대한 이해를 높일 수 있게 하거나 자신의 역할을 수행하지만 이전과는 다르게 행동해 보도록 함으로써 실제 생활에서 겪을 수 있는 위험에 대한 부담 없이 새로운 행동을 연습하게 하는 기법이다.
- 역할반전(role reversal)
  가족의 두 성원들이 서로의 역할을 바꾸는 경우를 말한다.
  에 아버지는 딸의 역할을, 딸은 아버지의 역할을 연기함으로써 서로에 대해 공감하고 이해할 수 있는 경험을 갖게 된다.

③ 가족그림

- 가족성원들에게 자신이 느끼는 대로 자유롭게 가족에 대해 그림을 그리게 하는 기법이다.
- 그림을 통해 가족원 자신이 가족에 대해 어떻게 느끼는지, 가족관계에 어떤 문제가 있는지 등을 이해할 수 있다.

④ 비유

- 주제나 생각이 유사한 다른 상황과 연결시켜 표현하는 기법이다.
- 가족이 자신의 문제를 밝히기를 부끄러워하거나 언급하기를 원하지 않을 때 사용한다.
  에 부부의 성생활을 식사에 비유해서 표현하기

4. 전략적 가족치료 ^{22회기출}

(1) 개요

• 전략적 가족치료는 여러 가지 형태가 있지만 기본적으로는 치료자가 가족의 문제를 해결하기 위한 전략을 고안하는 데 관심을 둔다.

• 전략적 가족치료 학파는 크게 세 집단으로 나누는데 처음으로 전략적 접근을 시도한 집단은 베이슨의 영향을 받은 MRI 집단이다. MRI(Mental Research Institute)에서 활동하는 헤일리는 몇몇의 가족치료사와 함께 독자적인 활동을 하여 또 하나의 집단을 형성하는데 이들의 치료방법을 '헤일리 접근'이라고 한다. 또 하나의 학파는 밀라노에서 주로 활동한 밀란모델을 들 수 있다. 즉, 이 세 집단은 기본적인 접근방법은 비슷하지만 각자 구체적인 개입방법 등을 달리하면서 독자적으로 발전하였다.

(2) 특징

• 전략적 가족치료는 인간의 행동이 일어난 이유보다는 행동의 변화에 관심을 가지며, 이론보다는 문제해결에 초점을 두는 접근방법이다.

• 인간의 행동이 왜 일어났는지보다는 행동의 변화에 관심을 가지기 때문에 특정의 문제를 해결하기 위한 다양한 전략을 시도한다. 가족의 반복적인 역기능적 행동에 직접적으로 개입하여 변화를 유도하고, 정교하게 계획된 전략으로 단기적이며 효율적인 개입을 추구한다.

> **예** 결혼생활에 문제를 느끼는 부부: 남편에게 아내를 위해 멋진 계획을 세워 아내를 놀라게 해주라고 지시함. 아내에게는 남편이 하는 일을 무엇이든 고맙게 받아들이라고 지시함

(3) 주요 개념 ^{꼭!}

① 전략적 가족치료 학파의 기초적 세 가지 가정

• 사이버네틱스이다. 어려움은 잘못 시도된 해결의 지속이나 정적 환류고리의 확대에 의해서 생기는 만성적인 문제이다.

• 구조적인 것이다. 문제는 가족권력이나 가족경계에 연합이 일어난 결과이다.

• 기능적인 것이다. 한 개인이 다른 누군가를 보호하거나 통제할 때 나타나는 문제는 전체 가족체계의 기능을 돕는다.

사이버네틱스

가족치료에서 사이버네틱스는 가족이 스스로 어떻게 움직이는가를 설명하는 개념이다. 사이버네틱스에 따른 가족치료 학자들은 가족체계는 자기조절 능력을 가지고 있으며, 긍정적·부정적 피드백에 반응하며 체계를 유지한다고 보면서, 가족 내의 피드백 고리나 역기능적 의사소통 패턴에 초점을 두었다.

- 1차 수준 사이버네틱스는 사이버네틱스 작용현상을 객관적 입장에서 그 작용 자체에 영향을 주지 않으면서 관찰 가능하다고 보는 것이다. 따라서 가족 내부에서 발생하고 있는 여러 가지 행동과정을 전문가가 객관적으로 발견한 후 일부 또는 전부를 수정하기 위한 행동을 취할 수 있다는 것이다.
- 2차 수준의 사이버네틱스는 체계를 관찰하는 사람과 관찰을 당하는 체계 사이에는 상호작용이 존재하므로 관찰자와 관찰을 당하는 체계를 포함하는 보다 큰 체계가 사이버네틱스의 대상이 되어야 한다는 것이다. 이는 가족을 대하는 전문가마다 관점이나 가치 등이 다르기 때문에 어떤 전문가가 그 가족을 파악하느냐에 따라 문제가 다르게 정의되고 수정될 수 있다는 것이다.

② 가족항상성과 증상

- 가족은 안정을 유지하고자 하는 기능뿐만 아니라 변화하고자 하는 기능을 동시에 갖고 있는 체계이다. 그런데 병리적인 가족은 변화보다 가족항상성을 유지하기 위해 기존의 방식을 엄격하고 완고하게 고집하여 융통성이 없다.
- 문제가 심각한 가족일수록 변화를 성장의 기회로 인식하기보다는 가족에 대한 위협으로 지각한다. 따라서 '증상'은 대인관계에서 어떤 이득을 취함으로써 유지되는 것이므로 관계에서 증상이 불이익을 가져다주게 되면 그 증상은 사라질 것이라고 가정한다.
- 가족 내 항상성이 변화하려면 일차적 변화에 더해 이차적 변화까지 일어나야 한다.
  - 일차적 변화: 표면적인 행동변화
  - 이차적 변화: 가족규칙의 변화

③ 이중구속(double-bind)

- 동시에 다른 수준에서 상호 모순되는 메시지를 보냄으로써 듣는 사람이 어떠한 메시지에도 선택적으로 반응할 수 없는 혼란스러운 상황에 놓이게 되는 것을 말한다.
- 이중구속이 발생하는 조건은 우선 중요한 관계를 맺고 있는 사람들이 관계를 지속하고 있는 상태에서 의사소통을 할 때, 첫째로 메시지가 주어지고, 두 번째는 처음의 메시지와 상충되고 더 추상적이며 듣는 사람이 벌이나 위협으로 지각되는 메시지(흔히 비언어적 메시지)가 주어진다. 이때 듣는 이는 두 가지 메시지가 서로 상반되는 내용을 담고 있기 때문에 그 사이에서

의사소통에 대한 관심

의사소통의 문제에 관심이 있는 가족치료모델로는 헤일리의 전략적 가족치료와 사티어의 경험적 가족치료가 있다. 전략적 가족치료는 의사소통을 가족관계의 성격을 규정하는 시도로 보며 말하는 내용보다는 방법에 초점을 두기 때문에 의사소통이 가족의 항상성을 어떻게 유지시키는지, 문제를 지속시키는지에 주목했다. 반면, 사티어의 경험적 가족치료는 의사소통의 과정을 중요시하며 특히 역기능적 의사소통 유형에 관심을 두었다.

이러지도 저러지도 못하는 상황에 처하게 된다.

- MRI 집단은 부모-자녀관계에서의 지속적인 이중구속 상황은 자녀를 불안과 갈등에 빠지게 하며 궁극적으로 정신분열과 같은 역기능을 발생시킨다고 보았다.

(4) 대표적 기법 ★꼭!

① 역설적 지시

- 문제를 유지하는 연쇄를 변화시키기 위해서 가족이 역설적이라고 생각하는 행동, 즉 문제행동을 유지하거나 강화하는 행동을 수행하도록 지시하는 기법이다.
- 전략적 치료모델에서는 문제해결을 위해 시도되었던 기존의 방법과 전혀 상반된 방법을 사용하는데, 치료자가 목표와 반대되는 것을 실행하도록 지시하여 보다 효과적인 결과를 초래하려고 한다. 그러한 방법은 역설적인 점이 있으므로 '역설적 지시'라 불린다.
- '변하지 말라'라는 메시지와 '변하라'라는 메시지가 동시에 전달되는 상황을 만든다. '변하지 말라'라는 메시지를 따르면 그 증상을 통제할 수 있게 되는 것이고, '변하라'라는 메시지를 따르면 증상을 포기하게 되는 치료적 이중구속 상황을 만드는 것이다.
- 대표적으로 제지기법과 증상처방, 시련기법 등이 있다.

⊙ 제지기법

- 변화의 속도가 지나치게 빠르다고 지적하고 가족원에게 천천히 진행하라고 경고하거나 또는 개선이 생길 때 퇴보에 대해 걱정한다.
- 이 방법은 대부분의 가족들이 문제와 이를 해결하기 위해 요구되는 변화들에 대해 양가감정을 가진다는 전제에 기초한다.
- 치료자가 가족에게 이 기법을 사용하면 가족은 양가감정 중에서 변화를 원하는 면으로 반응하게 되어 치료효과를 가져오는 결과를 낳는다.

> 예 문제해결을 위해 조급해하는 클라이언트 가족에게 사회복지사가 '너무 빨리 문제해결을 바라지 맙시다'라고 말하거나, '문제가 극적으로 갑자기 해결될 리가 없습니다'라고 말하면 가족들은 사회복지사의 생각이 잘못되었다는 것을 보여줘야겠다고 마음을 먹게 되고 자신들의 문제를 해결하기 위해 서두르게 됨으로써 문제가 해결된다.

⊙ 증상처방

- 클라이언트에게 증상행동을 계속하도록 격려하는 지시나 과제를 주는 기법이다.

- 클라이언트는 사회복지사 혹은 치료자의 지시를 거부하고 증상을 버리거나 혹은 지시에 순응하여 증상을 조절할 수 있는 통제권이 자신에게 있음을 인정하게 되는 원리를 이용한 것이다.

> **예** 잦은 부부싸움을 호소하는 남편과 아내에게 2시간씩 부부싸움을 매일 하도록 지시했다. 부부가 치료자의 지시대로 매일 2시간씩 부부싸움을 한다는 것은 부부싸움을 하거나 또는 하지 않는 것을 자신들이 스스로 조절할 수 있다는 것을 의미하므로 부부싸움을 그만 둘 수 있다는 것이 된다. 부부싸움을 조절할 수 있으니 부부는 부부싸움을 안하면 되는 것이다. 문제는 해결된다. 반면, 치료자의 지시에 따르기를 거부한다면 결과적으로 부부싸움을 안 하게 되는 것이니 이 또한 부부싸움 문제를 해결하는 결과가 된다.

ⓒ 시련기법(고된 체험 기법)

- 클라이언트가 가진 증상보다 더 고된 체험을 하도록 과제를 제시함으로써 결국엔 증상을 포기하도록 하는 기법이다.
- "증상을 가지는 것이 증상을 포기하는 것보다 더 많은 어려움을 줄 때 사람은 증상을 포기할 것이다"라는 전제에 바탕을 둔다.
- 클라이언트 자신에게 이득이 되지만 행동으로 실천하기에는 다소 어려움이 있는 행동을 증상이 있는 시기에 해보도록 지시한다.

> **예** 불면증이 있는 사람에게 밤새도록 책을 읽으라고 하거나 청소를 하게 한다.

② 재명명(재구조화 혹은 재구성, 재정의)

- 가족성원의 문제를 다른 관점에서 보거나 다른 방법으로 이해하도록 돕는 기법이다.
- 가족 내 한 성원이 다른 성원에 대해 갖고 있는 생각이 새로운 시각으로 변화하도록 돕는다.

> **예** 산만하고 부주의한 태수 → 적극적이고 도전적인 태수
> 자녀에 대한 엄마의 간섭 → 자녀에 대한 엄마의 관심과 배려

③ 순환적 질문

- 가족성원들이 문제에 대해 제한적이고 단선적인 시각에서 벗어나 문제의 순환성을 깨닫도록 돕기 위한 질문을 연속적으로 하는 기법이다.
- 클라이언트가 자신을 관계의 맥락에서 보게 하고 또 다른 가족원들의 관점에서 바라볼 수 있도록 한다.
- 가족의 문제에 대해 원인과 결과를 구분하는 단선적 관점에서 벗어나 문제의 순환적 성격을 분명하게 인식함으로써 가족성원들은 자신들의 제한되고 일방적인 시각에서 빠져나올 수 있다.[61]

> **예** "아내가 당신에게 화가 났다고 말했을 때 당신은 어떻게 반응했나요?"
> "남편이 아이들에게 고함을 지르면 당신은 어떤 기분이 드나요?"

잠깐!

시련 기법은 증상처방의 하위개념으로 소개되기도 할 만큼 이 둘을 명확하게 구분하기는 어려운 점이 있다. 개념적으로는 증상처방이 증상이 되는 행동 자체에 대한 과제라면, 시련은 증상이 아닌 다른 행동을 제시한다는 차이가 있다.

보충자료
**증상처방과
시련기법의 차이**

잠깐!

재구성 기법은 헤일리의 전략적 치료, 미누친의 구조적 치료, 사티어의 경험적 치료 외에도 다양한 치료적 접근분야에서 사용된다. 헤일리와 사티어는 역기능적인 것을 합리적이고 이해할 수 있는 언어로 재정의 해줌으로써 변화의 동기를 주려고 하였다.

합격자의 한마디

뒤이어 공부할 해결중심모델에서 다양한 질문기법이 등장하는데, 순환적 질문은 전략적 모델에 해당한다는 점 헷갈리지 말자!

④ 긍정적 의미부여

- 가족의 응집력을 향상시키고 치료에 대한 저항을 줄이기 위해 가족의 문제나 행동을 긍정적으로 재해석하는 것이다.
- 긍정적 의미부여의 기능은 가족의 저항을 불러일으키지 않으면서 가족의 변화능력을 드러나게 한다.
- 헤일리의 전략적 가족치료 중 재정의와 비슷하지만 밀란(Milan) 학파 가족치료 기법으로 분류된다.

  > **예** 자녀의 출산 이후 소원해진 부부관계를 가족의 생애주기에 따른 정상적인 변화로 재해석
  > **예** 부모에게 반항하는 자녀의 행동을 부모 사이의 갈등을 우회하기 위한 행동으로 재해석

5. 해결중심 단기가족치료 ^{22회 기출} 🏆

중요도 ★ ★ ★

가족치료모델 중에서도 가장 출제가 많이 된 것이 해결중심모델이다. 기본적인 특징부터 주요 질문 기법, 목표설정의 원칙 등 다양한 내용이 다양한 유형으로 출제되기 때문에 꼼꼼한 학습이 요구된다.

(1) 개요

- 해결중심 단기가족치료(Solution focused Family Therapy)는 사회구성주의의 영향을 받아 새롭게 등장한 가족치료모델로서 가족의 문제가 무엇인가를 파악하기보다는 가족이 원하는 해결이 무엇인가에 초점을 두어 가족을 도우려 한다.
- 문제를 해결하는 데 반드시 문제가 무엇인가를 밝힐 필요는 없으며, 그보다는 개입을 통해 가족이 기대하는 미래가 어떤 것인가를 분명하게 하는 것이 가족에게 더욱 도움이 된다고 본다.

(2) 특징 ^{꼭!} ⭐

합격자의 한마디

해결중심모델에서 핵심단어는 탈이론, 비규범, 현재와 미래, 문제가 아닌 문제해결에 초점, 목표설정, 다양한 질문 기법!

① 주요 원칙 및 특징

- 탈이론적이고, 비규범적인 모델로 클라이언트의 견해를 존중한다.
- 과거가 아닌 현재와 미래에 초점을 둔다. 특히 문제가 해결될 미래에 초점을 두는 미래지향적 모델이다.
- 클라이언트와 사회복지사가 함께 해결방안을 모색해가는 협력관계를 강조한다.
- 병리적인 것보다는 건강한 것에 초점을 둔다. 클라이언트가 성공했던 경험에 일차적인 초점을 두며, 장애나 결함 등은 되도록 다루지 않는다.
- '반복적으로 잘못 다룬 것'을 문제로 보고 이에 초점을 둔다.
- 한 명의 변화에 따른 파문 효과를 통해 가족문제가 해결될 수 있다고 본다.
- 클라이언트의 강점, 자원, 기술, 개성 등을 발견하여 치료에 활용한다.

- 변화는 항상 일어나는 불가피한 것이라고 본다. 이러한 변화를 해결책으로 활용한다.
- 치료목표는 달성할 수 있는 작은 것부터 세워나가며, 그 방법도 단순하고 간단한 것에서부터 시작한다.
- 단기간에 경제적인 해결을 추구하기 때문에 임시대응적이라는 비판도 있다.

② 중심 철학

클라이언트는 이미 문제가 나타나지 않는 예외 상황의 경험, 즉 해결책을 갖고 있다는 데에서 출발한다. 클라이언트가 이미 해결책을 갖고 있으며, 클라이언트가 가진 강점과 자원을 토대로 '문제'가 아닌 '해결'에 초점을 두어 개입한다. 다음과 같은 중심 철학을 갖는다.
- 내담자가 문제 삼지 않는 것은 건드리지 말라.
- 일단 무엇이 효과가 있는지를 알면 그것을 더 많이 하라.
- 그것이 효과가 없다면 다시는 그것을 하지 말고 다른 것을 행하라.

③ 개입목표와 원조방향

- 개입목표는 도움을 받으러 온 가족으로 하여금 그들 자신의 생활을 보다 만족스럽게 하기 위해서 현재하고 있는 것과는 다른 것을 하거나 생각해 내도록 하여 현재 가족이 가지고 있는 문제를 해결하는 것이다.
- 사회복지사는 직접적으로 무엇을 하라고 지시하고 가르치기보다는 가족들 스스로 문제해결의 방안을 찾아내고 사용할 수 있도록 원조한다.

(3) 주요 개념

① 사회복지사와 클라이언트의 관계 유형

- 불평형 클라이언트: 문제의 내용은 잘 알지만 문제를 남의 책임으로 돌리는 유형으로, 자신을 문제해결의 일부로 보지 않고 다른 사람들의 변화를 통해 문제가 해결된다고 생각함
- 방문형 클라이언트: 비자발적인 클라이언트로, '문제'는 자신에게 있는 것이 아니라 다른 사람에게 있다고 생각함
- 고객형 클라이언트: 자발적 클라이언트로, 문제해결을 위해 자신의 노력이 필요함을 인식하고 있음

사회복지사는 불평형, 방문형 클라이언트가 고객형 클라이언트로 전환될 수 있도록 해야 한다.

사회복지사와 클라이언트의 관계 유형

	특성	개입방법
불평형	• 문제의 내용은 잘 알지만 남의 책임으로 돌리는 유형 • 자신을 희생자라고 생각함 • 이해받기를 원함	• '치료를 위한 자원'으로 생각하기 • 긍정적인 면에서 바라보기 • 해결중심적인 대화를 하며, 내담자를 칭찬하고, 가능하면 문제의 예외상황을 발견하도록 하는 과제주기 • 문제를 다른 관점에서 관찰하고 깊게 생각할 수 있는 과제가 효과적임
방문형	• 비자발적 클라이언트 • 자신에 대해 문제의식이 없고 변화하려는 동기가 약함	• 동의하지 않은 상태에서 치료받으러 온 용기를 칭찬하고 의뢰한 사람의 관점 물어보기 • 클라이언트의 상황을 이해하고 수용하고 지지하기 • 클라이언트의 의사결정과 자율성을 존중하기 • 클라이언트의 동기와 문제에 대한 인식을 스스로 알 수 있도록 협조하기
고객형	• 문제를 분명히 인식함 • 자발적이고 적극적인 클라이언트	• 문제해결을 위한 클라이언트의 노력을 원조하기

② '알지 못함'의 자세

- 알지 못함의 자세(not-knowing posture)란 사회복지사 혹은 가족치료자가 언어적, 비언어적 행동을 통해 클라이언트에게 풍부하고 진실한 호기심을 전달하는 것을 말한다.
- 사회복지사는 클라이언트가 변화되어야 한다는 기대나 생각보다는 클라이언트의 말과 행동을 좀 더 많이 알고 싶어 한다는 자세를 보여야 한다.
- 클라이언트는 수치심, 비난에 대한 두려움 등으로 인해 자신의 약점에 관해 이야기하기를 꺼려할 수 있다. 이때 사회복지사가 보이는 '알지 못함의 자세'는 '아직 말하지 못한 것을 말해도 괜찮겠다'는 안전감을 느끼게 해주며, 이는 해결중심 상담의 시작이 된다.

(4) 해결중심모델에서의 목표설정 ⭐

① 목표설정을 위한 질문

사회복지사는 클라이언트가 문제해결에 대한 책임을 갖고 목표를 설정할 수 있도록 도우며, 목표설정 과정에서 다음 내용을 확인해야 한다.
- 클라이언트가 상담을 통해 원하는 것이 무엇이라고 말하는가
- 클라이언트가 원하는 것이 그들에게 어떤 변화를 줄 수 있을 것인가
- 클라이언트가 원하는 것을 위해 노력하고 있다는 것을 어떻게 알 수 있는가
- 클라이언트는 지금 원하는 것을 얼마나 경험하고 있는가

② 목표설정의 원칙

- 클라이언트에게 중요한 것을 목표로 한다.
- 쉽게 성취할 수 있는 작은 것을 목표로 한다.
- 구체적이고 명확하고 행동적인 것으로 설정한다.
- 문제를 없애는 것보다는 조금 더 나아지는 것에 관심을 둔다.
- 지금−여기에서 시작한다. 즉 원하는 결과를 성취하는 데에 초점을 두기보다, 현재 단계에서 필요한 것을 중심으로 한다.
- 실현가능하고 성취가능한 것을 목표로 한다.
- 목표를 수행하는 것이 힘든 일임을 인식한다. 목표를 수행하기 위한 노력 그 자체를 성공의 시작으로 본다.

(5) 대표적 기법 ★

해결중심모델에서는 일반적인 상담 기법(경청, 호기심 갖기, 초대하기 등)에 더하여 다양한 해결지향적 질문 기법, 메시지 작성·전달 및 과제부여 등을 활용한다.

여기서 설명하고 있는 질문 기법은 사회복지실천기술론 대학교재 중에서 공통적으로 많이 다뤄지는 기법들이다. 해결중심모델은 이 외에도 희망질문, 차이질문, 보람질문, 악몽질문 등 다양한 질문 기법을 사용한다.

① 치료면담 전의 변화에 대한 질문

- 클라이언트에게 계속적으로 변화가 일어난다는 것을 전제하고, 클라이언트가 면담을 예약한 후 현재 이곳에 오기까지 달라진 것이 무엇인지 질문한다.
- 첫 면담시간에 치료자가 클라이언트에게 문제의 심각한 정도가 어떻게 완화되었는지를 클라이언트 스스로 파악할 수 있도록 질문한다.
- 클라이언트의 잠재능력을 발견하고 클라이언트 자신이 의식하지 못하는 해결방안을 찾는 데 도움이 된다.

  예 "전화로 예약을 한 뒤 일주일이 지났는데요, 그동안 어떤 변화가 있었나요?"

  예 "제 경험에 의하면 처음 면담을 약속했을 때와 면담을 받으러 오는 사이에 혼전되어 있는 사람이 많았습니다. 혹시 민화 씨는 그런 변화를 느낀 적이 있나요?"

② 예외질문

- 문제해결을 위해 우연적이며 성공적으로 실시한 방법을 발견하는 것이다.
- 문제시되는 실패 경험보다는 성공했던 경험을 찾아내어 그것을 의도적으로 계속 실시하여 성공의 경험을 확장하고 강화하는 것이다.
- 문제가 없었던 상황은 문제가 있는 지금 상황과 어떻게 달랐는지 탐색하게 함으로써 문제해결이 안 된 그 상황을 확대하기 위한 단서를 찾게 한다.
- 문제가 발생하지 않는 때는 언제인가? 문제가 발생하지 않았다는 것을 어떻게 아는가? 문제가 발생하는 상황과 발생하지 않는 상황의 차이점은 무

엇인가?

> 예 "상우가 엄마에게 지나치게 짜증을 내고 소리 지르지 않을 때는 언제인가요?"

> 예 "어떤 상황에서 민호는 컴퓨터 게임에 빠지지 않고 숙제를 잘 하나요?"

> 예 "최근에 문제가 일어나지 않은 때는 언제였습니까?"

③ 대처/극복질문

- 클라이언트가 절망적인 상황에서도 잘 견뎌내어 상황이 나빠지지 않은 것을 강조하고, 위기에서 살아남기 위해 적용한 방법을 파악하는 질문이다.
- 문제상황에 있는 클라이언트에게 경험을 활용하도록 하고 새로운 힘을 갖게 하며, 자신의 자원과 강점을 발견하도록 하는 데 도움이 되는 질문이다.

> 예 "그렇게 힘든 상황에서도 모든 것을 포기하지 않고 어떻게 오늘까지 지탱해 왔나요?"

> 예 "지금까지 해 온 것을 유지하기 위해 무엇을 해야 하나요?"

④ 기적질문

- 기적이 일어나서 문제가 해결되었다고 상상하게 함으로써 문제 자체보다는 문제와 별개로 해결책을 생각해보게 하여 기적이 일어났을 때 달라질 수 있는 일들을 실제 행동으로 해보게 하는 것이다.

> 예 "오늘 집으로 돌아가서 잠을 잤는데, 밤새 기적이 일어나서 문제가 해결되었다고 가정해 봅시다. 아침에 일어났을 때 무얼 보고 기적이 일어났다고 알 수 있을까요?"

- 기적에 관한 질문을 한 후 클라이언트가 미래를 이끌어갈 책임이 있다는 생각을 할 수 있도록 질문을 계속한다.

> 예 "이 기적이 앞으로 더 자주 일어나려면 어떻게 해야 할까요?"

⑤ 척도질문

- 구체적인 숫자를 이용하여 가족성원에게 자신의 문제의 정도, 변화 정도, 변화에 대한 의지 등을 표현해보게 하는 질문이다.
- 주의할 점은 과거에 초점을 두지 말고 현재와 미래에 초점을 두고 '오늘', '지난주'와 같이 시간을 규정하는 것이다.

> 예 "1부터 10까지 숫자에서 1은 문제가 없는 상태이고 10은 문제가 가장 심각한 상태인데 오늘 생각하기에 당신의 문제는 몇 점 정도에 해당하나요?"

> 예 "지난 한 주 동안 학교 생활은 몇 점 정도일까요?"

> 예 "이 문제를 해결하기 위해 몇 점까지 노력할 수 있나요?

> 예 "1점을 향상시키기 위해 당신은 무엇을 다르게 행해야 할까요?"

⑥ 관계성질문

- 클라이언트와 중요한 관계에 있는 사람들의 시각에서 클라이언트를 보게 하는 질문이다.

- 사람이 자신의 희망, 힘, 한계, 가능성 등을 지각하는 방식은 자신에게 중요한 타인이 자신을 어떻게 보고 있을 것이라는 생각과 밀접한 관계가 있는데 클라이언트는 문제가 해결되었을 때 자신의 생활에서 무엇이 달라질 것인지에 대해 전혀 예측하지 못하는 경우가 있다. 그러나 클라이언트가 자기 자신을 자신에게 중요한 타인의 눈으로 보게 되면 이전에는 없었던 가능성을 만들어낼 수도 있다.

  예 "보경 씨 아버지가 여기 계시다고 가정하고, 제가 아버지께 보경 씨 문제가 해결될 때 무엇이 달라지겠느냐고 묻는다면 아버지는 뭐라고 말씀하실까요?"

  예 "세영 씨가 잘 따른다고 했던 언니는, 세영 씨가 지금 문제를 해결하기 위해 어떻게 하는 것이 좋겠다고 얘기할까요?"

⑦ 간접적 칭찬

클라이언트가 가진 긍정적인 면을 질문의 형식으로 칭찬하는 것이다. 이를 통해 클라이언트는 자신이 갖고 있는 강점과 자원을 발견하고, 그동안 자신이 해온 노력을 자각하는 계기가 될 수 있다.

예 "어떻게 그렇게 매 끼니마다 새 반찬을 만드실 수 있어요?"

⑧ 호기심 갖기

클라이언트를 진단하거나 특정한 어떤 것을 하도록 강요하는 것이 아니라 클라이언트가 원하는 것과 그것을 성취하기 위해 어떻게 해야 하는가를 명확히 하도록 질문하고 그에 대한 반응에 호기심을 갖는 것이다.

호기심 갖기, 초대하기 등은 주로 면담을 시작하는 단계에서 쓰인다.

⑨ 초대하기

- 클라이언트가 상담으로부터 기대하는 바가 무엇인지, 클라이언트의 목적이 성취되고 문제가 해결되는 것 또는 발전을 나타내는 징조가 무엇인지에 대해 대화하도록 초대하는 기법이다.
- 사회복지사는 클라이언트가 미래의 삶과 인생을 어떻게 살고 싶은지 대화할 수 있도록 초대하는 역할을 한다.

⑩ 메시지 전달과 과제부여하기

- 해결중심치료에서는 치료자가 클라이언트와 상담을 하는 동안 관찰실에서 치료팀이 상담과정을 지켜보면서 메시지를 작성한다. 기본적인 치료가 끝나면 치료자는 관찰실로 들어가서 자문팀과 의논하고 메시지를 만드는 시간을 갖는다.
- 치료자는 치료팀과 함께 만든 메시지를 가족 클라이언트에게 전달한다. 주로 문제해결을 위해 한 일을 칭찬하여 가족의 자존감을 높이고, 필요한 경

우 문제와 관련된 정보를 제공하거나 교육을 진행하기도 한다. 이러한 메시지 전달은 과제와 연결된다.

- 사회복지사는 클라이언트에게 생각, 관찰, 확인, 행동하기 등과 같은 과제를 낼 수 있다. 이때 부여하는 과제는 잠재적인 문제나 당면한 문제가 해결될 수 있는 방향과 연관되어야 한다.

6. 다양한 실천기법

(1) 문제의 외현화

중요도

이야기치료, 문제의 외현화 등이 간헐적으로 출제되고 있다. 어떤 개념인지는 알아두도록 하자.

보충자료
탈근대주의 가족치료와 문제의 외현화

- 사회구성주의 관점에 기초한 이야기치료에서 사용하는 기법으로 표출대화 (externalizing conversation)라고 하기도 한다.
- 개별성원 혹은 가족을 가족문제로 보지 않고 문제만을 문제로 보는 것이다. 일반적으로는 가족의 어떤 특성 등을 문제로 보지만 이야기치료에서는 문제가 개인의 속성이나 내부에 존재하는 것이 아니라 외부에 존재하는 것으로 보며, 가족문제를 가족을 괴롭히는 존재로 보고 이야기한다.
- 클라이언트의 내면에 존재하는 문제가 진정한 문제의 실체가 아니라, 치료자와 클라이언트와의 관계를 통한 이야기 속에 문제의 초점이 있다.
- 문제의 외현화는 자신을 병리적이라고 생각하는 것으로부터 자유롭게 하기 때문에 인간이 지닌 잠재력과 가능성을 인식하고 인정하게 하며 강점을 개발할 수 있도록 촉진한다.

  예 자녀(도연)의 이기심 때문에 힘들어 하는 어머니에게 "도연이의 이기심이 엄마를 힘들도록 만드는군요"라고 말하는 것

  예 "아드님을 괴롭히는 ADHD(주의력 결핍장애)는 어떤 종류인가요?"

- 이야기치료
  - 이야기치료에서는 기본적으로 인간의 경험이 관찰이나 분석 가능한 존재하는 실체가 아니라는 것에 주목한다. 그리고 인간의 삶은 이야기 형식을 띠고 있고 사람들은 이야기를 만들고 또 그 이야기에 의해 자신이 삶을 형성해 나간다고 가정한다. 따라서 이야기치료에서는 문제 자체를 해결하는 것보다는 내담자가 가지고 있는 관점이나 의미 등을 재해석하여 새로운 이야기를 써나감으로써 자신들의 삶에 책임을 지는 적극적인 주체가 되도록 돕게 된다.
  - 이야기치료 모델에서는 내담자도 가족도 문제가 아니며, 문제 자체가 바로 문제로 간주된다. 이것은 문제의 외현화 혹은 외재화라고도 표현하는데 내담자의 특성이나 가족의 구조, 역기능 등이 문제가 아니라 문

제는 내담자 개인과 가족과는 분리된 외부적 존재, 실체로 보는 것이다. 이야기치료에서는 직접적으로 문제를 다루고 해결하는 것을 목표로 삼지 않는다. 대신 내담자를 사회정치적으로 구성된 관점과 개념, 억압적인 문화의 구성으로부터 해방시키고 내담자의 자아상을 약한 것에서 강한 것으로 변화시키는 것에 초점을 맞추는데 이는 내담자에게 능력을 부여하여 내담자 자신들이 삶의 책임을 지는 적극적인 주체가 되도록 돕기 위함이다.

– 이야기치료모델에서 치료자의 역할은 직접적으로 문제를 해결하는 것을 목표로 하는 것이 아니라 내담자가 사회정치적으로 구성된 관점과 개념, 억압적인 문화의 구성으로부터 해방될 수 있도록 돕고, 내담자의 자아상이 약한 것에서 강한 것으로 변화될 수 있도록 돕는다. 즉, 내담자에게 능력을 부여하여 자신들 삶의 책임을 지는 적극적인 주체가 될 수 있도록 돕는 역할을 수행하게 된다. 이러한 역할을 수행하기 위해서 치료자는 내담자의 이야기에 강한 관심을 갖고 공감적이고 협력적인 태도를 가져야 한다. 내담자의 이야기를 들으면서 내담자 삶 속에서 강점이나 유능했던 것들을 찾아주어야 한다. 내담자들을 개인적인 삶의 역사를 가진 존재로 여김으로써 그동안 지니고 있던 내면화된 지배적인 이야기로부터 분리시킬 수 있게 한다.

(2) 가족중재

• 사회복지사가 가족에게 감정적으로 깊이 관여하기보다 중립자적 입장에서 단순히 구조화된 과정을 안내하는 것이다.
• 부모와 자녀 간 갈등이 심한 경우, 사회복지사는 부모의 권위를 존중하는 한편, 자녀의 주장도 존중되고 수용되도록 지원한다.

(3) 시연(행동시연, rehearsal)

클라이언트가 습득한 행동기술을 현실세계에서 직접 실행하기 전에 사회복지사 앞에서 반복적으로 연습하는 것이다.
• 숨겨진 시연: 클라이언트가 원하는 반응에 대해 속으로 상상해보고 반영해보는 것
• 명백한 시연: 클라이언트가 원하는 행동을 역할극에서 실제로 말로 표현하고 행동으로 나타내는 것

3

가족실천 종결과정

기출회차

1	2	3	4	5
6	7	8	9	10
11	12	13	14	15
16	17	18	19	20
21	22			

강의로 복습하는 기출회독 시리즈

가족실천 종결과정의 과제

초기과정	중간과정	종결과정
접수 자료수집 사정 계획	개입 점검	종결 평가

1. 종결단계의 과업

(1) 종결시기 결정하기(종결할 때가 되었는지 판단할 때 고려사항)

- 개입목표의 달성 정도
- 서비스 시간 내 제공 완료 여부
- 클라이언트의 문제상황의 해결 정도
- 사회복지사와 기관의 투자 노력
- 이득체감(더 이상의 만남이 큰 도움이 되지 않으리라는 것)에 대한 합의
- 클라이언트의 의존성
- 클라이언트에 대한 새로운 서비스 필요성의 여부

(2) 클라이언트와 사회복지사의 정서적 반응 다루기

- 분리과정 동안 경험하는 정서적 반응 서로 해결하기
- 클라이언트에게 종결은 중요한 감정적인 욕구를 만족시켜 온 관계가 사라진다는 고통스러운 과정을 의미하므로 심리적인 스트레스를 최소화하면서 효과적으로 종결하기 위해서는 클라이언트의 정서적인 반응을 다루어 주어야 함

(3) 개입을 통해 획득한 효과의 유지와 강화

- 획득된 성과를 유지하고 일반화하고, 클라이언트가 계속 발전할 수 있도록 계획하기

- 사후관리(follow-up): 종결 후 일정 기간(1~6개월 사이)이 지나서 클라이언트가 잘 적응하고 있는지 변화의 유지 정도를 확인하는 것

(4) 의뢰하기

목표가 달성되지 않았거나 혹은 달성되었더라도 클라이언트에 대한 새로운 서비스의 필요성 여부를 확인하여 새로운 서비스가 필요한 경우 의뢰한다.

(5) 평가하기

- 원조과정의 결과를 평가하고, 개입의 효과성과 효율성을 측정한다.
- 무엇이 클라이언트에게 도움이 되었고, 어떤 것들이 달리 진행되었어야 했는지를 알 수 있다.

10장 집단 대상 실천기법

한눈에 쏙!		중요도
❶ 집단의 개념 및 유형	1. 집단의 개념	
	2. 치료집단	★★★
	3. 과업집단	
	4. 자조집단	★★
❷ 집단사회복지실천	1. 집단사회복지실천	
	2. 집단사회복지 실천모델	★ 22회 기출
❸ 집단지도력의 요소와 유형	1. 집단지도력의 구성	
	2. 공동지도력	★
	3. 집단지도자의 역할과 기술	★★
❹ 집단역동성의 개념과 구성요소	1. 집단역동성	
	2. 집단역동성의 구성요소	★★ 22회 기출
❺ 집단의 치료적 효과	1. 집단의 치료적 효과	★★ 22회 기출

기출경향 살펴보기

이 장의 기출 포인트

출제율이 상당히 높은 장이다. 게다가 여기에 정리해둔 내용 중 출제되지 않은 내용이 없다고 할 만큼 모든 내용이 기출된 바 있다. 집단의 유형별 특징, 집단규칙·응집력 등 집단역학에 관한 요소, 집단의 장점(치료적 효과), 집단 지도자의 역할 및 기술, 집단 실천모델 등 꼼꼼한 학습이 요구된다.

최근 5개년 출제 분포도

연도별 그래프

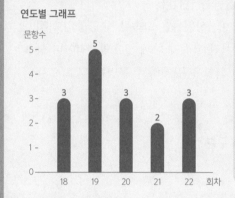

평균출제문항수

3.2 문항

최근 10개년 핵심 키워드

기출회독 117	집단의 유형	9문항
기출회독 118	집단역동성(집단역학)	7문항
기출회독 119	집단의 치료적 효과	5문항
기출회독 120	집단 지도자의 역할 및 기술	8문항

기본개념 완성을 위한 **학습자료 제공**

기본개념 강의, 기본쌓기 문제, ○X 퀴즈, 기출문제, 정오표, 묻고답하기, 지식창고, 보충자료 등을 **아임패스**를 통해 만나실 수 있습니다.

1

집단의 개념 및 유형

		기출회차		
1	2	3	4	5
6	7	8	9	10
11	12	13	14	15
16	17	18	19	20
21	22			

강의로 복습하는 기출회독 시리즈

Keyword 117

1. 집단의 개념[62]

(1) 정의

- 집단은 공통의 관심사를 지닌 사람들이 공동의 목표를 달성하기 위해 지속적으로 상호작용하는 두 사람 이상의 집합을 말한다.
- 2인 이상의 일정한 구성원을 갖고 있으며, 성원들은 소속감 및 공통의 목적이나 관심사를 가지며, 성원들끼리 정서적 결속과 함께 상호의존적이며 상호작용이 이루어지고, 성원의 기능과 역할을 규제하는 규범을 갖고 있는 인간 집합체를 말한다.

(2) 상호작용과 정서적 결속 정도에 따른 구분[63]

① 일차집단

매우 친밀하면서 자주, 긴밀하게 개인적으로 접촉하며 관계를 맺는 가족, 친구, 소규모집단 등을 말한다. 공통의 규범을 갖고, 지속적으로 광범위한 영역에 걸쳐 상호간 영향을 미치는 사람들로 구성된다.

② 이차집단

회사와 같이 목적을 달성하기 위해 인위적·수단적으로 계약에 의해 형성된 집단이다. 직접 대면하여 접촉하는 경우가 드물거나 직접 접촉하지 않는 경우도 있다. 규칙, 법률 등 공식적 기제에 따라 통제되며, 서로에 대한 관심이 낮다.

(3) 구성방법에 따른 구분[64]

① 자연발생적 집단(natural group)

자연발생적 집단은 자연적으로 발생한 사건이나 인간관계상의 매력 혹은 성원의 욕구 등을 기초로 하여 자연발생적으로 구성된 집단을 말한다.

예 가족, 또래집단, 친구들 등

② 인위적 형성집단(formed group)

- 인위적으로 형성된 집단은 외부의 영향이나 개입을 통해 의도적으로 만들어진 집단이다.
- 집단의 목적 성취를 위해서는 일반적으로 외부의 후원이나 협력이 필요하다.

  예 치료집단, 위원회 등

(4) 집단의 목적에 따른 분류

집단의 목적에 따라 분류할 경우 다양한 분류가 존재하지만 사회복지사가 자주 관여하는 집단은 크게 치료집단과 과업집단으로 구분되며, 일반적으로 다음의 차이가 있다.[65]

치료집단과 과업집단의 비교

구분	치료집단	과업집단
목적	성원의 사회·정서적 욕구 충족	특수한 과업이나 목표 달성
결속	집단성원의 개별적 욕구에 따라	수행해야 할 과업에 따라
역할	상호작용을 통해 발달	과업이 할당되며, 상호작용의 영향도 받음
의사소통	개방적	특정한 과업에 대한 토론에 초점이 맞춰짐
절차	집단에 따라 융통성이 있거나 또는 공식적으로 이루어짐	공식적인 안건이나 규정
구성	공동의 관심사, 문제, 특성 등에 근거	필요한 재능, 전문성, 노동 분화에 따라 구성됨
자기노출	높음	낮음
비밀보장	개인적 수준에서 처리되거나 집단 내에서 유지됨	개인적으로 처리될 수 있지만 공개되기도 함
평가	집단성원의 치료적 목적성취 정도에 따라 성공 여부를 평가함	집단성원이 성취한 과업이나 의무사항, 결과물에 의해 평가됨

2. 치료집단

치료집단(treatment group)은 교육, 성장, 치유, 사회화 등을 목적으로 하며 한 가지 이상의 목적을 동시에 갖기도 한다. 토스랜드와 리바스(Toseland & Rivas)는 치료집단의 주된 목적에 따라 다음과 같이 구분하였다.[66]

중요도 ★ ★ ★

집단 유형은 출제율도 높지만 출제 유형도 다양한 편이어서 더 주의 깊게 학습해야 한다. 다양한 집단의 유형별 특징을 파악하는 종합적인 문제 유형이 가장 많이 등장했지만, 성장집단, 과업집단 등이 단독으로 출제되기도 했으며, 사례에 적합한 집단 유형을 생각해보는 문제가 출제되기도 했다.

치료집단의 유형

집단의 종류	특징	예
지지집단	• 삶에서 장차 일어날 사건에 좀 더 효과적으로 적응하기 위하여 대처기술을 발전시킴으로써 성원들이 삶의 위기에 대처하도록 돕는 집단 • 유대감 형성이 용이하며, 자기개방 수준이 높음	이혼한 부부의 자녀로 구성된 집단, 자녀 양육의 어려움에 대해 공유하는 한부모 집단, 암환자 가족 모임
교육집단	• 집단성원들의 지식과 정보 및 기술향상이 목적 • 주로 강의나 토론 형태 • 성원 간 자기노출의 정도는 높지 않음	청소년 성교육 집단, 부모역할훈련 집단, 위탁부모 집단, 입양에 관심을 갖고 입양에 대해 정보를 얻고자 하는 부모의 집단, 특정 질병에 대해 정보를 얻고자 하는 사람들로 구성된 집단
성장집단	• 성원들의 자기인식 증진과 사고의 변화가 목적 • 질병의 치료보다는 사회정서적 건강 증진 중시	참만남 집단, 퇴직을 준비하는 집단, 잠재력 개발 집단 등
치유집단	• 집단구성원의 행동변화와 개인적인 문제의 완화나 제거가 목적 • 사회복지사 역할: 권위적 인물 • 자기노출 수준이 높음	외래환자를 대상으로 한 정신치료 집단, 금연집단, 약물중독자 집단
사회화집단	• 사회적 기술을 습득하여 사회생활에 효과적으로 기능할 수 있도록 원조하는 것이 목적 • 사회기술훈련 집단, 자치집단, 여가집단으로 나눔	과잉행동주의력 결핍 아동을 대상으로 하는 활동 집단, 퇴원한 정신장애인을 위한 사교집단

(1) 지지집단(support group) 꼭!⭐

① 집단의 목적

삶에서 장차 일어날 사건에 좀 더 효과적으로 적응하기 위한 대처기술을 발전시킴으로써 성원들이 삶의 위기에 대처하도록 돕는 집단을 말한다.

② 특징

비슷한 문제를 경험한 사람들로 구성되기 때문에 유대감 형성이 쉽고, 자기개방수준도 높다.

③ 사회복지사 혹은 집단지도자

집단지도자인 사회복지사는 집단성원들이 상호원조하면서 지지와 정보를 제공하고, 대처기술을 향상할 수 있도록 동기화시킨다.

④ 지지집단의 예

이혼가정의 취학아동모임, 암환자 가족모임, 만성장애환자나 환자의 가족들이 질병과 그로 인한 영향 등에 대처하는 방법에 대해 토론하고 정보를 공유하는 집단, 자녀 양육의 어려움에 대해 공유하는 한부모집단 등

(2) 교육집단(education group)

① 집단의 목적

- 집단성원들의 지식과 정보 및 기술 향상을 목적으로 한다.
- 집단성원들이 자기 자신과 자신이 속한 사회를 잘 이해할 수 있도록 교육을 통해 원조한다.
- 직접적인 교습활동을 통해 기술을 가르치고 정보를 제공하며, 지식을 습득할 수 있도록 돕는다.

② 특징

- 공통된 주제에 대한 학습을 위해 대체로 소수의 사람들로 구성된다.
- 지도자가 강의를 하는 형태로 정보제공이 이루어진다.
- 교육집단에서 집단성원 간 토론 등의 의사소통이 이루어지기도 하는데, 이는 정보나 지식을 교환하는 차원이기 때문에 개별성원의 자기개방은 거의 일어나지 않는다.

③ 사회복지사 혹은 집단지도자

- 교육집단의 지도자는 일반적으로 특정 분야의 전문가이거나 훈련을 받은 전문가인 경우가 많다.
- 집단지도자는 교사와 같은 기능을 하면서 집단의 상호작용이나 토론 등을 장려한다.

④ 교육집단의 예

청소년 성교육 집단, 위탁가정의 부모가 되려는 집단, 입양에 관심을 갖고 입양에 대해 정보를 얻고자 하는 부모의 집단, 특정 질병에 대해 정보를 얻고자 하는 사람들로 구성된 집단, 예비부모 교육을 받는 미혼 성인집단, 부모역할 훈련집단 등

(3) 성장집단(growth group) ⭐꼭!

① 집단의 목적
- 집단성원들의 자기인식 증진과 사고 변화를 목적으로 한다.
- 개인의 능력과 자의식을 넓히고 개인적인 변화를 이끌어낼 수 있는 기회를 제공하며 자아향상에 초점을 둔다.

② 특징
- 성장집단은 병리적 현상을 치료하는 것보다는 심리적 건강을 증진시키는 데 중점을 둔다.
- 집단은 성원들이 자신의 능력을 최대한 발휘하기 위한 하나의 도구로서 의미를 지닌다.
- 집단의 이질성 자체가 성장의 밑거름이 될 수 있으므로 일반적으로 서로 다양한 속성을 지닌 성원들로 구성하는 경우가 많다.
- 자기개방 정도가 높다.

③ 사회복지사
성원들은 집단활동을 자신의 성장기회로 여긴다. 이때 사회복지사는 성원들 상호간에 지지적 피드백이 이루어질 수 있는 분위기를 만들고 결속력이 강화될 수 있도록 한다.

참만남집단
(encounter group)
친숙하고 의견과 감정 등을 서로 나누어 가짐으로써 자기 자신의 내적 성장을 도모하려는 것이 그 특징이며, 집단의 역동보다 개인의 성장에 관심을 둠

④ 성장집단의 예
결혼생활 향상집단, 청소년 대상의 가치명료화집단, 여성을 위한 의식고양집단, 퇴직준비집단, 참만남집단, 잠재력개발집단 등

(4) 치유집단(therapy group) ⭐꼭!

우리 교재에서는 treatment group 을 치료집단으로, therapy group 을 치유집단으로 소개하고 있는데, 교재에 따라서는 treatment group 을 처치집단으로, therapy group 을 치료집단으로 번역하기도 한다.

① 집단의 목적
- 집단성원 스스로 자신의 행동을 바꾸고 개인의 문제를 완화하거나 대처할 수 있도록 원조하는 집단이다.
- 사회적 외상이나 건강상의 외상 이후에 스스로 회복하고 원상 복귀할 수 있도록 돕는다.

② 특징
- 일반적으로 다소 심한 심리적 · 정서적 문제 등 개인적 문제를 가진 성원들

로 구성된다.

- 집단성원들 사이에 상호지지를 강조하면서 동시에 치유와 회복에 중점을 둔다.
- 집단의 공동목적이 있지만, 성원들 개개인의 증상이나 문제가 다르기 때문에 개인마다 상이한 목적을 갖게 된다.
- 집단성원의 자기개방수준은 대체로 높지만 개별성원의 문제 정도에 따라 달라질 수 있다.

③ 사회복지사

- 인간행동에 대한 지식을 가지고 있어야 한다.
- 집단역동에 대한 이해 및 집단상담 능력과 행동변화를 가져올 수 있도록 집단을 활용할 수 있는 능력 등이 필요하다.
- 높은 인지능력과 통찰능력, 집단 내 건설적 분위기 유지 및 발달 능력 등이 요구된다.
- 집단지도 전문가인 사회복지사는 전문가, 권위적 인물, 변화대리인 (change agent)의 역할을 수행한다.

④ 치유집단의 예

정신역동 치유집단, 인지행동 치유집단, 외상 후 스트레스 장애 치유집단, 마약중독자 치료집단, 공황장애 치료를 받는 외래환자로 구성된 집단, 금연 집단 등

(5) 사회화집단(socialization group) ⭐

① 집단의 목적

- 사회관계에 어려움이 있는 집단성원들이 사회생활에 필요한 사회적 기술을 배우거나 증진시키는 것을 목적으로 한다.
- 성원들이 사회적 기술을 습득하고 사회적으로 수용되는 행동유형을 학습함으로써 지역사회의 생활에서 효과적으로 기능할 수 있도록 원조한다.

② 특징

- 프로그램 활동에 참여함으로써 개인적 기술을 향상시키려고 하므로 '활동을 통한 학습(learning through doing)'을 지향한다.
- 사회적으로 수용될만한 행동이나 사회적 기술을 배우고자 하는 사람들로 구성된다.

- 프로그램 활동, 구조화된 실천, 역할기법, 야외활동, 게임 등을 자주 활용한다.

③ 하위 유형과 예

- 사회기술훈련집단

  자기주장훈련집단처럼 의사소통에 어려움이 있거나 만족할만한 사회적 관계를 맺지 못하는 사람들을 대상으로 사회적 기술 등을 가르쳐 주는 집단이다.

  예 지역사회 적응을 준비하는 정신병원의 정신장애인 집단, 주의력결핍 과잉행동 아동을 대상으로 하는 활동집단, 자기주장훈련집단, 퇴원한 정신장애인을 위한 사교모임 등

- 자치집단

  치료적 공동체에서 원용한 것으로 정신병동이나 시설거주자들이 전문가로부터 부당한 처우를 받을 때 자신들의 욕구를 해결하거나 권리를 주장하기 위해 자치집단을 형성하고 토론하여 결정하는 과정에서 의사소통 능력을 향상시키고 갈등해결 기술을 배우게 된다.

  예 병원이나 시설 입소자의 자치집단

- 여가집단

  - 여가활동에 초점을 두는 집단으로 스카우트활동이나 클럽활동 등이 근원이 된다.
  - 여가활동을 통해 치료적인 효과를 얻고자 할 때 활용된다.

    예 악기 연주와 등산 등 여가활동을 포함하는 한부모집단 등

3. 과업집단(task group)[67]

① 집단의 목적

조직이나 기관의 문제에 대한 해결책 모색, 새로운 아이디어 개발, 효과적 원조전략 수립 등의 과업수행을 목적으로 한다.

② 특징

- 집단과 함께 일하고 노력할 주제에 대해 관심이 많은 사람이나 특별한 재능을 가진 사람들로 구성된다.
- 조직적인 문제에 대한 해결책을 찾고 새로운 아이디어를 내며 결정한다.
- 집단성원의 개인적인 성장보다는 방침을 만들어 나가면서 의사를 결정하고 명령을 수행하여 산출물을 만들어 내는 것에 초점을 둔다.
- 형식적인 일정과 규칙이 존재한다.

- 진행과정은 은밀하거나 공개적일 수 있다.
- 과제가 수행되고 나면 기능이 정지되어 집단이 해체된다.
- 일반적으로 자기개방 수준이 낮다.

③ 과업집단의 예

팀, 처리위원회, 직원발전집단, 위원회나 자문위원회, 이사회, 연합체, 대표위원회, 행정집단, 협의체, 치료회의, 사회행동집단, 사례회의 등

4. 자조집단

① 정의

자조집단(self-help group)이란 유사한 어려움이나 관심사를 가진 성원들이 자발적으로 집단을 만들어 동료끼리 경험을 나누어 개인적으로 바람직한 변화를 가져오도록 노력하는 상호 원조집단이다.

② 집단의 목적

집단성원 상호 간 문제상황에 대처할 수 있는 능력을 고양하도록 돕는 것을 목적으로 한다.

③ 특징

- 리더십과 통제는 집단구성원들에게 주어진다. 전문가의 도움보다는 집단성원의 경험에 기초하여 서로 도움을 주고받는다.
- 대인 간의 상호지지, 자신의 삶을 책임질 수 있는 능력 개발과 향상에 초점을 둔다.
- 성원 간 서로 도움을 주고 받음으로써 스스로에 대해 긍정적으로 느끼게 되고, 자신의 삶에 대해 적극적으로 대처하고 통제한다는 장점이 있다.

④ 지지집단과의 비교

- 마약이나 암 또는 비만, 공격적 행동, 정신질환, 도박, 가정폭력, 에이즈 등과 같은 핵심적인 공동 관심사가 있다는 점에서 지지집단과 비슷하다.
- 사회복지사는 집단에서 주도적인 역할을 하지 않고 다만 지지와 상담을 제공하거나 집단 밖에서 자원의뢰자 정도의 역할을 한다는 점에서 지지집단과 차이점이 있다.
- 지지집단에서는 사회복지사의 역할 비중이 높지만, 자조집단은 원칙적으

중요도

자조집단은 특히 구성원들의 자생적 집단이기 때문에 전문가 없이 진행되는 것이 원칙이라는 점(사회복지사는 단지 부차적인 지원만을 하게 된다는 점)을 기억해두자.

잠깐!

자조집단은 비슷한 관심사를 공유한다는 점에서 지지집단과 유사하다. 교재에 따라서는 자조집단을 지지집단의 한 유형으로 보기도 한다.

로 전문가의 도움 없이 운영된다.

⑤ 사회복지사의 역할

사회복지사는 집단에 대한 통제와 운영보다는 물질적 지지의 제공이나 다른 체계와의 연결기능, 정보와 지식, 자원 등을 알려주는 자문기능 등을 한다.

예 모임 장소 물색, 기금 마련 원조, 개인을 집단에 소개 혹은 의뢰하기 등

⑥ 자조집단의 예

단주친목모임(Alcoholics Anonymous, AA) 등

집단의 유형을 구분할 때에는 집단의 목적을 보자!

하나의 집단이 한 가지 이상의 목적을 동시에 갖기도 한다. '입양에 관심을 갖고 입양에 대해 정보를 얻고자 하는 부모의 집단'의 경우 정보제공과 학습이 주 목적이기 때문에 교육집단으로 분류되지만 이 사람들이 정보제공과 학습보다는 서로서로에 대한 지지와 격려 등을 우선적인 목적으로 집단을 구성했다면 지지집단이 될 수도 있다. 또한 '지지'와 '교육' 둘 다에 초점을 두면 지지집단이면서 동시에 교육집단이 된다.

즉, 어떤 사람들로 구성되어 있느냐 하는 것보다는 집단성원이 무엇을 원하는지, '집단이 목적하는 바가 무엇인지를 살펴보는 것'이 집단유형을 구분하는 핵심이 된다. 다만, 지지집단이라고 해서 교육의 목적이 전혀 없는 것은 아니며, 교육집단이라고 해서 성원 간 지지 제공 등의 기능이 전혀 없는 것은 아니다.

'알코올중독자 모임은 치유집단인가요, 자조집단인가요?', '알코올중독자 모임은 사회화집단은 안되나요?'라는 질문도 종종 받는데, 위에서 설명한 것과 같은 이유로, 치유집단일 수도, 자조집단일 수도 있고, 사회화집단일 수도 있으며, 여러 가지의 목적을 가진 집단일 수도 있다. 다시 한번 강조하면, 집단의 대상만 보고 집단의 유형을 단정 짓지 말자!

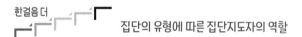

집단의 유형에 따른 집단지도자의 역할

집단지도자의 역할은 지도하는 집단의 유형에 따라 다를 수 있다.

이를 테면, 과업집단은 과업의 달성을 목적으로 하기 때문에 이때의 집단지도자는 집단 과정에서 성원들이 지나치게 개인적인 이야기로 시간을 허비하지 않도록 조절하면서 과업을 달성할 수 있도록 이끌어야 한다. 반면, 지지집단에서는 성원 간 친밀감, 유대감을 바탕으로 상호지지와 정보교환이 일어나기 때문에 성원들이 개인적인 이야기들을 많이 나누게 된다. 이때 집단지도자는 소외되는 성원이 없는지를 살펴보고 성원 간에 일어나는 갈등에 적절히 개입할 수 있어야 하며, 효과적인 대처기술을 발전시켜나갈 수 있도록 해야 한다.

2 집단사회복지실천

기출회차

1	2	3	4	**5**
6	7	8	9	**10**
11	12	**13**	**14**	15
16	17	18	19	20
21	**22**			

강의로 복습하는 기출회독 시리즈

1. 집단사회복지실천

- 집단사회복지실천이란 집단을 매개 수단으로 하고, 목표지향적 활동을 통하여 개인이 가진 문제를 해결하거나 개인의 강점을 더욱 강화시키고 집단이나 지역사회가 당면한 문제에 효과적으로 대처해나가도록 돕는 사회복지실천방법이다.
- 집단사회복지실천은 의도적인 집단경험을 통하여 개인의 욕구를 충족시키고 심리사회적 기능을 향상하도록 하며, 개인 및 집단의 당면 문제를 해결하기 위한 실천방법이다.
- 집단사회복지실천은 특정한 문제나 욕구가 있는 사람들로 구성된 집단을 대상으로 개인, 집단, 환경의 수준에서 집단지도 전문가의 지식과 기술을 기반으로 개입하는 것이다.
- 집단사회복지실천은 집단 및 집단역동, 집단성원, 집단지도자, 프로그램 활동으로 구성된다. 공통의 목적으로 구성된 집단은 상호작용에 따라 집단역동이 발생하며, 집단성원은 집단에서의 경험을 토대로 자신의 기능을 발전시켜나가게 된다. 집단지도자는 성원의 개별적인 목적과 집단의 목적을 달성하기 위해 적절한 프로그램을 활용한다.

합격자의 한마디

집단 프로그램에서 집단 및 프로그램은 그 자체가 목적이 아니라 목적달성을 위한 수단입니다!

보충자료

집단사회복지실천
관련 이론

2. 집단사회복지 실천모델[68] 22회기출 🏆

중요도 ★

(1) 사회적 목표모델(social goals model)

① 특징

- 사회적 목표모델은 집단사회복지실천의 초기 모델로서 인보관운동과 청년단체의 집단사회복지실천으로부터 성장했다.
- 집단사회복지실천 초기 전통에 근거를 두고 있어서 민주주의를 유지, 발달시키려는 사회적 목표를 강조한다.

여기서 공부할 3가지 집단 실천모델은 주요 기출영역은 아니지만, 집단사회사업의 성격을 살펴보는 차원에서 봐둘만한 내용이다. 특히 집단 실천과 관련해 다양한 내용들이 돌아가며 출제되기 때문에 한번쯤 눈에 익혀두면 좋다.

- 집단성원 각 개인은 사회에서 의미있는 참여를 할 수 있는 잠재력을 가지고 있으며, 집단은 효과적인 사회변화를 만들어낼 수 있는 능력을 가지고 있다고 본다.
- 사회행동이 개인의 심리적 건강에 영향을 미친다고 가정하므로, 개인은 자신의 욕구를 타인과 공통된 욕구로 만드는 존재, 자기추구를 사회에 기여하도록 전환시키기 위한 기회와 도움을 필요로 하는 존재로 간주된다.
- 민주적 집단과정을 중시한다. 초기에는 집단지도 전문가에 의해 집단의 목표가 결정되지만 점차 그 책임은 집단에게 이양된다.

② 집단의 목적
- 민주주의와 지역사회 정의를 유지하고 발달시킨다.
- 개인의 성숙과 민주시민의 역량을 개발한다.

③ 집단성원의 과업
사회적 의식과 사회적 책임을 발달시키는 것이다.

④ 사회복지사의 역할
- 사회적 책임의 가치를 심어주고 책임있는 시민으로서 적합한 행동형태를 자극하고 강화하는 역할모델로서 기능한다.
- 민주주의적 참여를 통한 학습이 가능하도록 집단 내의 민주적 절차를 개발하고 유지하는 역할을 한다.
- 집단 내의 사회의식을 개발하기 위해 '영향을 끼치는 자(influence person)'로서의 역할을 수행한다. 바람직한 역할모델을 제시한다.

⑤ 대표적 집단
지역사회 내의 범죄와 빈곤 같은 문제를 다루기 위해서 지역사회복지관이나 시민단체 등에서 활용된다. 오늘날에 공공주거단지에서 주민 자신들이 범죄에 대항하기 위해 조직한 집단, 보이스카우트/걸스카우트, 사회복지관의 지역환경지킴이 등이 속한다.

(2) 상호작용모델(reciprocal model)

① 특징
- 개별성원과 집단 간의 상호관계 또는 공생적 관계에 초점을 두는 모델로서 상호적인 관계를 통해 집단성원의 요구와 문제해결에 초점을 둔다.

- 집단활동 이전에 구체적인 목표를 정하지 않으며, 집단지도자와 집단성원들이 상호작용을 하면서 목표를 설정한다. 즉, 목표설정은 집단지도자와 집단성원 간 상호관계 속에서 이루어지는 집단작용의 본질적인 부분이다.
- 집단지도 전문가와 집단성원이 집단목표의 결정을 공유한다.

② 집단의 목적
- 집단의 문제를 해결하기 위해 집단성원과 집단 간의 상호원조체계를 구축하는 것에 초점을 둔다.
- 성원 간 상호원조체계를 개발하고, 집단을 통해 개인의 기능과 사회기능을 육성한다.

③ 사회복지사 역할
- 개인과 집단의 관계나 경계의 불균형을 방지하고, 상호원조체계가 되는 방법을 배우도록 돕는 조력자(enabler)나, 개인과 집단이 상호원조체계가 되도록 중재하는 중재자 역할을 한다.
- 사회복지사는 구성원과 권력을 공유하고 집단에 대한 통제권을 공유한다.

④ 대표적 집단
지지집단, 가정폭력피해자 집단 등

(3) 치료모델(remedial model)

① 특징
- 치료모델은 사회적 기능 수행에 문제가 있거나 문제가 발생할 확률이 높은 개인에게 원조하는 것을 강조하는 임상모델집단이다.
- 집단은 개인의 목적을 달성하기 위한 수단 혹은 도구이다.
- 세부적인 집단목표를 전문가가 사전에 결정한다.
- 집단을 통해 개인을 치료하는 것을 초점으로 한다.

② 집단의 목적
- 개개인의 사회적응 향상을 목적으로 한다.
- 집단 상호작용을 활용하여 역기능 행동을 하는 성원의 치료와 재활을 돕는다.

③ 사회복지사 역할
- 집단 형성과 운영에 막대한 힘과 영향력을 행사하며, 전문적인 변화 매개

인(change agent)의 역할을 한다.

- 지시적이고 계획적이며 목표지향적 역할을 한다.
- 사회복지사는 집단성원 개개인의 욕구와 집단의 욕구를 구체적 목표달성과 관련하여 미리 파악한 후 개입전략을 정하고, 이에 따라 집단회기의 내용을 미리 구조화해야 한다.

④ 집단성원 구성

- 집단성원은 집단의 목적에 따라 집단을 구성하도록 지침받은 사회복지사에 의해 선택된다.
- 집단성원은 자신의 문제나 어려움을 해결하기 위해 치료적 집단에 참여한다.

⑤ 대표적 집단

우울증 치료를 위한 집단, 치유(therapy) 집단, 알코올중독자 회복집단 등

집단사회복지 실천모델

	사회적 목표모델	상호작용모델	치료모델
이론	발달적 접근	상호작용주의	조직적 환경적 접근
집단의 목적	• 민주주의와 지역사회 정의유지 및 개발, 구성원의 사회의식과 사회적 책임 향상 • 지역사회 내 범죄, 빈곤과 같은 문제를 다루기 위해 형성됨	• 집단지도자와 성원의 상호작용을 통해 목표 형성 • 개인과 집단 간의 상호 또는 공생적 관계	집단을 통한 개인의 치료
활동의 초점	개인의 성숙과 민주시민의 역량 개발	성원 간의 자조, 상호원조 체계개발	개인적인 역기능 변화
집단지도자의 역할	역할모델, 교사, 조력자	중재자, 조력자	상당한 권위를 가진 변화매개인, 전문가, 조력자, 중개자 등
집단성원의 이미지	시민이나 이웃	공동의 목표를 달성하기 위해 협력하는 구성원	문제해결을 원하는 자
참여	개방적	지도자와 성원 간 합의로 자유롭게 가입	지도자의 통제
활동의 장	인보관, 지역복지관, 시민조직	사회복지관, 임상기관	사회복지관, 사회복지시설, 병원 등
대표적 집단/조직	청소년 유해환경 감시단, 지역사회환경 감시단	지지집단, 가정폭력피해자 집단	치유집단, 정신치료를 위한 집단

기출회차				
1	2	3	4	5
6	7	8	9	10
11	12	13	14	15
16	17	18	19	20
21	22			

강의로 복습하는 기출회독 시리즈

Keyword 120

3 집단지도력의 요소와 유형

1. 집단지도력의 구성

(1) 집단지도력의 개념

① 집단지도력(leadership)

- 의사소통을 통하여 집단목표를 달성하고자 영향을 주는 제반 힘과 과정을 말한다. 집단활동에 관계하는 모든 성원이 최대의 만족감을 가지고 효과적으로 목표를 달성할 수 있도록 한다.
- 구체적으로는 한 집단에서 타인의 행동에 영향을 미치는 것이며, 또한 이를 위해 그 집단이 추구해야 할 목표와 그 목표의 달성방법을 최종적으로 결정하고, 나아가 그 집단의 규범인 특정한 사회적 규범을 창출해내는 행동이라고 할 수 있다.

② 집단지도자(leader)

- 집단의 목표를 성취하기 위해 집단에 영향을 주거나 집단을 지도하는 사람을 말한다.
- 집단사회복지실천에서 집단지도력은 일반적으로 공식적으로 집단을 이끌도록 지도자로 위임된 사람인 사회복지사가 수행하지만, 집단이 발달하면서 집단성원들 사이에서 비공식적인 집단지도력이 발생하기도 한다.
- 보통 지도력은 사회복지사에 의해 단독으로 실행되지 않으며 사회복지사는 집단성원들이 그들 스스로에 대해서 그리고 전체로서의 집단발달에 대해 책임지면서 집단성원 자신의 힘을 발휘할 수 있도록 격려한다.
- 집단지도자로서 사회복지사는 집단과 개인이 바라는 목적을 달성할 수 있도록 집단 안팎에서 리더로서의 영향력을 행사한다.
- 집단 내부에서는 전체로서의 집단역동성을 변화시키기 위해 또는 개별성원들의 변화를 위해 개입한다.
- 집단 밖에서는 집단 및 성원들이 기능하고 있는 환경에 영향을 주기 위해 개입한다.

(2) 집단지도력의 힘(power)

① 사회복지사에게 부여되는 힘(attributed power)
- 집단성원 또는 집단 외부의 다른 사람에 의해 사회복지사에게 지도력이 있다고 지각되는 데서 생기는 힘이다.
- 힘의 원천: 전문적 위상, 조직 내에서의 위치, 경험, 사회복지사와 성원 간의 역할 경계, 자원에의 접근성 등

② 실제적 힘(actual power)
- 집단 안팎에서 조건을 변화시킬 수 있는 사회복지사의 자원에 관계되는 힘이다.
- 힘의 원천: 전문성, 정보, 합법성, 보상, 강제성 등

(3) 집단지도력에 영향을 주는 요인들 [69)]

① 효과적인 상황 요인들
- 집단성원들이 가지는 기대
- 집단지도력을 획득하는 방법
- 계획된 지도자와 집단이 발달하면서 출현하게 되는 지도자 사이의 경쟁 여부
- 전체로서의 집단이 가지는 목표, 욕구, 과업
- 집단성원의 사회 · 정서적 기술 및 과업
- 집단 내 · 외부에 있는 권위의 속성
- 집단과 집단지도력이 놓인 환경적 요구

② 집단지도력 유형에 영향을 주는 문제
- 결정의 질이 가지는 중요성
- 지도자가 질 높은 결정을 내릴 수 있을 만한 정보와 전문성의 확보
- 집단성원들이 질 높은 결정을 내리기 위한 정보의 양
- 문제가 구성되는 정도
- 결정에 따른 행동과 그 결정의 인정 정도
- 선례에 따라 집단성원들이 리더에 의한 독재적인 결정을 인정할 가능성
- 집단성원들이 조직적 목표를 획득하려고 동기화하는 정도
- 집단성원들이 선호되는 해결책에 반대할 가능성 정도

2. 공동지도력

중요도 ★

공동지도력의 장점과 단점을 파악하는 문제가 간헐적으로 출제되곤 한다.

공동지도력은 지도자가 둘 이상인 경우를 말하며, 코워커(co-worker)라고도 한다. 모든 지도자가 동등한 지위와 역할을 갖기도 하지만, 한 사람이 주지도자로서의 역할을 하고 다른 사람들은 보조적인 역할을 수행하는 방식으로 이루어지기도 한다.

(1) 공동지도력의 장점 ★

- 지도자의 소진(burn-out)을 예방한다.
- 한 지도자는 과업목표에 치중하고 다른 한 지도자는 사회·정서적 문제에 집중하는 식으로 역할분담이 가능하다.
- 한 지도자가 참석하지 못할 경우 다른 지도자가 지도할 수 있다.
- 모임에서 한 지도자가 정서적으로 격앙된 경우에 공동지도자와 함께 이런 정서적 문제에 관해 탐색해 볼 수 있다.
- 공동지도자가 참석해 있으므로 역전이를 어느 정도 방지할 수 있다.
- 갈등이 생겼을 때 집단성원들에게 적절한 갈등해결방법을 보여줄 모델이 될 수 있다.
- 지도자들이 지지적 자원을 얻고 환류를 얻는다.
- 경험이 없는 지도자들이 훈련받을 수 있고 성원들은 논쟁의 해결, 상호작용, 의사소통 등의 적절한 모델을 배운다.
- 프로그램 활동, 상황재현, 역할극 등을 수행할 때 서로 원조할 수 있다.
- 초보 사회복지사의 불안을 줄여주고 좀 더 침착하게 참여할 수 있게 해주며, 자신의 활동에 대한 피드백을 받을 수 있게 한다.
- 적합한 계획과 정확한 사정을 하도록 이끌어준다.
- 개입 시에 문제해결을 위한 전문가가 둘이라는 장점이 있다.
- 공동의 목적을 나눔으로써 지도자의 능력을 배가시킨다.
- 구성원의 욕구를 충족시키기 위한 역할을 구조화하는 기회를 갖는다.

(2) 공동지도력의 단점 ★

- 지도자 각각의 역할에 대한 토론이 부족하면 의사소통에서 문제가 발생한다.
- 지도자들이 제대로 기능하지 않으면 치료적 역할모델로서의 기능을 할 수 없다.
- 공동지도자 간에 화합할 수 없으면 집단지도에 일치성이 부족해지며, 서로 다른 목적을 추구하게 되어 집단이 양극화된다.

- 지도자 간에 권력 다툼, 갈등이 생기며, 경쟁관계가 발생할 수 있다.
- 서로에 대한 신뢰나 존경이 부족하면 상대방의 유능함이나 개입방법을 인정하지 않고 자신의 입장이나 방법만을 주장한다.
- 한 지도자가 다른 지도자에 대항하여 집단성원들과 결탁할 수 있다.
- 집단지도자가 자신들의 개인적 문제를 해결하기 위해 집단을 이용할 수 있다.
- 비용이 많이 든다.

공동지도력 활용의 장단점

공동지도력 활용의 장점	공동지도력 활용의 단점
• 지도자는 지지적 자원을 얻고 환류를 얻음 • 초보지도자들에게 훈련 경험 제공 • 성원들은 논쟁 해결, 상호작용, 의사소통 등의 적절한 모델 배움 • 프로그램 활동, 상황재현, 역할극 등의 수행 시 원조 • 초보 사회복지사의 불안 감소 및 활동에 대한 피드백 제공 받음 • 적합한 계획과 정확한 사정 가능 • 문제해결 시 두 전문가 활동 • 지도자의 소진 예방 • 지도자의 능력 배가	• 역할 조정이 잘 안될 경우 의사소통에서 문제 발생 • 지도자들이 제대로 기능하지 않으면 치료적 역할모델 기능이 불가능함 • 훈련된 지도자와 새 지도자가 함께 배치될 경우 갈등과 긴장 야기 가능성 • 지도자를 중심으로 하위집단 형성 가능성 • 비용이 부담됨

(3) 공동지도력 활용 시 유의점과 문제점 해결방법

- 얄롬(Yalom, 1985)은 훈련된 지도자와 새 지도자를 함께 배치하는 것은 갈등과 긴장을 야기할 수 있으므로 공동지도력을 수행할 때 각각의 지도자들이 똑같은 지위와 경험을 가질 것을 제안했다.
- 쿠퍼(Cooper, 1976)는 지도자 사이의 갈등은 집단의 결과에 결정적인 영향을 미친다고 하였다. 집단성원들은 한 지도자에 저항하고 다른 지도자를 따를 수 있다. 지도자들의 갈등을 인식하고 해결하기 위해 함께 협력할 수 있다는 모델을 보여주기 때문에 지도자들 사이의 갈등은 집단 내에서 해결하는 것이 좋다고 했다.
- 갈린스키와 스코플러(Galinsky & Schopler, 1980)는 지도자들 사이의 갈등에 성원들이 휘말리게 해서는 안 되며 성원들이 겪는 긴장감을 높일 수 있기 때문에 집단 내에서 갈등을 해결하는 것은 좋지 않다는 견해를 보였다.
- 지도자 간의 갈등 등 부정적인 면도 있을 수 있기 때문에 두 지도자를 활용하기 전에 신중히 고려해야 한다.
- 두 명의 지도자가 집단을 지도할 때에는 집단지도과정과 계획에 대해 정기적으로 만나 토론하고 사후모임을 갖는 등 공동의 시간을 갖는 것이 바람직하다.

3. 집단지도자의 역할과 기술

1) 집단사회복지사의 역할

사회복지사는 집단 전체와 개별성원의 목적달성을 돕기 위하여 집단지도자로 활동한다. 집단 내부에서는 집단 전체의 역동성을 변화시키기 위해 개입하고 집단성원이 변화함으로써 목표를 성취할 수 있도록 원조한다. 또한 집단 외부에서는 기관의 정책이나 집단활동에 필요한 자원을 확보하는 등 집단이 기능하고 있는 환경에 영향을 미치기 위해 개입한다. 집단지도자로서 사회복지사의 역할은 다음과 같다.

① 조력자(enabler)

- 성원들이 개별 목표를 달성할 수 있도록 계획을 수립하고 목표달성 활동에 대한 자신의 감정과 관심사를 표현하도록 격려한다.
- 성원들이 자신의 장점과 자원을 발견하고 이를 활성화시킬 수 있도록 원조한다.

② 중개자(broker)

- 집단성원들이 목표를 달성하는 데 이용할 수 있는 지역사회의 자원을 파악하여 집단성원에게 알려주며, 서비스 이용자격이나 조건 등에 대해서도 정보를 제공한다.
- 집단성원을 다른 기관에 의뢰하여 서비스를 받을 수 있게 한다.

③ 중재자(mediator)

- 집단 내 성원들 간에 갈등이 일어났거나 조직 간에 분쟁이 발생했을 경우 원조하는 역할을 한다.
- 중재자로서의 사회복지사는 한쪽의 편을 들지 않고 중립적인 위치에 서야 하며 개인적인 생각이나 가치를 배제하여야 한다.
- 대립하는 두 체계가 합의나 타협점을 찾을 수 있도록 의사소통이 이루어지게 한다.

④ 옹호자(advocate)

- 옹호자로서의 사회복지사는 특정 서비스에 클라이언트가 거부당하게 될 때 서비스를 확보하고 서비스를 확대할 수 있도록 원조하는 역할을 한다.
- 집단사회복지사는 필요한 서비스나 자원을 얻지 못하는 클라이언트를 대신

중요도 ★ ★

집단을 이끄는 리더로서 사회복지사가 어떤 역할을 수행해야 하는지를 살펴보고, 사회복지사가 사용하게 되는 다양한 기술들을 잘 정리해두자. 특히 촉진기술의 출제율이 높은데 각 기술이 상세히 출제되기도 했고 촉진기술과 행동기술을 구분하는 문제도 출제된 바 있다.

하여 그들의 관심과 욕구를 대변하여 집단성원들이 충족되지 못한 욕구를 지역사회기관이 알도록 하여 새로운 서비스나 자원을 개발하는 것을 원조하고, 현재의 상태나 규칙을 변화시키기 위하여 대항자의 역할을 하기도 한다.

⑤ 교육자(educator, teacher)

- 교사 혹은 교육자로서의 역할은 클라이언트의 사회적 기능이나 문제해결 능력이 향상될 수 있도록 교육적인 프로그램이나 정보를 제공하고 새로운 행동을 보여주어 행동모델이 되며, 문제상황에서 어떻게 해야 하는지 배울 수 있도록 역할연습을 해 보게 하는 것 등이다.
- 사회환경에서 얻은 정보를 융합하는 것은 집단의 문제해결기술 과정의 핵심이다. 따라서 사회복지사는 집단성원들에게 특정 상황에 대처하는 데 필요한 새로운 지식과 기술을 제공해주어야 하며, 적응기술을 익히도록 클라이언트를 가르치기도 한다.
- 사회복지사는 인간행동 변화에 대한 지식과 기술을 알아야 하며, 다양한 시청각적 교육방법을 활용하면 더욱 효과적이다.

2) 집단사회복지사의 기술

여기서는 토스랜드와 리바스의 이론에 따라 집단과정 촉진기술, 사정기술, 행동기술 등으로 구분하여 소개하고 있는데, 일부 교재들 중에는 집단과정에서 일어나는 모든 기술들을 집단과정 촉진기술로 소개하기도 한다.

토스랜드와 리바스(R. Toseland & R. Rivas)는 집단사회복지실천의 기술로 집단과정 촉진기술, 자료수집과 사정 기술, 행동기술 등 3가지를 제시하였다.

(1) 집단과정 촉진기술[70] ★꼭!

집단과정을 촉진하는 기술은 사회복지사가 집단과정에 영향을 미치려는 의도가 있을 때 사용한다. 집단과정을 촉진하는 기술은 집단성원 간의 이해를 증진하고, 개방적 의사소통을 형성하며 신뢰감을 형성시키는 데 도움을 준다.

① 집단성원의 참여를 촉진하기

- 집단에 참여한 성원들 모두가 집단과정에 참여하는 것이 이상적이다. 따라서 사회복지사는 소외되거나 침묵하고 있는 성원들이 생기지 않도록 집단성원들의 참여를 촉진해야 한다.
- 집단과정이나 활동 참여에 소극적인 성원들을 토론에 참여시켜 자신의 생활경험을 나누고 문제해결방법을 찾도록 원조한다.

② 사회복지사의 자기노출

- 언어적 표현이나 비언어적 행동을 통해 사회복지사가 자신에 대한 정보를 의도적이고 의식적으로 드러낼 수 있다.
- 자기노출은 사회복지사가 집단에서 현재 일어나고 있는 것에 대한 자신의 생각과 감정을 공개하는 방식으로 이루어지기도 하며, 자신의 경험을 집단성원에게 공개하는 방식으로 이루어지기도 한다.
- 사회복지사의 자기노출은 집단성원의 자기노출을 촉진시키는 방법이 될 수 있다. 또한 사회복지사와 집단성원의 관계가 자칫 사무적 관계로 흐를 수 있는 것을 방지할 수도 있다. 다만, 지나친 자기노출은 지도력에 손상을 줄 수도 있고, 신뢰감을 떨어뜨릴 수도 있다는 점에서 표현방식이나 노출수위를 적절히 고려해야 한다.

③ 집단성원에게 집중하기

- 집단성원이 말하는 것이나 행동하고 있는 것에 주의를 집중하는 것으로서 상대방의 말과 행동에 대한 느낌과 존중의 메시지를 전달하는 것이다.
- 사회복지사는 집단성원의 언어적 · 비언어적 의사소통을 적극적으로 관찰하고 주의깊게 경청하며 의사소통의 흐름을 따라가면서 집단성원에게 집중한다.
- 집단성원이 하는 말을 반복하거나 다른 말로 표현하는 것, 집단성원이 말한 바의 이면에 숨어 있는 의미에 감정이입적으로 반응하는 것, 집단성원과 눈맞춤을 하거나 고개를 끄덕임으로써 집단성원들에게 관심이 있음을 표현하는 것 등이 이에 해당된다.

④ 표현기술

- 집단성원들의 생각이나 느낌을 자유롭고 편안하게 표현하도록 원조하는 것이다.
- 집단성원들이 말하기를 꺼리거나 어려워하는 주제에 대해 사회복지사가 먼저 자기개방을 하면 개방적인 의사소통이 이루어질 수 있는 계기가 된다.

⑤ 반응기술

- 특정 집단과정에 선별적으로 반응하여 다음에 이루어질 집단과정에 영향을 미치는 기술이다.
- 집단성원의 노력을 지지하는 반응은 집단성원의 행동을 강화함으로써 그 행동을 계속하게 만들지만, 집단성원의 행동이나 말에 반응을 보이지 않거나 동의를 하지 않으면 집단원은 그 행동을 하지 않게 된다.

⑥ **집단 의사소통의 초점 유지하기**

• 집단과정의 특정 영역에 초점을 둠으로써 관련없는 의사소통을 감소시키고, 중요한 문제에 대해 심도있는 탐색을 할 수 있게 하는 기술이다.

• 구체적인 기술로는 명확화, 특정 의사소통의 반복, 토론범위 제한 등이 있다.

⑦ **집단과정을 명확하게 하기**

• 집단성원들이 어떻게 상호작용하고 있는가를 집단성원들이 인식할 수 있도록 도와주는 기술이다.

• 집단성원들이 자신의 감정, 사고 그리고 행동유형이나 상호작용에 대한 이해를 도모하기 위해 사용한다.

• 현재 일어나고 있는 일이 무엇이며 이에 대해 어떻게 생각하고 느끼는지, 특정한 상호작용 형태를 지적하거나 특정한 상호작용 형태가 만족스러운지 등을 물어봄으로써 집단과정을 명확히 할 수 있다.

⑧ **내용 명료화하기**

• 집단성원 간 상호작용의 내용을 명료화하는 기술이다.

• 집단성원의 의사소통을 원활히 하기 위해 집단성원들이 자신을 분명히 표현할 수 있도록 원조하고, 특정한 메시지를 집단성원이 잘 이해했는지 질문을 하거나 검토하기도 한다.

⑨ **집단 상호작용 지도**

• 집단의 목적 달성을 위해 특정한 방향으로 집단을 이끌어나가는 기술이다.

• 하위집단의 역기능적 작용을 수정하고 집단의 과업성취에 도움이 되는 상호작용을 촉진하며, 의사소통의 방향을 재조정함으로써 개방적인 의사소통을 장려하기 위해 사용한다.

• 특정 성원의 의사소통을 제한하거나 격려하며, 성원 간 의사소통을 연결하여 집단의 상호작용 형태를 이끌어간다.

(2) 자료수집과 사정 기술

자료수집과 사정 기술은 의사소통 유형에 어떤 영향력을 행사할 것인가를 계획하고 집단의 목적 성취를 위해 어떤 기술을 사용할 것인지를 결정하는 데 유용한 기술이다. 사회복지사는 집단성원의 문제를 이해하고 계획을 세우기 위해 질문을 하거나 정보를 요청하고 분석하는 기술들을 사용한다.

① 확인 및 묘사하기

- 사회복지사가 집단성원을 이해하고 문제에 대한 자료를 수집하기 위해서는 집단성원들이 특정 상황을 파악하고 묘사할 수 있도록 해야 한다.
- 사회복지사는 집단성원들에게 문제의 성격을 정확하고 구체적으로 표현하도록 도와주며, 문제와 관련된 현재뿐만 아니라 과거의 특성도 확인하고 기술하게 하여 성원들이 문제를 정확히 이해할 수 있도록 원조한다.
- 사회복지사는 집단성원이 여러 관점에서 상황을 바라보고 이해할 수 있도록 다양한 준거틀을 제시하거나 대안적인 해석을 제시하기도 한다.

② 정보를 요청하고 질문하고 탐색하기

- 집단성원에게 정보제공을 요청하고 질문을 하며 탐색하는 기술이다.
- 사회복지사는 집단의 각 성원과 집단에 관련된 정보와 감정, 생각을 파악하고 집단의 목적, 목표, 운영방법에 관한 각 성원들의 이해 정도를 파악하기 위해 또는 집단성원 간 관계를 파악하기 위해 탐색하기를 활용한다.
- 사회복지사는 문제와 관심사를 명확히 하고 모든 성원에게 유익한 추가정보를 파악하기 위해 사용한다.

③ 요약 및 세분화하기

- 요약하기: 집단에서 논의된 내용의 핵심을 묶어 간략하게 재진술하는 것이다. 새로운 논의를 시작하기 전에 이전까지의 주제의 핵심요소를 검토하거나 모임을 종료할 때, 집단성원들의 진척상황을 상기시켜줄 때 사용한다.
- 세분화하기: 복잡한 이슈나 문제를 다룰 때 작은 단위로 나누는 것이다. 문제가 너무 복잡하거나 어려워서 해결하기 어려워할 때 세분화를 하면 해결하기 쉽게 느껴지므로 문제해결 동기를 높일 수 있다.

④ 언어적 · 비언어적 의사소통 통합하기

- 집단성원의 언어적 의사소통과 비언어적 의사소통을 통합하는 기술이다.
- 집단성원 자신이 다른 성원들에게 어떻게 인식되고 있는지에 관한 피드백을 제공하는 데 유용하다.
- 집단성원이 하는 말이나 행동의 의미들을 연결하고, 숨겨진 의제를 표면화하며, 명확하지 않은 생각을 분명히 하는 것, 말이나 행동에 내포된 주제나 경향을 지적하는 것 등이다.

⑤ 정보분석하기

자료의 패턴이나 차이를 발견하며, 평가에 필요한 자료를 수집하는 방법 등을 설정하는 것이다.

(3) 행동기술

행동기술은 집단의 목적과 과업을 성취하도록 원조할 때 사용된다.

① 지지하기

- 지지하기는 심리사회적 기술 가운데 가장 핵심적인 기술로서 새롭고 어려운 상황에 대처하려는 자아를 지원해주는 것을 목적으로 한다.
- 지지는 일상생활에서 겪는 스트레스에 대한 대처능력을 향상시킬 뿐만 아니라 심리ㆍ사회적 안녕도 향상시킨다. 지지적인 관계 속에서 집단성원들은 안도감과 확신을 갖게 되며, 수용되었다는 느낌을 통해 불안감이 감소된다.
- 집단성원들이 서로 관심사를 나누고 의견과 감정을 솔직하고 자유롭게 표현할 수 있도록 격려하는 것, 성원들의 요구에 반응을 보여주는 것, 현실적인 기대를 설정하는 것 등이다.

② 재구성(재명명)

- 집단성원들이 문제나 상황을 사실에 맞게 다른 관점에서 볼 수 있도록 원조하는 기술이다.
- 다른 관점에서 문제를 봄으로써 대안적인 행동범위가 향상되기도 하고, 적합한 문제해결방법을 찾게 된다.

③ 집단구성원의 의사소통을 연결하기

- 집단성원들이 사회복지사에게 혹은 사회복지사를 통해 이야기하는 경우가 많이 있는데, 이 기술은 집단성원들이 사회복지사와의 의사소통을 주로 하도록 하는 것이 아니라 성원들 간 의사소통을 활발히 할 수 있도록 원조하는 기술이다.
- 초기의 사회복지사와 구성원 간의 일방적 대화패턴을 방지하고, 구성원 간의 상호작용에 도움을 준다.
- 집단성원이 하는 말이나 행동에 대해 다른 성원에게 의견이나 느낌 등을 표현하도록 격려하거나 집단성원들이 서로서로 이야기하고 도움을 청하도록 독려하는 것 등이다.

④ 지시하기

성원들이 프로그램 활동에 참가하도록 원조하거나 토론을 이끌어가고 정보를 공유할 때 집단의 활동을 지시하는 기술이다.

⑤ **조언, 제안, 교육**

• 일련의 특정 행동을 제안하거나 추천함으로써 직접적인 영향을 미치는 방법이다.

• 새로운 행동이 요구되거나 문제를 이해할 때, 문제상황을 바꾸려할 때 사용한다.

• 구성원들이 받아들일 수 있을 때가 적절한 시기이다. 사회복지사 혼자서만 사용해서는 안 되며 집단성원들이 서로 조언이나 제안을 주고받을 수 있는 원조체계가 되도록 격려해야 한다.

• 조언이나 제안을 한 뒤 집단성원들의 환류를 구하는 것이 사회복지사나 집단성원들에게 도움이 된다.

⑥ **직면하기**

• 직면하기란 말과 행위 사이의 불일치, 표현한 가치와 실행 사이의 불일치를 알아차리고 주의집중기술을 활용하여 이에 대한 피드백을 클라이언트에게 제공하는 기술이다.

• 집단성원의 행동과 진술 내용이 일치하지 않거나 차이가 있을 때 직면기술을 사용한다. 이러한 불일치를 보이는 성원에게 직면하기 기법을 사용하는 것은 집단성원이 자신의 사고, 행동, 태도 등을 검토할 수 있게 한다.

 예 "한편으로 당신은 ~라고 말하지만, 또 다른 한편으로 당신은 ~라고 말하고 있습니다."

⑦ **모델링, 역할극, 예행연습, 지도**

• 모델링: 사회복지사나 집단성원이 특정상황에서의 행동에 대해 시범을 보임으로써 다른 성원들이 따라할 수 있게 한다.

• 역할극: 집단성원이 특정상황을 실제로 연기해보는 것으로 성원의 기능을 평가하고 대인관계에 필요한 기술을 인식하게 하며, 성원으로부터의 피드백을 통해 개인의 행동을 변화시키는 데 도움이 되도록 한다.

• 예행연습: 역할연습이 끝난 후 피드백에 근거해 개선해야 할 행동을 연습해보는 것이다.

• 지도(코치): 대인관계에서 반응하는 방법에 대해 자세하게 알려주고 시범을 보여서 교육하는 것이다.

기출회차

1	2	3	4	5
6	7	8	9	10
11	12	13	14	15
16	17	18	19	20
21	22			

강의로 복습하는 기출회독 시리즈

Keyword 118

4 집단역동성의 개념과 구성요소

1. 집단역동성

(1) 집단역동성의 개념

• 집단성원 간 혹은 집단성원과 집단지도자가 함께 만들어내는 역동적 상호
작용을 집단과정(group process)이라고 한다. 집단과정은 개별 집단성원
뿐만 아니라 전체로서의 집단에 영향을 미치는 독특한 힘을 만들어내는데,
집단과정에서 만들어진 이러한 힘을 집단역동성이라고 한다.

• 집단역동성(group dynamics)은 집단역학, 집단역동이라고 한다.

• 일반적으로 집단역동성이라고 할 때는 집단성원의 상호작용에 의한 효과와
힘에 역점을 두고, 집단역학이라고 할 때는 이와 유사한 개념으로 사용되
거나 '집단의 역동성을 연구하는 분야'로 쓰이기도 한다.

(2) 집단역동성이 집단에 미치는 영향과 중요성 [71]

• 집단의 역동을 적절히 활용하게 되면 집단과 집단구성원 모두에게 긍정적
인 영향을 미치지만 집단역동이 집단 발전에 역기능적인 영향을 미치기도
한다.

• 긍정적이고 결속력 있는 집단은 성원들에게 좋은 영향력을 행사할 수 있으
며, 목표달성을 촉진시키고 만족스러운 관계를 만든다.

• 집단의 영향력이 무시될 경우 성급한 개인 공개 및 평가 압력과 같은 부정
적 영향이 생길 수도 있다.

• 사회복지실천에서 집단을 활용하여 집단구성원을 돕게 된 것은 집단에서
발생하는 사회적 힘, 즉 집단역동성이 집단성원을 변화하도록 작용하기 때
문이다.

• 집단지도 전문가인 사회복지사는 집단이 발달함에 따라 나타나는 집단역동
성을 잘 이해하고 활용해야 한다.

2. 집단역동성의 구성요소 22회기출 🏆

중요도 ⭐⭐

집단역동의 구성요소는 각각의 의미를 살펴보는 것도 중요하지만, 결국 어떻게 해야 집단역동을 증진시킬 수 있을 것인가가 중요하기 때문에 이에 초점을 둔 문제가 출제되고 있다.

집단역동성에 대한 개념이 다양하듯이 집단역동성에 영향을 미치는 요소들도 다양하게 제시되고 있다. 일반적으로 가치와 규범, 지위와 역할, 집단응집력, 집단 의사소통과 상호작용(정서적 유대, 하위집단 등), 집단의 크기와 물리적 환경, 집단문화, 피드백, 대인관계, 집단의 목적, 긴장과 갈등, 집단의 발달단계, 집단지도력, 집단응집력 등이 집단역동성을 구성한다.

(1) 사회적 상호작용과 의사소통

① 개념과 특징
- 사회적 상호작용이란 사회 속에서 이루어지는 개인들 및 집단 간에 이루어지는 모든 상호관계를 의미한다. 상호작용은 기본적인 집단과정이다.
- 사회적 상호작용 속에서 일어나는 다양한 개인 간의 접촉은 태도와 행동상의 변화를 초래하게 된다.
- 사회적 상호작용의 기초는 의사소통이며, 집단성원들은 언어 또는 비언어적 상징을 통해 서로에게 반응을 보인다.
- 집단성원의 의사소통은 언어와 몸짓, 손짓 등의 상호작용으로 이루어지는데, 의사소통은 주고받는 사람의 태도, 감정에 따라 달라진다.

② 집단 중심의 상호작용과 집단지도자 중심의 상호작용
- 집단 중심의 상호작용
  - 집단 중심의 상호작용은 성원 간에 자유롭게 상호작용이 이루어지는 것을 말한다.
  - 집단 중심 상호작용 유형에서는 성원 간의 사회적 상호작용이 증가하고 집단 사기가 높으며 성원들의 목표 성취를 위한 노력이 증진된다.
  - 초점 없는 피상적인 이야기로 인해 집단과정에 부정적 영향을 미치고 목표 달성을 어렵게 할 수도 있다.
- 집단지도자 중심의 상호작용
  - 집단지도자인 사회복지사에서 성원으로, 성원에서 사회복지사로 향하는 상호작용이 주로 이루어진다.
  - 집단지도자인 사회복지사나 일부 성원들이 집단의 의사소통을 독점하므로 집단성원 간 상호 의사소통 기회는 제한된다.

(2) 집단의 목적

- 집단사회복지실천에서는 대체로 사회복지사가 집단의 목적을 설정하고 집단의 규모 및 활동 등의 틀을 잡아 성원을 모집하고 선발한다. 집단의 목적은 집단의 구성 외에 의사소통 방식이나 규칙, 구체적인 활동 내용 및 이후 평가기준에도 영향을 미친다.
- 집단의 목적과 개별 성원의 목적이 항상 완전하게 일치하는 것은 아니다. 집단의 목적과 개별 성원의 목적이 어느 정도 일치하는지, 얼마나 다른지 등은 집단의 역동성에 영향을 미치게 된다. 사회복지사는 집단의 목적과 개별 성원의 목적이 연결되고 조화될 수 있도록 해야 한다.

(3) 집단응집력(결속력, cohesion) ⭐ 꼭!

① 집단응집력의 개념과 특징

- 집단응집력은 개별성원이 집단에 대해 갖는 소속감과 매력을 표현한 집단의 특성으로서 집단성원이 다른 성원에 대해 갖는 매력과 집단 전체에 대해 갖는 매력을 의미한다.
- 집단성원들은 집단에서 얻는 것이 많을 때, 즉 집단에 매력을 느끼고 있을 때 집단응집력(결속력)이 생긴다.
- 집단응집력이 높은 집단에서는 집단성원들이 의견 불일치가 있을 수 있으나 집단응집력이 낮은 집단에 비해 더 빨리 문제와 갈등을 해결하기 위해 노력한다.
- 집단응집력이 높을수록 집단의 목표를 달성하는 데 효과적이며 결과도 만족스럽다.
- 집단응집력은 집단의 목표달성 및 집단 내·외부의 참여, 자기노출, 출석률, 자발성 등에 영향을 미치는데 집단응집력이 형성되면 규칙적으로 집단에 출석하고 자발적으로 출석한다. 또한 집단에 대한 소속감이 생기고 '우리'라는 공동체 의식이 향상되며 성원 간에 친밀감이 형성된다. 또한 집단응집력이 강할수록 집단성원들은 자연스럽게 자기노출을 하고 이에 대한 저항감이 감소된다.

② 집단응집력 향상을 위한 원칙

- 집단토의와 프로그램 활동을 적극적으로 활용하여 성원 간 상호작용을 촉진시킨다.
- 집단원이 집단과정에 적극적으로 참여하고 목표를 달성할 수 있는 유능한 존재임을 인식할 수 있게 한다.

자기노출(자기개방) 기법

사람들이 어떤 정서를 경험하게 만든 스트레스나 외상과 같은 부정적 사건에 대해 말을 하거나 글로 쓰는 것으로 자신의 정서를 표현하는 치료법이다. 자신의 상황이나 문제에 대한 생각과 감정을 직접적으로 표현하기도 하고, 임의로 제시된 상황에 대한 자기 의견이나 느낌 등을 표현함으로써 간접적으로 드러내기도 한다.

- 집단원의 욕구가 집단 내에서 충족된 방법들을 파악할 수 있도록 돕는다.
- 목표달성에 초점을 두고 목표를 달성할 수 있도록 돕는다.
- 집단원의 상이한 인식과 관점을 인정하면서 성원들이 비경쟁적인 관계를 형성하면서 집단응집력을 높이기 때문에 집단원들이 협력관계를 형성할 수 있도록 돕는다.
- 집단의 규모가 크면 참여도가 낮아지고 집단응집력이 약화되므로 적절한 규모의 집단크기를 형성한다.
- 집단원들이 기대하는 바를 명확히 하고 집단원의 기대와 집단의 목적을 일치시키도록 한다.
- 집단원들이 현재 참여하고 있는 집단에 자부심을 느끼도록 돕는다.
- 사회복지사뿐만 아니라 집단원도 집단의 내용과 방향에 책임이 있음을 인식하도록 한다.

한걸음 더

집단응집력과 집단사고(groupthink)

제니스(Janis)는 어떤 집단의 응집력이 지나치게 높을 경우 집단사고가 나타날 가능성이 높으며, 이의 위험에 대해 지적했다. 집단사고는 집단성원들의 결정을 현실에 비추어 수정하지 못하고 단체로 자제력을 잃어버리는 것을 말한다. 지나치게 집단응집력이 높고, 집단이 고립된 경우, 폐쇄적인 경우, 공정한 집단지도자 전통이 결여될 경우에 집단사고가 나타난다고 보았다. 폐쇄집단의 경우 집단응집력이 높아지는 장점이 있지만 지나치게 폐쇄적일 경우 이러한 집단사고가 출현할 가능성이 있다.

(4) 하위집단

- 집단성원들이 상호 간에 공통점을 발견하거나 매력이 생기면 하위집단을 형성하게 된다. 하위집단은 집단성원 간에 공통된 관심사나 태도, 반응에 따라서 둘씩 혹은 서너 명으로 이루어진다.
- 하위집단 형성을 통해 성원들의 친밀감이 증가하게 되기도 하고 서로 경쟁하거나 갈등을 빚기도 하며 협력하는 관계가 되기도 한다.
- 하위집단이 형성되는 것 자체는 자연스러운 현상이지만 하위집단이 집단의 목표성취에 방해가 되는 배타적인 성격을 가질 때는 집단에 문제를 발생시킬 수 있다.
- 집단지도자인 사회복지사는 집단 내에 하위집단이 형성되었는지를 파악하기 위해서 의사소통의 내용, 집단성원 간의 어울림 등을 직접 관찰하거나 소시오그램을 통해 분석할 수 있다.

소시오그램은 집단 사정도구로 이후 '11장 집단발달단계'에서 학습한다.

(5) 집단문화 [72] ⭐

① 집단문화의 개념

성원들이 공통적으로 가지고 있는 가치, 신념, 관습, 전통 등을 의미한다.

② 집단문화의 특징

- 집단문화는 집단성원들이 동질적으로 구성되어 있을 때 빠르게 형성되며, 다양한 성원들로 구성되어 있을 때는 느리게 형성된다.
- 집단성원들이 공통의 생활경험과 가치체계 등을 공유하면 집단문화에 대한 독특한 관점들을 통합시키는 데 시간이 덜 소요된다.
- 집단문화는 집단의 결과에 상당히 영향을 미친다.
- 집단문화는 일반적으로 서서히 발전하는 특성이 있지만 일단 수립되고 나면 바꾸기가 쉽지 않다.

(6) 집단규범 [73]

① 집단규범의 개념

- 주어진 환경 내에서 어떻게 행동해야 하는지에 관련되어 성원들이 공유하는 명백한 기대상황과 신념 등을 가리킨다.
- 성원들 서로에게 기대할 수 있는 것에 관련된 정보를 제공함으로써 안정과 예측의 수단을 제공하는 규제적인 메커니즘이다.
- 적절하거나 허용 가능한 개인의 특정 행동을 규정하거나 또는 그 집단 내에서 받아들여지는 행동의 범위를 규정한다.
- 일탈로 간주되는 행동을 감소시키거나 이전의 평온 상태로 돌아가려는 제재사항을 만들어 나간다(Lieberman, 1980).

② 기능적 집단규범과 역기능적 집단규범

규범은 집단의 목적을 지지할 수도 있고 그렇지 않을 수도 있는데, 성원의 행복감과 전반적인 목적에 유익한가 또는 해로운가의 여부에 따라 판단한다.
- 기능적 집단규범
  - 자신의 개인적인 것들을 자발적으로 드러낸다.
  - 지도자를 존경심으로 대하고 지도자의 투입을 진지하게 생각한다.
  - 개인의 문제해결에 초점을 둔다.
  - 성원들에게 집단 토론에 참여하게 하고 그 집단의 중심이 될 수 있는 동등한 기회를 부여한다.

- 자신의 문제에 적합한 어떤 주제라도 말한다.
- 다른 성원에게 직접적으로 전달한다.
- 집단목표를 이루는 데 방해가 되는 장애물에 대해 말한다.

• 역기능적 집단규범
  - 피상적인 주제토론만 계속한다.
  - 위험을 회피하고 자기폐쇄적이다.
  - 기회가 있을 때마다 지도자를 괴롭히거나 비판하고 그에 대해 불평한다.
  - 문제를 불평하는 데 시간을 보내고 그것을 해결하는 데 필요한 에너지를 쏟지 않는다.
  - 공격적인 성원들이 그 집단을 지배하게 내버려둔다.
  - 감정적으로 긴장되었거나 미묘한 주제에 대해 말하지 않는다.
  - 장애물을 무시하고 집단문제에 대해 이야기하는 것을 회피한다.

③ 집단규범의 정체성을 밝혀내는 사회복지사의 전략

• 사회복지사는 집단규범이 발달하는 것을 확인하고 변화를 위한 긍정적인 분위기를 만들어야 한다.
• 집단규범은 집단과정에 미묘하게 박혀 있으므로 집단행동을 통해서만 추론해내거나 분간하기 어렵다.
• 규범에 대해 집단성원에게 설명하고 그들의 활동에 영향을 끼치는 지도규칙을 확인하도록 요청한다.

④ 집단규범을 확인할 수 있는 질문들

• 집단에서 말해도 되는 것과 말하면 안 되는 주제는 무엇인가?
• 집단에서 허용되는 정서적 표현은 무엇인가?
• 문제해결 노력이나 지속적인 활동에 관한 집단의 패턴은 어떠한가?
• 집단성원은 성공적인 집단경험이 지도자만의 책임이라 생각하는가?
• 지도자에 대한 집단의 자세는 어떠한가?
• 피드백에 대한 집단의 자세는 어떠한가?
• 집단은 개별성원의 기여를 어떻게 바라보는가?
• 성원들에게 어떤 꼬리표와 역할을 부여하고 있는가?

(7) 지위와 역할 [74] ⭐

① 지위와 역할의 개념

• 집단성원들은 각각 일정한 지위를 갖고 집단에 참여하게 되며, 한 개인은

집단마다 각기 다른 지위를 갖는다. 시간이 지나면서 지위가 변하기도 한다. 즉, 집단이 조직화됨에 따라 특정 성원들은 집단 내에서 임원이나 위원 등 공식적인 지위를 획득하기도 한다.

- 역할이란 집단 내 개인의 위치를 특징지어주는 행동유형이다. 사회에서 특정 위치를 차지하고 있는 것이며, 자신 및 타인이 그 사람에게 기대하는 일련의 활동과의 관계를 의미한다. 사람은 다양한 사회적 역할에 부여된 기대에 따라 행동한다.

- 지위와 역할은 서로 복잡하게 얽혀 있으며 상호연관성을 가지고 있다. 각각의 지위는 일련의 역할들을 구성하는 조직화된 역할관계를 가지고 있다. 집단 내에서 집단성원의 지위는 자신에게 주어진 역할이나 성취한 역할에 의해 영향을 주고받는다.

보충자료

집단성원의 역할 유형

② 집단성원의 역할과 사회복지사의 과제

- 집단성원의 역할은 그 역할을 맡고 있는 개인이나 집단에게 긍정적일수도 있지만, 부정적인 영향을 미치기도 한다.

- 일단 역할이 형성된 후 그 역할이 개인에게 고정화되어 특정 행동이 기대되면 그 기대들로부터 벗어나는 행동을 할 수 없게 된다. 예를 들어, 집단에서 항상 웃기는 역할을 하는 사람은 항상 웃기는 행동을 할 것으로 기대한다. 그 성원이 진지해지려고 하면 다른 성원들이 이를 허용하지 않게 된다.

- 사회복지사는 집단성원이 집단 내에서 어떤 역할을 하는지 관심을 가지고 있어야 하며, 집단성원들의 역할이 정형화되지 않고 특정 역할에 고정되지 않도록 신경을 써야 한다.

(8) 긴장과 갈등

- 집단성원들 간에는 다양한 형태의 긴장과 갈등이 형성될 수 있다. 특히 집단의 목표를 성취하기 위해 과제를 추진하거나 상호작용을 통해 대인관계가 형성되고 자신들의 욕구충족을 위해 다른 집단성원들과 상호작용을 하는 과정에서 긴장이나 갈등이 발생할 수 있다.

- 긴장과 갈등은 집단에 항상 부정적인 영향을 미치는 것은 아니며 긴장과 갈등을 적절한 방법으로 그리고 건설적인 방법으로 해결할 때 집단은 더욱 성장할 수 있다.

5 집단의 치료적 효과

기출회차				
1	2	3	4	5
6	7	8	9	10
11	12	13	14	15
16	17	18	19	20
21	22			

강의로 복습하는 기출회독 시리즈

Keyword 119

1. 집단의 치료적 효과 22회기출 🏆

집단에 참여함으로써 얻을 수 있는 이점은 다양하다. 집단에 참여하면서 얻게 되는 장점을 '집단의 장점'이나 '집단의 치료적 요소'라고 하는데, 얄롬(Yalom, 1995)이라는 집단정신분석치료자는 그것을 집단의 치료적 요소(therapeutic factors)라고 했다. 얄롬이 제시한 11가지의 치료적 효과 혹은 치료적 요소는 다음과 같다.

(1) 희망주기(희망증진) ⭐
- 집단성원들의 문제가 조금씩 해결되는 것을 보면서 클라이언트는 자신의 문제도 개선되고 해결될 수 있다는 희망을 갖게 된다. 희망 자체에 치료적 효과가 있다.
- 집단에 참여함으로써 자신의 문제가 해결될 수 있으리라는 기대는 긍정적인 결과와 관련 있다.
- 집단성원들은 자기와 비슷한 문제를 겪었으며, 또한 문제가 경감되고 회복된 사람들을 만남으로써 회복에 대한 기대가 높아진다.
- 사회복지사는 집단이 본격적으로 시작되기 전, 오리엔테이션 단계에서 긍정적 기대를 강화시키고, 부정적 선입견을 줄이며, 집단의 효과를 분명하게 설명함으로써 집단성원들이 집단의 효용성에 대해 믿음과 확신을 가질 수 있도록 한다.
- 사회복지사(치료자)는 집단성원들이 신념과 자신감을 향상시킬 수 있도록 해야 한다.

(2) 보편성(일반화) ⭐
- 비슷한 문제를 가진 집단성원을 보면서 나 혼자만의 문제가 아니라 누구에게나 문제가 생길 수 있다는 생각을 갖게 된다.
- 집단성원이 자신과 비슷한 갈등과 경험, 문제가 있다는 것을 알고 위안을 받는다. 인간의 문제는 복잡하지만 공통분모를 가지고 있기 때문에 유사성

중요도 ⭐⭐

치료적 효과 요인에 해당하지 않는 것을 고르는 아주 단순한 문제로 출제되기도 했지만 각각의 내용이 의미하는 바를 파악하는 문제, 사례제시형 문제 등에도 대비해야 한다. 집단 대상 실천이 갖는 장점을 파악해보는 문제로 출제되기도 한다.

을 인식하게 된다.
- 집단성원들은 서로 자신들이 비슷하다고 인식하고, 관심을 공유함으로써 이에 수반되는 감정의 정화, 다른 집단성원에 의한 절대적인 수용으로부터 도움을 받게 된다.

(3) 정보전달(정보 습득)
- 사회복지사의 교육 내용이나 집단성원들의 제안, 지도, 충고 등을 들으면서 자기 문제에 대해 명확하게 이해하게 된다.
- 집단성원끼리의 정보교환 등도 치료와 연결된다.

(4) 이타주의(이타심)

- 성원들이 서로 도움을 주고받는 과정에서 자신도 누군가를 도울 수 있음을 알면서 느끼는 감정을 이타주의(이타심)라고 한다.
- 이타주의의 경험은 자존감을 높여주며, 타인에게 의존해왔던 자신을 보다 독립적으로 성장시키며, 치료적인 효과를 가져온다.

(5) 사회기술 발달
- 사회적 학습, 기본적인 사회적 기술 등이 개발되는 것이다.
- 집단성원끼리 피드백을 주고받거나 역할극 등을 통해 학습된다.

(6) 모방행동 ⭐꼭!
- 다른 성원이나 사회복지사의 행동을 통해 새로운 행동을 학습할 수 있다.
- 특히 초기단계에서는 사회복지사가 매우 중요한 역할을 한다.
- 다른 사람들의 행동을 관찰하는 과정에서도 치료적 효과를 얻을 수 있다.

(7) 대인관계 학습
- 집단성원과의 상호작용을 통해서 자신의 대인관계에 대해 통찰력을 갖게 된다.
- 집단은 성원들에게 새로운 대인관계 방식을 적용해 보거나 시험해 보는 경험을 제공한다.

(8) 집단응집력
- 집단에 대한 소속감은 집단성원에게 긍정적인 변화를 일으키게 하며, 치료집단에서 치료경험에 도움을 주는 매우 중요한 요소이다.
- 집단 내에서 발달하는 소속감이나 친밀감은 클라이언트에게 위로와 용기를 제공한다.

(9) 감정의 정화(카타르시스)

- 집단 내의 비교적 안전한 분위기 속에서 집단성원은 그동안 억압된 감정을 자유롭고 안전하게 표현할 수 있다.
- 집단성원들이 자신의 문제에 대한 불안, 감정, 생각, 꿈 등을 공유하여 공통의 목적을 성취해가기 때문에 자신의 문제를 보다 객관적으로 해결할 수 있다.

(10) 실존적 요인들

- 치료과정에서 집단성원들은 자신이 다른 사람으로부터 받을 수 있는 지도와 지지는, 비록 다른 사람들의 지지가 매우 도움이 될지라도 한계가 있음을 알게 되면서 자신의 삶에 대한 궁극적인 책임은 바로 자신에게 있다는 인식을 하게 된다.
- 집단성원들은 고독, 자유, 죽음 같은 인간의 한계에 직면하는 힘을 개별적 주체자로서 스스로 키우게 된다.

(11) 1차 가족집단의 교정적 재현(혹은 반복)

- 1차 가족집단에서 경험했던 갈등이나 관계의 왜곡이 집단에서 반영되게 되는데, 집단 성원들과 상호작용하는 과정에서 가족에서 경험했던 문제를 해결할 수 있는 방법을 탐색하고 도전할 수 있게 된다.
- 클라이언트는 사회복지사 및 집단성원들과의 관계에서 부모 및 형제들과의 상호작용을 재현하게 되며 그 과정을 통해 해결되지 않은 자신의 가족갈등에 대해 탐색하기도 하고 새롭게 교정할 수도 있다.

한걸음 더   1차 가족집단의 교정적 재현(반복)의 의의

일반적으로 집단에 참여하는 집단성원들은 대부분 가장 중요한 1차 집단인 가족에서의 경험이 매우 불만족스러운 경우가 많다. 가족의 다른 성원과 갈등이나 적대감, 분노, 경쟁심 등 부정적인 관계를 맺는 경우를 포함한다.

자신이 참여하는 집단이 자신의 가족구조와 유사한 점이 많다면 그러한 경험들을 다시 재현할 수 있게 된다. 집단은 가족과 비슷하긴 하지만 본질적으로 다른 집단성원과의 관계이므로 집단에서 겪는 부정적인 관계나 경험은 가족과 똑같은 것이 아니다. 다른 집단성원과의 상호작용을 통해 가족관계에서 겪었던 감정적 갈등을 다시 경험하기는 하지만 갈등과 관계에 대해 탐색하고 이해하고 통찰력을 갖게 되면서 자신의 경험을 새롭게 교정하여 받아들이게 된다. 따라서 집단성원들과의 상호작용을 통해 가족들과 겪었던 갈등을 회복하고 새롭게 교정시켜 나갈 수 있게 된다. 이러한 의미에서 '1차 가족집단의 교정적 재현'은 '집단 경험을 통해 가족집단에서 있었던 과거 경험을 새롭게 인식'하게 되는 집단의 치료적 효과이다.

11장 집단발달단계

한눈에 쏙!   중요도

❶ 집단발달단계의 이해 ┬─ 1. 집단발달 ▐

                     └─ 2. 다양한 집단발달단계 ▐

❷ 집단발달단계별 사회복지실천 ┬─ 1. 준비단계   ★★★ 22회 기출

                            ├─ 2. 초기단계   ★

                            ├─ 3. 사정단계   ★★★ 22회 기출

                            ├─ 4. 중간단계   ★   22회 기출

                            └─ 5. 종결단계   ★   22회 기출

기출경향 살펴보기

이 장의 기출 포인트

가장 많이 출제되는 내용은 집단 구성과 관련하여 동질성/이질성, 개방집단/폐쇄집단 등을 다룬 문제이다. 집단 사정과 관련해서는 소시오그램이 자주 출제되고 있다. 최근에는 초기단계, 중간단계, 종결단계에 대한 출제도 높게 나타나고 있기 때문에 각 단계별 과업을 확인해두는 것은 기본이다.

최근 5개년 출제 분포도

연도별 그래프

문항수

회차	문항수
18	2
19	2
20	3
21	3
22	4

평균출제문항수

2.8 문항

2단계 학습전략

데이터의 힘을 믿으세요!
강의로 복습하는 **기출회독 시리즈**

3회독 복습과정을 통해
최신 기출경향 파악

최근 10개년 핵심 키워드

기출회독 121	집단 준비단계(계획단계)	10문항
기출회독 122	집단 사정단계	6문항
기출회독 123	집단 초기단계	4문항
기출회독 124	집단 중간단계	5문항
기출회독 125	집단 종결단계	5문항

기본개념 완성을 위한 **학습자료 제공**

기본개념 강의, 기본쌓기 문제, OX 퀴즈, 기출문제, 정오표, 묻고답하기, 지식창고, 보충자료 등을 **아임패스**를 통해 만나실 수 있습니다.

기출회차				
1	2	3	4	5
6	7	8	9	10
11	12	13	14	15
16	17	18	19	20
21	22			

강의로 복습하는 기출회독 시리즈

1 집단발달단계의 이해

1. 집단발달[75]

(1) 집단발달의 개념

집단은 시간의 경과에 따라 집단 내부구조가 확립되고, 문화가 형성되며, 조직과 집단의 진행과정에 변화를 경험하게 된다. 이러한 집단의 변화를 집단발달이라 한다.

(2) 집단발달의 특성

• 모든 집단이 모두 동일한 발달단계를 거치는 것은 아니며, 반드시 순차적으로 진행되는 것도 아니다.
• 일반적인 발달단계를 따르지만, 이전 단계로 되돌아가거나 특정 단계를 뛰어넘기도 하며, 어느 한 단계에 정체할 수도 있다.
• 집단 시작부터 종결까지 동일한 성원으로 유지되는 폐쇄집단은 비교적 집단발달단계를 구분하고 예측할 수 있으나, 집단이 시작된 후 새로운 성원이 참여할 수 있는 개방집단은 자주 성원들이 교체되기 때문에 발달단계를 예측하는 것이 어렵다.

(3) 집단발달단계 이해의 필요성

• 집단의 발달과정에서 서로 구분되는 기간 또는 구분되는 정도를 집단발달단계라고 하는데, 사회복지사는 집단이 어느 발달단계에 있는지 파악해야 한다.
• 집단발달단계를 알게 되면 개인과 집단의 기능을 평가하고 집단의 내용과 적절한 개입방법을 선택하는 데 도움이 된다.
• 각 단계에서 다루어야 할 독특한 행동을 예측할 수 있고 집단에서 발생하는 행동의 중요성을 인지할 수 있다.
• 개인이나 집단발달을 저해하는 장애물을 제거할 수 있고, 집단의 성장기간 동안 특정 시점에 필요한 지도자의 활동 수준을 고려하여 적합한 선택을 할 수 있다.

2. 다양한 집단발달단계[76)]

집단발달단계를 구분하고 각 단계의 성격을 규정하는 것은 학자에 따라서 조금씩 다르다. 그러나 발달이라는 특성에서 볼 때 각 단계가 지니는 공통적인 점들이 있다.

① 집단발달의 초기단계
- 집단을 계획하고 조직하며 집단성원을 모으는 단계
- 집단성원들은 자신의 자율성을 유지한 채, 집단의 성원이 되려 하거나 집단 압력에 저항을 나타냄
- 초기단계가 진전되고 집단의 규범과 규칙이 차별화되면서 집단성원들은 집단 내에서 자신이 맡을 역할을 탐색하고 시험하는데 이러한 과정에서 갈등이 생기기도 함

② 집단발달의 중간단계
- 집단의 목적과 목표를 달성하기 위해 사회복지사와 집단성원 모두 집중적인 노력을 기울임
- 집단성원 간의 상호작용과 관계가 발달하고 집단응집력도 높아짐
- 문제해결, 형성, 유지, 친밀감, 성숙함 등이 나타남

③ 집단발달의 종결단계
- 그동안 집단이 해 온 노력을 정리하고 이에 대해 평가하고 정리하는 단계
- 이별의 과정이 시작되며 집단 감정과 응집력이 약화됨
- 집단성원들은 집단이 성취한 것을 정리하고 함께 축하하는 것으로 종결하기도 하지만 집단이 성공적인 종결을 이루지 못한 경우에는 부정적인 감정이나 태도가 나타나기도 함

여러 학자들의 집단발달단계 구분

발달단계	Northen	Trecker	Garland, Jones & Kolodny
초기(시작)단계	계획 오리엔테이션	시작 집단감정 출현	친밀 전 권력과 통제
중간단계	탐색과 시험 문제해결	유대감, 목적, 응집력 발달 강한 집단의식 생성 집단의식 감소	친밀감 분화(차별화)
종결단계	종결	종결	헤어짐

보충자료

학자별 집단발달단계

2 집단발달단계별 사회복지실천

기출회차				
1	2	3	4	5
6	7	8	9	10
11	12	13	14	15
16	17	18	19	20
21	22			

강의로 복습하는 기출회독 시리즈

Keyword 121~125

집단발달단계별 과업

준비단계	집단의 목적 설정, 집단성원 선별, 회합빈도 및 지속기간 정하기, 집단 구성하기, 집단 환경 준비하기 ※ 집단구성에서의 고려사항: 동질성과 이질성, 개방집단과 폐쇄집단, 집단의 크기, 인구사회학적 특성과 다양성
초기단계	사회복지사 소개, 집단성원 소개, 집단목적 소개, 집단성원 역할 소개, 개별성원 목표 설정하기, 집단규칙 설정하기, 집단 참여에 대한 동기부여와 능력 격려하기, 신뢰감 조성하기, 계약, 집단운영(프로그램 활동)
사정단계	개별성원 사정, 전체집단 사정(집단행동양식, 하위집단, 집단규범 등), 집단환경 사정 ※ 집단 사정도구: 의의차별척도, 소시오그램, 소시오메트리, 상호작용차트
중간단계	집단모임 준비, 집단 구조화하기, 성원의 참여 유도 및 능력 고취, 성원들의 목표달성 원조, 저항하는 집단성원 독려하기, 모니터링 ※ 개입: 개인 내적 수준의 개입, 대인관계의 변화를 위한 개입, 집단 전체에 대한 개입, 환경 수준의 개입
종결단계	성취된 변화의 유지 및 일반화, 개별성원의 의존성 감소, 종결에 대한 감정 다루기, 미래에 대한 계획 세우기, 의뢰, 평가 등 ※ 종결의 유형: 계획된 종결, 계획되지 않은 종결(집단성원의 중도 탈락, 사회복지사의 사정)

중요도

준비단계는 집단발달단계 중 출제비중이 가장 높은 내용이다. 준비단계에서 고려해야 할 사항을 묻기도 하지만, 동질성/이질성, 개방집단/폐쇄집단, 집단의 크기 등 집단을 구성할 때 고려해야 할 사항을 묻는 문제가 더 자주 등장했다.

1. 준비단계 ^{22회기출}

(1) 준비단계(계획단계)의 개념

- 집단이 형성되기 이전에 사회복지사가 집단에 대해 계획하고 구성하는 단계이다.
- 집단형성을 위해 고려해야 할 내용은 집단의 목적, 잠재적 성원의 모집과 사정, 집단의 구성, 집단의 지속기간과 회합 빈도, 물리적 환경, 기관의 승인에 관한 것이다.

(2) 준비단계의 과업 ⭐

① 집단의 목적 설정

- 집단의 목적은 집단과 집단성원들에게 집단활동의 방향과 지침이 되어 집단성원들이 비생산적인 경험을 하거나 좌절을 느끼지 않도록 도와주는 역할을 한다.
- 집단의 목적에 대한 설정은 집단지도자와 집단성원들의 토론을 통해서 타협 및 수정될 수 있다.

② 잠재적 성원 모집과 사정(집단성원 선별)

- 집단구성원을 모집하기 전에 집단의 목적과 목표에 적합하여 집단성원이 될 수 있는 잠재적인 성원들을 확인하고 정보를 수집한다.
- 잠재적인 성원에 대한 정보를 수집한 후에는 홍보 등 모집 계획을 세운다.
- 사회복지사는 집단성원이 직면한 과제나 관심사를 공유하고 있는지 여부를 사정하고 현실검증 능력, 의사소통 능력, 인식 능력, 타인과의 감정 공유 등 구성원의 사회정서적 능력을 사정한다.
- 모집방법: 직접적인 접촉, 안내문 게시, 인쇄물 배포, TV나 라디오방송, 신문, 인터넷, 가정방문, 지역신문, 기관 소식지 등
- 집단성원 선별(사정, 스크리닝): 모든 잠재적 성원이 집단의 구성원이 되기에 적합한 것은 아니다. 사회복지사는 면접, 관찰 등을 통해서 잠재적 성원에 대한 구체적인 정보를 수집하고 집단의 목적과 연결시켜서 집단성원으로 적합한지 결정해야 한다.
- 집단에 적합하지 않은 사람: 극도의 위기상태에 있는 사람, 자살 가능성이 있는 사람, 타인에 대한 지배욕구가 큰 사람, 자아가 약한 사람, 의심이 매우 많은 사람, 적대적이고 공격적인 사람, 매우 자기중심적인 사람 등

③ 집단의 회합빈도 및 지속기간 정하기

- 모임 시간은 모임의 성격이나 대상의 특성을 고려하여 적절하게 잡아야 한다. 모임 시간이 너무 길면 지루하고 집중력이 떨어지며, 너무 짧으면 의미 있는 상호작용이 이루어지기 어려우므로 집단의 상황과 진행과정에 따라 융통성 있게 적용한다.
- 일반적으로 집단사회복지실천에서 성인 대상 집단은 주 1회, 1시간 30분에서 2시간 정도의 모임을 갖는다. 아동 대상 집단은 집중력을 고려하여 1회기당 시간을 짧게 잡아서 약 30분 내외로 한다. 청소년 집단은 성인보다는 짧게 60분에서 90분 정도로 한다.

• 집단의 종결일시는 정해질 수도 있고 정해지지 않을 수도 있다. 집단의 존속기간은 집단의 유형이나 목적, 성원에 따라 달라지는데, 집단의 목적이 달성될 수 있을 만큼 길어야 하지만 너무 길어지는 것은 좋지 않다.

④ 집단 구성하기

㉠ 동질성과 이질성

너무 동질적이거나 너무 이질적인 것은 좋지 않으며, 균형을 이루어야 한다. 성원들의 성격이나 목표가 동질적이면 의사소통이 원활하고, 서로에 대한 관심도가 높게 나타나며, 문제 및 과업을 규명하기에 용이하다. 집단 성원들의 인생경험이나 전문성 수준 등이 이질적인 경우에는 선택과 대안에 있어 열린 시각을 갖게 되고 서로를 통해 새로운 배움을 얻을 수 있다는 장점도 있다.

㉡ 개방집단과 폐쇄집단

개방집단은 새로운 성원의 유입에 따라 새로운 아이디어와 자원을 얻을 수 있지만, 집단 응집력이나 집단의 성격이 변동될 수 있으며 기존 성원이 같은 과정을 반복하게 된다는 문제가 있다. 폐쇄집단은 구성원 간 신뢰감 형성으로 자기개방 및 응집력을 높일 수 있지만, 집단사고에 따른 효율성 저하 문제나 성원의 이탈에 따른 활동차질 문제가 발생할 수 있다.

㉢ 집단의 크기

집단의 크기는 집단성원의 수를 의미한다. 집단의 크기는 구성원의 만족도와 구성원 간의 상호작용, 집단개입의 결과에 영향을 미친다. 효과적이고 만족스러운 상호작용이 일어날 수 있도록 집단의 크기를 정하는 것이 좋으며 이상적인 집단의 크기에 대해서는 학자마다 의견이 다양하다. 최소한 집단의 목적을 달성하고, 최대한 구성원 상호 간에 만족스러운 경험을 할 수 있어야 한다. 예를 들면, 치료집단의 경우는 집단성원이 5~7명 정도로 구성되는 것이 적절하다고 보지만 5~12명을 선호하기도 한다.[77]

㉣ 인구사회학적 특성과 다양성

인구사회학적 특성이 집단의 성패를 예측하는 단독요인은 아니지만 집단을 구성할 때에는 반드시 고려해야 한다. 집단성원을 선발할 때 일반적으로 연령, 성별, 사회·문화적 요소 등 다양성을 고려한다.

개방집단과 폐쇄집단의 예

개방집단이 적합한 경우	폐쇄집단이 적합한 경우
클라이언트가 원할 때 언제든 합류할 수 있어 당장 도움이 필요한 경우에 적합하다. • 치료집단: 거주시설, 병원 등에서 퇴소나 퇴원으로 인해 여석이 생길 경우 새로운 성원이 합류하게 됨 • A.A.모임(자조집단): 알코올중독에서 회복 중인 클라이언트들은 지역사회 내에 있는 공개 A.A.모임에 자유롭게 참여 가능 • 위기상황: 위기상황의 사람들은 새로운 집단의 형성까지 기다리지 않고도 언제든지 기존의 개방집단에 참여 가능	집단의 변화 및 성과를 단계별로 혹은 연속적으로 살펴봐야 할 경우에 적합하다. • 교육집단: 동일한 집단성원들로 시작하고 종결하여 집단성원들의 성과를 강화할 필요가 있는 집단 • 10대 미혼모집단: 미리 정해진 내용의 양육기술을 교육하고 훈련시키는 것을 목적으로 하는 집단 • 심리치료집단: 성원들의 정신역동적 분석과 이해를 통해 현재의 상황을 이해할 목적으로 구성된 집단

집단의 크기에 따른 장단점

집단 크기가 클 때의 장점	집단 크기가 클 때의 단점
• 아이디어, 기술, 자원 등을 좀 더 많이 확보할 수 있다. • 성원 간 상호학습 기회가 커지고 서로 지지, 피드백, 우정 등을 위한 기회가 커진다. • 더욱 복잡한 과업을 다룰 수 있다. • 말을 하거나 행동하는 데 대한 압력을 덜 받는다. • 한두 명 정도 빠져도 큰 문제가 생기지 않는다. • 의미있는 상호작용을 하기 위해 필요한 최소한의 수준 이하로 떨어질 위험이 적다.	• 각각의 성원들이 주목받을 수 있는 확률이 떨어진다. • 가까운 상호작용이 어렵다. • 집단을 저해하는 하부(하위)집단이 생길 위험이 있다. • 침묵하는 성원이 많이 생길 수 있다. • 성원이 빠지는 데 대해 상대적으로 덜 의식하게 된다. • 사회복지사가 관리하기 어렵다. • 의견 일치가 어렵다. • 응집력 형성이 어렵다.

⑤ 집단 환경 준비하기

• 물리적 환경: 대상에 따라 선호하는 공간이 다양하다. 어린이들은 넓고 트인 공간을 좋아하며, 장애인들은 휠체어 이용이 편한지를 고려해야 한다.

• 재정적 지원: 사회복지사는 집단을 후원해줄 수 있는 후원기관과 재정지원을 점검해야 한다. 집단활동에 소요되는 주요 비용은 전문가의 급여, 회합장소의 대여료, 슈퍼비전 비용, 복사나 전화, 우편요금, 간식비, 교통비 등이다.

• 특별한 준비: 퇴직연금 생활 노인집단의 경우 교통수단, 모임의 안정성, 편안한 의자, 기관과 모임장소의 접근성을 고려한다. 장애인집단인 경우는 계단 등 장애물이 없는 장소가 좋고, 부모집단인 경우 동반한 자녀를 돌보아 줄 수 있는 공간과 인력 등이 있는 것이 좋다.

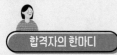

합격자의 한마디

문제를 풀다보면 준비단계와 초기단계가 종종 헷갈렸는데 준비단계는 집단을 어떻게 구성할 것인가에 초점을 둔 계획단계이고, 초기단계는 집단모임이 시작되는 단계입니다!

2. 초기단계

(1) 초기단계의 특징

- 성원들은 다른 집단의 경험, 이전의 관계, 역할 기대와 상호작용에 기초한 기대 등을 가지고 있다.
- 집단의 구체적인 목적에 대해서는 완전하게 알지 못할 수도 있다.
- 성원들은 첫 만남에서부터 서로를 탐색하며, 친숙해지기 위한 전형적인 대화를 나누게 된다.
- 첫 모임에서 집단성원들은 서로와 사회복지사에 대해 접근하면서 동시에 회피하려는 성향을 가지고 있다.

(2) 초기단계의 과업

집단성원이 처음 집단에 모이면 낯설고 어색한 분위기를 경험한다. 사회복지사는 집단성원을 대상으로 오리엔테이션을 실시하여 앞으로 진행될 집단에 대한 정보를 제공한다. 오리엔테이션은 일반적으로 첫 번째 모임에서 실시한다.

① 사회복지사 소개

- 첫 번째 집단모임에서 사회복지사가 집단성원에게 자신을 소개한다.
- 일반적으로 이름, 직위, 앞으로 운영될 집단 프로그램 등과 같은 경력을 소개한다.

② 집단성원 소개

- 집단 첫 모임에서 사회복지사는 집단성원들을 소개한다. 집단성원 소개는 성원들 간의 상호관심사를 공유하고 상호 신뢰를 발전시키는 계기가 된다.
- 집단성원을 소개하는 일반적인 방법은 차례대로 돌아가면서 자신을 소개하는 방법(Round Robin)이다. 이때 사회복지사는 자신을 먼저 소개하여 성원들에게 자기소개를 어떻게 하는지, 무엇을 소개하는지를 모델링으로 보여줄 수도 있다.
- 자기소개에서는 자신의 이름, 집단에 참여하게 된 이유, 집단에 대한 기대 등을 표현하는 것이 좋다.
- 라운드 로빈(Round Robin)의 변형: 두 사람씩 짝을 지어 5분 정도 사회복지사가 미리 준비한 질문에 대해 서로 이야기를 나눈 후 상대방을 소개한다.

잠깐!

교재에 따라서는 집단성원 소개, 사회복지사 소개, 집단목적 소개, 집단성원 역할 소개, 집단규칙 소개 등을 모두 포함하여 '오리엔테이션'으로 설명하기도 하고, 각각을 개별적인 사회복지사의 과제로 설명하기도 한다.

③ 집단목적 소개

- 집단성원들이 집단의 목적을 알고 집단에 참여하기는 하지만, 첫 모임에서 집단의 목적에 대해 다시 한번 분명히 소개한다.
- 사회복지사가 집단목적을 명확히 설명하지 않으면, 집단성원들은 앞으로 전개될 집단과정에 대한 이해가 부족하여 불안해할 수도 있다. 반대로 집단성원들이 집단목적을 분명히 알게 되면 집단이 자신에게 필요한지 아닌지 결정할 수 있으며 심리적 불안감도 줄어들게 되는 효과가 있다.
- 집단의 목적을 설명하면서 집단을 후원하는 기관에 대해 언급하며 서비스의 한계를 명확히 한다.
- 집단목적을 설명한 후 이에 대한 집단성원들의 의견이나 피드백을 받고 반영해야 한다.
- 집단목적이 애매모호하게 설정되면 집단이 성공적으로 운영되기 어렵기 때문에 명확하게 설정되어야 한다. 다만, 집단목적은 집단성원의 의견을 반영하여 수정될 수 있다.

④ 집단성원 역할 소개

- 집단성원들은 각자 집단에 참여하게 된 동기를 알고 있을지라도 자신의 문제를 해결하기 위해서 집단 내에서 무엇을 해야 하는지, 즉 자신의 역할을 모르는 경우가 있다. 따라서 사회복지사는 집단성원이 해야 할 역할을 소개한다.
- 집단에 참여해 본 경험이 없는 집단성원은 자신의 역할에 대해 의문을 가질 수 있으며, 집단성원의 역할이 불분명하면 집단에서 탈락할 가능성이 크다.

⑤ 개별성원 목표 설정하기

- 집단의 목적이 있지만 개별성원마다 집단에 참여함으로써 달성하고자 하는 목표가 있다. 각 성원들은 자신의 욕구에 따라 개별적인 목표를 수립한다.
- 개별성원의 목표는 명확한 용어로 규정하고 집단활동 기간 동안 성취할 수 있으며 측정될 수 있는 형태로 설정되어야 한다.

⑥ 집단규칙 설정하기(비밀보장의 한계 등)

- 집단 초기단계에서 사회복지사는 집단규칙을 세우고 성원들에게 이를 설명해주어야 한다.
- 비밀보장과 관련된 내용, 집단 내·외부에서의 행동(특히 하지 말아야 할 행동) 등에 대한 규칙을 세운다.
- 사회복지사가 집단을 효과적으로 운영하는 데 필요한 모든 집단규칙을 집

단성원들과 논의해서 설정하는 것은 어렵지만 초기단계에서 집단규칙과 관련된 내용을 집단성원들과 함께 논의함으로써 집단성원들은 집단운영에 대해 이해할 수 있게 된다.

- 비밀보장의 한계 정하기
  - 집단모임에서 비밀공개의 정도와 원칙에 대해 토론하는 것이 좋다. 집단 내에서 집단성원들 간에 논의된 내용을 집단 밖에서 논의하는 것을 금지하는 규칙을 집단성원에게 알린다.
  - 아동학대, 가정폭력, 약물남용 등의 문제로 인해 수강명령을 받은 집단인 경우 사회복지사는 필요한 정보를 외부에 보고해야 하는 의무가 있으므로 집단성원에게 비밀보장의 한계에 대해서도 미리 알려준다.
- 집단성원들의 행동과 관련된 규칙
  출석과 지각에 관련된 사항, 모임 중에 흡연이나 음식물을 먹는 행동에 관한 사항, 친구나 주변 인물을 모임에 데리고 오는 것에 대한 사항 등에 대해 집단성원과 사회복지사가 의논하여 규칙을 정한다.
  예 집단토의를 독점하지 않기, 다른 성원이 이야기하는 동안 끼어들지 않고 경청하기 등

⑦ 집단 참여에 대한 동기부여와 능력 격려하기

- 집단 참여는 목표달성, 변화창출을 위한 것이다. 변화에 앞서서 누구나 두려움과 저항이 있기 마련이다.
- 집단성원들에게 집단참여에 대한 동기를 부여하고, 문제해결과 목표달성의 능력이 그들에게 있음을 격려해야 한다.
  예 수강명령 등 자신의 의사와는 관계없이 집단에 참여하게 된 비자발적 클라이언트에게는 클라이언트와의 개별면담을 통해 집단에 참여함으로써 얻게 되는 긍정적 측면을 설명하여 저항감을 줄인다.

⑧ 신뢰감 조성하기: 불안과 저항다루기

- 집단 초기단계에서 집단성원들은 불안해하고 저항감을 보이게 된다. 사회복지사는 집단성원의 불안과 저항을 효과적으로 다루어야 한다.
- 집단성원들의 불안은 초기단계에서 자연스럽게 나타날 수 있는 현상이라는 점을 집단성원에게 설명해준다.
- 사회복지사가 집단을 위한 준비를 소홀히 하거나 공격적이고 심판적인 태도를 보인다면 집단성원들은 사회복지사 및 집단에 대해 신뢰감을 갖지 못한다. 따라서 사회복지사는 집단운영에 대한 준비를 세심하게 하고 집단 내에서의 자신의 행동에 대해 주의하여 집단성원의 저항을 줄여야 한다.
- 집단성원의 불안 및 저항을 적절하게 다루지 못한 상황
  - 집단지도자가 특정 성원의 감정을 너무 집중적으로 탐색하는 경우
    예 "불쾌하다는 말씀을 하셨는데, 구체적으로 무엇이 불쾌하게 만드나요?"

- 집단에 참여하여 얻을 수 있는 혜택을 설명함으로써 저항감을 줄이려는 경우(집단 사회복지사가 방어적 입장에서 집단참여의 중요성을 설명하게 되어 역효과를 가져올 수 있음)
- 집단성원에게 죄책감을 유발하여 집단참여를 종용하는 경우

> **예** "당신은 당신 생각만 하지 당신의 문제로 인해 고통 받고 있는 가족에 대해서는 관심이 없군요."
> – 지적받은 성원은 위축되거나 반감이 생길 수 있고 다른 성원들도 불쾌감이 들 수 있음

- 한 성원의 저항감을 집단 전체의 저항감인 것처럼 다루는 경우

> **예** "지금 K씨가 불쾌한 감정을 표현했는데 다른 성원들도 그렇게 느끼나요?" – 집단의 상황을 더욱 악화시키는 결과를 가져올 수 있음

• 집단 참여에 저항감을 보일 때 자기결정권을 강조한다. 집단에 참여하고 싶어하지 않거나 이야기를 하고 싶어하지 않을 때 이에 대한 최종 결정권은 클라이언트 혹은 성원 자신에게 있다는 것을 알려준다.

⑨ 계약

• 집단 초기에 집단성원들은 집단사회복지사의 역할, 집단성원의 역할, 그리고 그들에게 기대되는 것 등에 대해서 잘 알지 못하므로 계약을 통해서 상호 간의 기대와 의무, 책임을 명백히 하는 것이 필요하다.
• 계약은 사회복지사와 집단성원 사이에서 이루어진다.
• 목적이나 과업에 대해서 성원들과 계약을 할 때 가능하면 목적, 행동주체, 성취평가 또는 측정방법에 대해서 구체적으로 명시하는 것이 바람직하다.

⑩ 집단운영: 프로그램 활동

• 특정 과제를 수행하는 과정에서 성원들 상호 간 중요한 정보를 공유한다.
• 집단성원들의 자율성이 어느 정도 보장되고 집단이 올바른 방향으로 나아갈 수 있도록 집단을 운영해야 한다.

⑪ 집단회기를 시작하고 마무리하는 기술

• 집단회기를 시작하기
- 이번 회기에 다루었으면 하는 것을 간략하게 질문한다.
- 지난 회기에 관한 느낌 등을 나누며 지난 시간에 끝내지 못한 이야기를 표현하게 한다.
- 지난 회기 이후 겪은 일, 과제수행의 성공 혹은 실패 등에 관한 이야기를 나눈다.
- 지난 회기에 관한 사회복지사의 관찰 내용이나 생각 등을 표현한다.
• 집단회기를 마무리하기
- 오늘 다룬 내용을 요약정리하고, 참여도가 높았던 성원에게 긍정적인

피드백을 해준다.

- 오늘 새로 습득한 기술이나 과제 등을 집단 밖에서 어떻게 수행할지 이야기 나눈다.
- 다음 회기에 다루었으면 하는 주제를 질문하고 의견을 듣는다.
- 오늘 회기에 대한 사회복지사의 생각을 표현하며 마무리한다.

3. 사정단계 ^{22회 기출} 🏆

1) 집단사정의 개념

- 사정은 원조과정에서 절차와 결과(산물)라는 두 가지 측면을 포함한다. 과정으로서의 사정은 정보를 수집하고 조직화하며 판단하는 것을 말하며, 결과로서의 사정은 집단과 성원의 기능에 대해 언어 또는 문서로 진술하는 것을 말한다.
- 집단에 따라 사정의 초점이나 내용이 달라진다. 예를 들어, 치료집단에서는 개별성원이 경험하는 문제가 사정의 초점이 되며 과업집단에서는 집단의 생산성이 초점이 된다.
- 집단은 집단역동이 일어나면서 계속 변화하게 되기 때문에 집단발달에 따라 재사정을 실시하는 것이 필요하다.

2) 집단사정의 두 가지 수준

(1) 개별성원에 대한 사정

- 집단에 참여하는 집단성원들의 대부분은 대인관계에서 그들 자신과 타인에게 스트레스를 야기하는 행동상 역기능적 측면을 가지고 있다. 개인은 자신의 행동을 잘 알지 못하기도 하고 자신의 행동으로 인해 대인관계에 문제가 발생하는지 인식하지 못하기도 한다. 이때 사회복지사는 집단에 참여한 개별성원들이 자신의 행동패턴을 인식하고 잘못된 행동을 변화시키도록 원조하는 것이다.
- 개별성원에 대한 사정에서 사회복지사는 개개인을 관찰하면서 개별성원에게서 나타나는 반복적인 행동과 그 행동과 관련되어 있는 인식에 초점을 맞춘다. 각 성원이 다른 성원들과 상호작용하는 방식을 관찰하거나 집단에서의 역할이 무엇인지 확인함으로써 개별성원에 대한 사정을 할 수 있다.
- 개별성원을 사정할 때 개별성원의 장점뿐만 아니라 단점도 사정되어야 하

며 사정 내용은 개별성원별로 각각 기록해두어 시기별로 변화의 양상을 파악하는 것이 좋다.

개별성원의 기능적 행동과 역기능적 행동

기능적 행동	역기능적 행동
• 집단성원이나 중요한 타인에 대하여 관심을 보여줌 • 지도력을 보여줌 • 자신의 분명하고 솔직하게 표현함 • 다른 성원을 지지하고 협력함 • 초점을 유지하고 집단목적달성 조력 • 다른 성원의 말을 정확하게 인식하고 이해한 바를 분명히 전달함 • 건설적인 피드백에 대해 솔직하고 긍정적으로 반응 • 집단에 의해 정해진 지침 내에서 활동 • 자신의 행동에 책임짐 • 타인의 의견을 고려하고 그들을 의사결정에 포함시킴 • 토론에 참가하고 타인도 참가하도록 격려 • 타인의 장점과 성장에 대해 긍정적으로 피드백함 • 자신의 장점과 성장을 인정 • 유머를 적절히 사용	• 다른 성원의 말을 중단시키거나 생각을 무시 • 회유하기, 생색내기, 놀리기 • 무시, 비난, 논쟁, 공격, 빈정대기 • 섣부른 조언하기 • 반감을 언어적, 비언어적으로 표현 • 말을 너무 많이 하거나 큰 소리 혹은 지나치게 작은 소리로 속삭이기 • 집단에 무관심하거나 집단과정에 참여하지 않음 • 주제에 관계없는 이야기를 많이 함 • 공격적 행동 • 집단에 방해가 되는 하위집단 형성 • 자신에게 초점을 맞추는 것을 회피하거나 개인적 문제와 연관된 감정이나 근심을 억제함

(2) 전체 집단에 대한 사정: 집단행동양식, 하위집단, 집단규범 등 사정

① 집단행동양식에 대한 사정

• 집단 전체의 상호작용이 성원들 간에 지지적인가, 집단은 목표달성을 향해 건설적인 방향으로 진행되고 있는가, 집단 내 권력이나 자원은 특정 성원이 독점하는가 아니면 집단성원들이 공유하는가, 집단 내 의사결정은 민주주의적인 방식으로 이루어지는가 등을 사정한다.

• 기능적인 집단행동의 예
  - 집단은 문제를 회피하지 않고 직시하며 필요한 조정을 한다.
  - 집단은 집단성원들이 자신의 문제를 드러내는 데 긍정적으로 반응한다. 즉, 자발적으로 자신의 문제를 드러내며 이를 강요하지 않는다.
  - 집단의 성원들은 다른 성원들의 욕구와 감정에 민감하며 상호 지지를 제공한다.
  - 집단 내 의사결정은 모든 성원들의 관점과 감정을 고려하여 합의로 이루어진다.
  - 집단은 상호작용을 독점하거나 집단의 목표를 달성하는 데 방해가 되는 성원에 대해 책임감 있게 대응한다.
  - 집단진행에 방해가 되는 장애요소를 회피하거나 은폐하지 않고 직접 다루어 해결한다.

② 하위집단 사정

- 하위집단은 그 자체만으로는 전체 집단에 부정적 영향을 미치지는 않는다. 그러나 하위집단이 집단 내의 타 성원과 밀접한 관계를 허용하지 않는 배타적인 성격을 갖거나 전체 집단의 목표를 방해하는 경우에는 해가 될 수 있다.
- 사회복지사는 집단 내부에 하위집단이 형성되어 있는지 집단사정도구인 소시오그램을 통해 집단성원 간의 수용 및 거부를 알아낼 수 있고, 시기를 달리하여 여러 번 소시오그램을 작성해보면, 집단의 특징적 상호작용과 집단 내의 소외자, 결탁 혹은 경쟁관계 등을 발견할 수 있다.

③ 집단의 규범 확인

- 집단규범은 집단에서 수용되는 행동과 수용될 수 없는 행동을 규정하며, 성원의 집단활동에 대한 만족도에 영향을 미친다.
- 사회복지사는 집단의 규범을 확인하고 그 규범들이 개별성원과 집단 전체에 도움이 되는지 또는 해가 되는지를 판단한다.
- 일단 정해진 집단규범은 집단성원의 상황에 대한 반응이나 집단이 제공하는 치료적인 경험의 정도에 영향을 미친다.
- 역기능적인 집단규범이 있을 경우 사회복지사는 집단규범을 변화시키기 위한 긍정적 분위기를 만들어야 한다.
- 집단규범을 확인하기 위한 질문의 예
  - 집단 내에서 이야기해도 되는 주제와 이야기해서는 안 되는 주제가 있는가?
  - 어떤 종류의 감정표현은 허용되며, 허용되지 않는 감정표현은 무엇인가?
  - 집단사회복지사의 위상에 대해 집단은 어떠한 입장을 가지고 있는가?

집단규범의 예

기능적 집단규범	역기능적 집단규범
• 자신의 개인적인 것들을 자발적으로 드러낼 각오를 한다. • 집단지도자를 존경심으로 대하고 지도자의 투입을 진지하게 생각한다. • 개인의 문제해결에 초점을 둔다. • 성원들에게 집단토론에 참여하고 그 집단의 중심이 될 수 있는 동등한 기회를 부여한다. • 자신의 문제에 적합한 어떤 주제라도 말한다. 다른 성원에게 직접적으로 전달한다. • 집단목표를 이루는 데 방해가 되는 장애물에 대해 말한다.	• 피상적인 주제토론만 계속한다. • 위험을 회피하고 자기폐쇄적이다. • 기회가 있을 때마다 지도자를 괴롭히고 비판하고 그에 대해 불평한다. • 문제를 불평하는 데 시간을 보내고 그것을 해결하는 데 필요한 에너지를 쏟지 않는다. • 공격적인 성원들이 그 집단을 지배하게 내버려 둔다. • 감정적으로 긴장되었거나 미묘한 주제에 대해 말하지 않는다. • 장애물을 무시하고 집단문제에 대해 이야기하는 것을 회피한다.

집단환경에 대한 사정

개별성원에 대한 사정 및 전체 집단에 대한 사정 외에 집단환경에 대한 사정이 포함되기도 한다.

① 기관 및 시설의 환경에 대한 사정
집단의 목적이 기관 및 시설의 목적과 부합되는지, 집단활동을 위한 장소가 마련될 수 있는지, 집단의 활동 내용이 기관이나 시설의 방침에 적합한지 등

② 시설 간 환경에 대한 사정
다른 기관 및 시설에서 관련 프로그램이 계획되고 있는지 혹은 실행되고 있는지 등에 관한 정보수집

③ 지역사회환경에 대한 사정
지역주민의 인구사회학적 특징, 즉 연령대, 교육수준, 수입, 직업 등에 관한 자료 및 지역 내 자원 등에 관한 사정

※ 김민경, 2017: 260.

3) 집단발달단계별 사정의 특징

사정은 특정 단계에서만 이루어지는 것이 아니라 연속적으로 이루어진다. 각 단계마다 사정이 이루어지며 단계별로 내용이 조금씩 달라진다.

초기	집단 및 성원의 기능 수행에 대한 체계적 사정
중기	초기사정 내용에 대한 타당성을 검토하여 그 성공 여부에 기반하여 개입계획 수정
말기	집단 및 성원의 기능 달성 정도를 사정, 추가적인 개입이 필요한 영역에 주목

4) 집단사정의 방법

① 성원의 자기관찰: 자기모니터, 도표, 기록지나 일지

② 사회복지사의 관찰
- 자연스럽고 일상적인 상황 관찰
- 역할극, 소시오드라마, 사이코드라마
- 모의검증(simulation test): 특수한 역할극을 수행하는 상황에서 성원의 기능을 사정하는 방법으로, 성원들에게 실제 상황을 가상하여 실생활과 같은 역할을 하게 함으로써 그 성원의 기능을 사정하는 방법

③ 외부전문가의 보고: 집단 외부의 사람들에 의한 보고서나 정보를 활용

④ **사정도구 활용:** 우울증 진단 척도, 부모−자녀관계 측정 척도, 스트레스 척도 등 표준화된 척도, 소시오그램, 의의차별척도, 상호작용차트 등

5) 집단사정도구

(1) 의의차별척도

- 의의차별척도(semnatic differential scale)는 의미분화척도라고도 한다.
- 두 개의 상반된 입장 중에서 하나를 선택하도록 요청하는 척도인데 5개 혹은 7개의 응답범주를 가지고 있다.
- 동료성원에 대한 평가, 동료성원의 잠재력에 대한 인식, 성원의 활동력에 대한 인식 등 집단성원이 동료 집단성원을 사정하는 데 활용될 수 있다.
- 집단의 평균점수를 통해 집단의 태도나 특성을 파악하고, 다른 집단과 비교하는 데에 사용하기도 한다.

의의차별척도의 예

당신이 집단성원 (홍길동)에 대해 느끼고 있는 바를 가장 잘 묘사하고 있는 곳에 표시하시오.

	7 매우 그렇다	6 그렇다	5 약간 그렇다	4 모르겠다	3 약간 그렇다	2 그렇다	1 매우 그렇다	
1. 큰								작은 (잠재력)
2. 가치 없는								소중한 (평가)
3. 빠른								느린 (활동력)
4. 차가운								뜨거운 (활동력)
5. 행복한								슬픈 (평가)
6. 약한								강한 (잠재력)
7. 좋은								나쁜 (평가)
8. 긴장한								느슨한 (활동력)
9. 강인한								부드러운 (잠재력)
10. 적극적인								소극적인 (활동력)
11. 무거운								가벼운 (잠재력)
12. 공정한								불공정한 (평가)

(2) 소시오그램(사회도, sociogram) ⭐꼭!

① 개념과 특징
- 모레노와 제닝스(Moreno & Jennings)가 개발한 것으로 상징을 사용해서 집단 내 성원 간 상호작용을 표현한 그림이다.
- 집단성원들 간의 사회적 유대관계를 측정하여 집단성원 간의 개인적 수용과 거부, 집단 내의 대인관계를 살펴보는 사정도구이다.
- 집단 내에서 성원들 간의 질적인 관계를 파악하기 위한 도구로 집단성원들의 수용–거부 과정을 평가하는 방법으로 사용된다.
- 다양한 시점에서 소시오그램을 작성하여 비교해보면 집단성원들 간 관계의 안정성과 변화를 살펴볼 수 있다.

② 소시오그램을 통해서 알 수 있는 정보
- 집단성원 간에 느끼는 친밀감 혹은 반감의 유형 및 방향(일방향/쌍방향)
- 하위집단 형성 여부, 소외된 성원 여부, 삼각관계 형성 여부 등
- 결속의 강도(친밀한 성원끼리는 가깝게, 소원한 성원은 멀게 그림)

소시오그램의 예

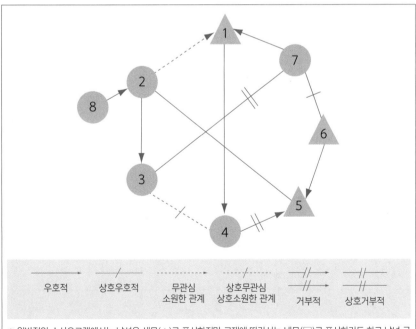

※ 일반적인 소시오그램에서는 남성은 세모(△)로 표시하지만 교재에 따라서는 네모(□)로 표시하기도 하고 남녀 구분 없이 모두 원(○)으로 표시하기도 한다.

소시오메트리(sociometry)

소시오메트리는 집단 성원들이 상호 간의 관계에 대해 인식하고 있는 정도를 사정하는 방법이다. 소시오메트리를 활용하는 방법으로 다음의 두 가지가 있다.(이에 관해서 교재마다 설명 구성이 다르다. 소시오그램을 소시오메트리의 하나로 설명하기도 하고, 소시오메트리와 소시오그램을 구분하여 다음 중 첫 번째 방법인 호감도 평가만 소시오메트리로 소개하기도 한다.)

1. 호감도 평가
한 성원이 다른 성원들에게 느끼는 호감도를 평가하는 방식이다. 각 성원마다 5점 척도 등으로 점수를 부여하여 진행할 수도 있고, 호감도에 따라 순위를 매기는 방식으로 진행할 수도 있다.

2. 소시오그램
좋아하는 사람과 그렇지 않은 사람을 정리하여 도식화한 것이다. 호감도 평가의 결과를 토대로 소시오그램을 작성할 수도 있다.

(3) 상호작용차트

- 집단성원들 사이의 상호작용 또는 집단성원과 사회복지사 사이에 일어나는 상호작용의 빈도를 기록한다.
- 보통 특정 행동이 나타날 때마다 표시하며, 사회복지사가 활동을 진행하는 와중에 작성하기 어렵기 때문에 차트를 기록하는 관찰자를 따로 두어 진행하거나 나중에 활동을 녹화한 것을 되돌려 보며 작성하기도 한다.

상호작용차트의 예

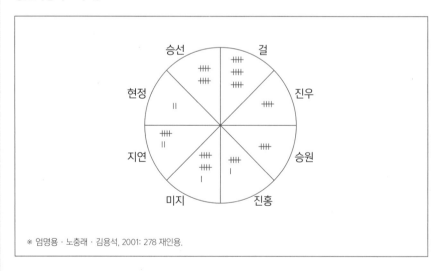

※ 엄명용 · 노충래 · 김용석, 2001: 278 재인용.

4. 중간단계 _{22회 기출} 🏆

중요도 ⬤────────⭐

중간단계의 과업을 파악하는 문제가 출제되곤 한다. 집단활동에서 발생하는 저항에 대해 사회복지사가 어떻게 대응해야 하는지를 확인하는 문제가 출제되기도 했다.

(1) 중간단계의 과업

① 집단모임(회합)을 준비하기

• 과제나 의제의 준비
• 역할극 개발
• 프로그램 활동 선정
• 지난 회합의 검토 및 평가
• 다음 회합에 대한 일정 제시 및 사전연습

② 집단을 구조화하기

• 구조화란 집단과 성원들이 애초에 설정한 목표를 향하여 변화하도록 돕기 위해 계획적이고 체계적이며 시간제한적으로 개입하는 것을 의미한다.
• 집단구조화의 예로서 정해진 시간에 시작해서 정해진 시간에 끝난다는 것을 알리거나 모임의 의제를 분명히 제시하여 토론이나 집단 진행에 초점을 유지하게 하는 방법 등이 있다.
• 집단구조화가 잘 되면 집단의 목표달성이 촉진되고 집단성원 간 상호작용이 활성화되며, 사회복지사가 계획적이고 체계적으로 개입할 수 있다.

③ 성원의 참여 유도와 능력 고취

사회복지사는 집단성원이 집단에 완전히 참가하게 하고, 집단 내·외부에서의 자신의 삶에 대해 책임을 질 수 있도록 능력을 고취시킨다.

• 성원들의 장점을 신뢰한다는 것을 보여준다.
• 목표달성을 위한 과정에서 어려움과 장애가 있을 수 있음을 인식하게 한다.
• 집단의 방향과 내용이 성원들에게 달려 있음을 알게 한다.
• 구성원들이 서로 원조할 수 있게 한다.
• 집단 내부와 외부에서 새로운 활동을 시도하도록 격려한다.

④ 성원들의 목표달성 원조

• 성원들 자신의 목표에 대해 계속 인식하도록 한다.
• 구체적인 치료 계획을 발전시킨다.
• 성원들이 직면하는 문제를 극복하고 치료계획을 실행에 옮기려는 의지를 향상시킨다.
• 치료계획을 실행에 옮길 수 있도록 원조한다.

⑤ 저항하는 집단성원 독려하기
- 목표설정을 꺼리면서 집단에 저항하는 성원: 자신의 문제에 대처하지 않음으로써 발생하는 결과에 초점을 맞추어 성원들 간에 건설적인 직면을 하게 한다.
- 집단에 적극적으로 참여하기를 꺼려하는 성원: 신념체계를 변화시키거나 외부환경을 이용한다.

⑥ 집단진행과정의 점검과 평가(모니터링)
- 보통 각 회합이 끝날 때마다 혹은 2~3회의 회합 후에 평가의 시간을 마련해서 평가서를 작성하거나 이야기를 나눈다.
- 서면이나 구두보고의 방법으로 집단의 전 과정에 대해 점검하고 평가한다.
- 집단진행과정을 점검함으로써 집단성원과 사회복지사는 피드백을 받을 수 있다.

(2) 중간단계의 개입방법

① 개인 내적 수준의 개입방법
- 개별성원의 사고, 행동, 감정 등의 파악과 분별
- 사고와 감정과 행동 사이의 연관성 파악
- 사고와 신념의 비합리성 분석
- 사고, 신념, 감정상태의 변화: 인지적 재구조화, 인지적 자기지시, 사고중단, 재정의, 인지적 심상기법, 점진적 이완기법, 체계적 둔감화 등을 이용

② 대인관계의 변화를 일으키게 하는 개입방법
- 모델관찰을 통한 학습
- 역할극을 통한 학습
- 사회기술훈련을 통한 대인관계기술 향상

③ 집단 전체에 개입하기
- 의사소통과 상호작용에 개입하기
  집단성원이 고르게 집단에 참여하게 하고 의사소통 내용이 초점에서 빗나가지 않도록 명료화하고 초점을 잡아준다.
- 집단응집력 향상시키기
  흥미있는 프로그램을 실시하고, 집단성원들 간에 인간적인 만남이 이루어질 수 있게 하여 집단응집력을 향상시킨다.

- 집단의 규범, 역할, 지위, 위계구조에 대한 통제
  활동에 대한 제한이 지나치면 성원들이 억압당한다는 느낌을 받을 수 있고, 그렇다고 통제가 너무 약하면 집단이 혼란스러워질 수도 있다.

④ 환경 수준의 개입방법
- 성원이 필요로 하는 특별한 자원을 연결해준다.
- 성원의 사회적 관계망을 확대한다.
- 효과를 유지시킨다.
- 물리적 환경을 변화시킨다.
- 집단을 후원하는 기관의 지원을 확대시킨다.
- 기관 간 연계망을 형성한다.
- 지역사회의 인식을 증진시킨다.

5. 종결단계  22회 기출

중요도 ★

종결단계는 사회복지사와의 이별, 성원들과의 이별을 의미하기도 하기 때문에 성원들의 감정적인 문제도 적절하게 다루어야 한다는 점을 생각하면서 주요 과업을 살펴보자.

(1) 종결단계의 특징
- 성원들과 집단이 목표를 달성할 때 종결하는 것이 이상적이지만 집단성원이 중도 탈락하거나 집단이나 성원의 목적을 달성하지 못한 채 종결하기도 한다.
- 집단과정에서 일어난 일들이 통합되는 단계를 의미한다.
- 집단과정을 통해서 획득된 변화나 기술, 기법 등이 집단이 종결된 이후에도 유지될 수 있도록 계획을 수립한다.

(2) 계획되지 않은 종결

① 집단성원의 중도 탈락에 의한 종결
- 집단성원이 다양한 이유 때문에 집단참여를 중지하게 되는 경우이다.
- 부득이하게 그만둘 수도 있지만 집단참여가 만족스럽지 못하거나 저항의 형태로 그만두는 경우도 있다.
- 중도에 그만두더라도 그것이 실패가 아니라는 것을 인지시켜주고 집단에 기여한 바를 알려주는 것이 좋다.
- 집단성원의 중도 탈락에 영향을 미치는 요소[78]
  - 거리가 너무 멀거나 다른 일정들과 겹치는 등 외부적인 요소
  - 초기 관계수립에 문제가 있는 경우

- 감정변화에 대한 두려움
- 사회복지사의 능력 부족
- 개인치료와 집단치료가 동시에 진행되는 경우의 복잡성
- 집단치료에 대한 부적절한 오리엔테이션
- 하위집단이 형성됨으로써 일어나는 문제 등
- 희생양이나 몇몇 지배적인 성원으로 인해 성원 간 의사소통이나 상호작용이 제대로 이루어지지 않은 경우
- 집단응집력이 부족한 경우
- 조기 종결에 대한 사회복지사의 과제
  - 문제를 일으키는 요소가 무엇인지 살펴보아야 한다.
  - 집단의 계획과정으로 거슬러 올라가서 집단의 역기능적 요소들을 추적해야 한다.

② 사회복지사의 개인 사정에 의한 종결

- 사회복지사의 이직 또는 퇴직에 의해 종결되는 경우이다.
- 사유를 미리 알려 집단성원들과 함께 감정을 나누고 마무리 할 수 있도록 해야 한다. 필요한 경우 다른 사회복지사를 고려하고, 이에 대해서도 집단성원들에게 알리고 새로 올 사회복지사를 소개하거나 가능하면 얼마간 공동으로 진행하는 것도 좋다.

(3) 계획된 종결

- 계획에 따라 집단이 종결되는 경우이다.
- 목적과 목표를 성취하여 더 이상 서비스를 받지 않아도 되는 성공적인 종결이 이루어지기도 하지만, 정해진 횟수와 기간이 지났음에도 불구하고 목표달성이 되지 않았거나 결과의 수준이 낮고 불만족스러운 성공적이지 않은 종결이 될 때도 있다.

성공적인 종결과 성공적이지 않은 종결

성공적인 집단의 종결	성공적이지 않은 집단의 종결
• 집단과 성원들이 목표 성취 • 성취에 만족감을 느끼며 자존감 향상 • 만족감은 있지만 이별에 대한 상실감을 겪기도 함 • 남아 있는 문제에 대한 계획을 성원들이 수립하도록 원조함 • 종결에 대한 정서적 반응을 다루어야 함	• 집단과 집단성원 목표의 대부분 또는 모두를 이루지 못한 경우 • 결과에 대해 분노, 좌절, 실망, 우울, 절망, 죄책감, 책임 전가, 비난 등의 가능성 • 성공하지 못했다 하더라도 성공적인 집단처럼 종결의 의식이나 형식을 잘 계획해야 하고 목표를 달성하지 못한 이유나, 목표달성의 대안 등을 토론하는 것이 좋음

(4) 종결단계의 과제 ⭐꼭!

① 집단에 대한 의존성 감소시키기

종결단계에 접어들면서는 개별 성원들이 독립적으로 기능을 수행할 수 있도록 촉진하면서 집단에 대한 의존성을 감소시켜가는 것이 필요하다. 집단이 아닌 다른 외부활동을 하도록 격려하거나 집단활동이 없어도 변화를 유지해 나갈 수 있음, 즉 더 이상 집단이 필요하지 않음에 대해 이야기 나누는 시간을 갖는다.

② 집단 종결에 대한 상실감 등 감정 다루기

집단이 성공적이든 성공적이지 않든 집단이 종결한다는 그 자체에서 상실감을 느낄 수 있다. 더 이상 현재와 같은 만남이 지속되지 않는다는 헤어짐에 대한 상실감 혹은 더 이상 도움받을 곳이 없다는 상실감 등이 있을 수 있다. 상실감이 큰 경우 사회복지사 혹은 다른 성원에게 의존성이나 집착을 보이며 분노하거나 종결을 거부하기도 한다. 또 이전에 버림받았던 경험 등을 재경험하기도 한다. 이러한 감정적 문제를 다루며 이별을 받아들 수 있도록 한다.

③ 변화의 유지 및 일반화

집단 성원이 집단활동을 통해 성취한 변화를 유지하고 이러한 변화가 생활영역에서 일반화될 수 있도록 도와야 한다. 즉 집단이 종결된 이후 변화가 유지되지 못한 채 이전의 상태로 돌아가거나 다른 상황에 적용하지 못할 수 있기 때문에 다음과 같은 방법들을 실시하면서 변화가 유지될 수 있도록 돕는다.

- 일상생활에서 일어날 수 있는 상황을 집단에서 실행해본다. 되도록 다양한 상황을 이용해 현실에 대비할 수 있도록 한다.
- 성원의 능력과 그동안 배운 기술 등을 확인하며 스스로 자신의 문제를 해결할 수 있도록 한다.
- 변화를 통해 일어나는 긍정적 결과에 초점을 맞추도록 한다.

④ 미래에 대한 계획

종결 후 재계약을 안내하거나 자조모임을 격려한다. 집단 성원에 대해 추후 제공될 수 있는 부가서비스가 있을 경우 이에 대해 소개한다.

⑤ 의뢰

추가적인 서비스가 필요하다고 판단될 경우 기관의 다른 서비스나 다른 기관으로 의뢰를 고려해볼 수 있다. 의뢰는 반드시 동의가 있어야 한다.

개별 실천에서는 의뢰가 접수단계에서도 진행되지만, 집단 실천에서는 보통 종결단계에서만 일어난다. 집단을 구성할 때 이미 집단의 목적에 적합한 사람들을 선발하기 때문이다.

⑥ **평가하기** [79)]

- 과정평가: 집단 진행에 대한 평가로서 클라이언트가 원조과정을 어떻게 인지했는가와 관련이 있다.

- 결과평가: 집단이 시작되기 전에 세웠던 목표가 성취된 정도를 평가하는 것이다. 목표달성을 측정하는 방법으로는 단일사례설계, 과업성취척도, 만족도 조사 등이 사용된다.

- 총괄평가: 일련의 목적 지향의 활동이 종결되었을 때, 그 활동이나 그 활동의 결과로서 산출된 성과에 대한 종합적인 가치판단을 말한다. 사회복지실천에서 개입(프로그램)이 종결되었을 때 그 효과를 분석하는 것이다.

- 형성평가: 일련의 목적 지향의 활동을 진행하는 과정에서 부분적으로 수정, 개선, 보완하는 데 필요한 정보를 얻기 위하여 실시하는 평가활동을 말한다. 원조과정 동안 실시되는 사정과 관련된다. 사회복지사가 과정을 검토하고 필요한 경우에 개입계획을 수정할 수 있도록 하는 것이다. 이러한 의미에서 형성평가는 실천과정의 점검이라고 할 수 있다.

12장 사회복지실천 기록

한눈에 쏙!   중요도

❶ 기록의 목적 등

1. 기록의 목적 및 용도 ★★

2. 기록에 포함되는 기본적인 내용   22회 기출

3. 좋은 기록을 위한 지침

❷ 기록의 유형

1. 과정기록 ★★

2. 요약기록

3. 문제중심(문제지향적)기록 ★★

4. 녹음 및 녹화기록

기출경향 살펴보기

이 장의 기출 포인트

기록의 목적 및 용도, 좋은 기록을 위한 유의사항, 다양한 유형의 기록 방식 등을 정리해두자. 과정기록, 요약기록의 특징 및 장단점을 살펴보고, 문제중심기록에서는 SOAP 방법까지 출제범위이다.

최근 5개년 출제 분포도

연도별 그래프

문항수

회차	문항수
18	1
19	1
20	1
21	1
22	1

평균출제문항수

1.0 문항

2단계 학습전략

데이터의 힘을 믿으세요!
강의로 복습하는 **기출회독 시리즈**

3회독 복습과정을 통해
최신 기출경향 파악

최근 10개년 핵심 키워드

기출회독 126	기록의 유형	4문항
기출회독 127	기록의 특징, 목적 및 용도	6문항

기본개념 완성을 위한 **학습자료 제공**

기본개념 강의, 기본쌓기 문제, O X 퀴즈, 기출문제, 정오표, 묻고답하기, 지식창고, 보충자료 등을 **아임패스**를 통해 만나실 수 있습니다.

1 기록의 목적 등

기출회차

1	2	3	4	5
6	7	8	9	10
11	12	13	14	15
16	17	18	19	20
21	22			

강의로 복습하는 기출회독 시리즈

Keyword 127

1. 기록의 목적 및 용도

중요도 ★ ★

기록의 목적과 용도를 살펴보는 문제가 출제되곤 한다. 기록은 개인정보 유출 문제 때문에 공개가 안 된다고 생각할 수 있는데, 클라이언트 자신, 그리고 가족, 연계·의뢰·사례관리, 전문가 회의 등의 과정에서 공개될 수 있다.

① 책임성

• 기록의 일차적인 목적이다.

• 실천가들은 기관과 클라이언트, 지역사회에 대해 법적이고 윤리적인 중요한 책임성을 가지고 자신들이 제공하는 서비스나 개입에 대해 기록하고 설명하며 평가함으로써 전문직을 수행하게 된다.

② 정보 제공

• 클라이언트와 그 가족, 대리인, 고용주에게 정보를 제공한다. 특히 클라이언트의 알 권리를 존중하기 위해 정보를 개방하고 공유하며, 치료적인 목적에 활용하기도 한다.

• 실천가, 지도감독관, 자문, 그리고 기관 내의 다른 전문가들에게 정보를 제공한다.

• 법정과 지역사회기관, 감독 및 기금조성을 위한 조직, 보호 관계망, 공인집단에도 자료를 제공한다.

③ 개입이나 서비스의 과정 점검 및 평가

• 기록을 통해 서비스나 개입이 어떻게 이루어지고 있는지 과정을 점검할 수 있다.

• 개입이나 서비스가 효과적이었는지 평가하는 데 사용된다.

합격자의 한마디

클라이언트에게 기록을 공개할 수 있다. 클라이언트가 자신에 대한 기록 내용이 궁금해서 요청하기도 하고 사회복지사가 내용의 확인이 필요할 때에 클라이언트에게 보여주기도 한다. 따라서 기록 내용은 클라이언트에게 공개할 수 있다는 점 기억해두자.

④ 클라이언트에 대한 이해 증진

• 사회복지사는 클라이언트가 무엇을 원하는지 욕구를 파악하고 개입의 방향을 설정하는 데 도움을 받는다.

• 클라이언트는 자신에 대한 기록을 보거나 기록과정에 참여함으로써 자신에 대한 이해를 높일 수 있다.

• 사회복지사와 클라이언트 간 의사소통을 원활하게 한다.

⑤ 지도·감독 및 교육 활성화

- 실천가들을 교육하고 지도·감독하는 데 이용된다.
- 교육을 받는 학생이나 실습생 또는 초보 사회복지사들은 자신의 활동에 대해 점검하고 훈련받을 수 있는 기회가 된다.
- 슈퍼바이저나 상급자는 직원들이 제공하는 서비스나 업무 내용을 파악하고 평가하며 지도·감독하는 데 활용한다.

⑥ 근거자료

- 기관 및 사회정책에 따르는 승인을 증명하는 데 이용된다.
- 서비스의 질을 관리하고 조사를 수행하는 데도 이용된다.
- 연구를 위한 자료로 활용된다.
- 재정을 마련하거나 기금을 조성하는 근거자료가 된다.

⑦ 효과적인 사례관리

- 클라이언트에게 제공되는 서비스나 개입 등이 기록됨으로써 클라이언트가 타 전문가에게 의뢰될 경우 서비스가 끊기지 않고 연결될 수 있다.
- 서비스나 개입에 대해 문서화함으로써 서비스의 중복이나 누락을 막아 효과적으로 사례를 관리할 수 있다.

⑧ 타 전문직과의 의사소통

기관 안팎의 다른 사람들과 의사소통하는 데 이용되며, 이는 전문직 간의 협력을 원활하게 한다.

⑨ 자료화

사회복지실천활동이 이루어지는 모든 내용을 자료로 남긴다.

2. 기록에 포함되는 기본적인 내용 22회 기출

- 클라이언트에 대한 기본적인 정보: 나이, 연령, 성별, 직업, 교육수준 등
- 클라이언트의 사회력
- 개입의 필요성 및 서비스를 제공하는 이유
- 사회복지사의 면접 및 사정 내용
- 서비스 제공 목적 및 계획
- 서비스 과정

사회력

클라이언트의 문제나 욕구를 역사적이며, 생태학적인 맥락, 강점에 기반해서 이해하기 위해 사용되는 기록이다.

보충자료

사회력

- 종결 및 평가에 대한 내용
- 사후관리 등

3. 좋은 기록을 위한 지침

(1) 좋은 기록을 작성하는 지침
- 기록의 목적(정확성, 효과성, 책임성, 비밀보장 등)을 충실히 반영한다.
- 사정, 개입, 평가의 기초가 되는 클라이언트에 대한 정보를 담아야 하며, 각 단계의 목적, 목표, 계획, 과정 및 진행에 대한 정보를 비롯한 서비스 전달에 대한 정보를 포함한다.
- 사실과 견해를 구분하여 작성한다. 객관적인 사실과 기록자의 사적인 견해가 구분되어 혼돈되지 않게 정리되어야 한다.
- 간결한 문체, 구체적인 묘사, 타당하고 명확하며 논리적인 표현을 사용한다.
- 긴 내용을 구조화하여 효과적으로 정리한다. 소제목을 달면 손쉽게 찾아내어 이후에 활용하기도 쉽고 보기도 좋다. 한 번 기록하고 다음에 쓸모없는 기록은 좋은 기록이 아니다.
- 내용은 거짓 없이 사실적으로 기록해야 하며, 기록된 정보는 유용하고 쓸모있어야 한다.
- 내용과 절차 혹은 과정에 있어 전문가의 윤리를 준수한다.
- 수용된 이론에 근거를 두어 작성한다.
- 전문가의 관점에 기초를 두지만, 클라이언트의 관점을 배제하지 않는다.
- 어떤 서비스가 제공될 것인지에 대한 결정과 행동을 중심으로 구성한다.
- 기록의 질은 기본적으로 기록자에게 달려 있으므로 문장기술 능력을 향상시켜야 한다.

(2) 좋지 않은 기록의 특징
- 내용이 부정확하고 사실에 근거하지 않은 기록
- 철자나 문법 등 반복적으로 잘못된 표현이 많은 기록
- 내용이 너무 길고 복잡하여 이해하기 어려운 기록
- 내용이나 과정상 윤리적 문제가 있는 기록
- 기록자의 선입견, 클라이언트에 대한 편견이 들어 있고 클라이언트에게 낙인을 주는 기록
- 내용이 애매모호하여 오해하기 쉬운 표현이 많은 기록
- 수동태 문장을 많이 사용하여 행위의 주체를 파악하기 어려운 기록

• 지나치게 요약하여 정보로서의 가치가 없는 기록

(3) 기록에 관한 유의사항

• 기록을 하기 전에 클라이언트에게 양해와 동의를 구한다. 기록을 하는 목적과 기록이 클라이언트에게 어떤 도움이 되는지 간략하게 이야기한다.
• 녹음이나 녹화를 할 경우, 클라이언트에게 부담을 주지 않기 위해 비밀스럽게 녹음을 하거나 녹화를 하는 것은 좋지 않다. 반드시 허락을 구하고 시작하며, 중간에 클라이언트가 불편해 하면 중단한다.
• 클라이언트와 면담을 하면서 기록을 할 때, 메모하는 것은 최소한으로 줄인다. 사회복지사가 기록에 치중할 경우 클라이언트는 사회복지사가 자신에게 관심이 없다고 느낄 수도 있고, 면담의 진행에 방해를 주기도 한다.
• 사실적인 내용이나 약속 등에 대해서는 정확하게 기록한다.
• 면담이 끝난 후 잊어버리기 전에 간단하게라도 빨리 메모해 두는 습관을 갖는다.
• 기록물을 관계된 사람 외에 다른 사람이 쉽게 접근할 수 없도록 보관 · 관리되어야 한다.
• 기록을 슈퍼비전이나 사례회의에 사용할 수 있는데, 이때에는 클라이언트의 사적인 정보가 불필요하게 노출되지 않도록 유의한다.

기출회차

1	2	3	4	5
6	7	8	9	10
11	12	13	14	15
16	17	18	19	20
21	22			

강의로 복습하는 기출회독 시리즈

Keyword 126

2 기록의 유형

중요도 ★ ★

과정기록은 모든 내용을 있는 그대로 기록하는 것을 목표로 하지만, 현실적으로 어렵고 기록작성을 위해 소모되는 노력이 많다는 단점이 있다. 이로 인해 슈퍼비전이나 교육적 목적을 위해 한정적으로 사용한다.

1. 과정기록

(1) 과정기록(process recording)의 특징 [80]

• 사회복지사와 클라이언트 간에 있었던 일을 있는 그대로 기록하는 방식이다.

• 사회복지사와 클라이언트가 면담하면서 이야기한 내용, 클라이언트의 행동, 사회복지사가 관찰한 내용과 판단 등을 기록한다.

• 클라이언트가 실제로 말했던 것을 정확하게 상기할 수 있도록 그대로 기록하는 것이다.

• 의사소통의 내용이나 비언어적 표현까지도 기록한다.

  예 클라이언트의 표정, 몸짓, 사회복지사의 느낌이나 사고, 분석 내용

• 면담 내용이나 상황을 구체적으로 분석하기 위해서 면담 내용, 사회복지사의견, 슈퍼바이저 코멘트 부분으로 나누어 기록하기도 한다.

• 일반적으로 많이 사용하지 않지만, 교육적 목적 등을 위해 부분적으로 활용되고 있다.

• 대화체를 그대로 기록하는 직접인용 과정기록과 대화를 풀어서 이야기체로 기록하는 간접인용 과정기록이 있다.

(2) 과정기록의 장점 ★꼭!

• 슈퍼비전이나 교육적 도구로 매우 유용하다.

• 실무 교습과 학습의 수단으로 사회복지교육에서 널리 사용된다.

• 초보 사회복지사나 실습생 등이 자신의 활동에 대한 점검과 슈퍼비전 또는 자문을 받을 때 유용하다.

• 클라이언트와의 교류를 준비하고 상기하며 기록하고 분석함으로써, 또한 과정기록에 대한 지도감독자의 비평에 반응함으로써 클라이언트와의 상호작용에 대한 이해를 높일 수 있다.

• 어려운 사례를 다루거나 새로운 기술 등을 개발할 때 유용하다.

(3) 과정기록의 단점 ☆꼭!

- 서비스의 상호교류에서 실제로 일어났던 일에 대해 완벽하게 기록하는 것은 불가능하므로 정보가 불완전하며 왜곡될 수 있다. 이를 보완하기 위해서 녹음이나 비디오 녹화 등을 하기도 한다.
- 작성하는 데 시간과 비용이 너무 많이 소요되어 비효율적이다. 따라서 일반적으로 많이 사용되지 않으며 기록의 목적이나 사례 등에 따라 선택적으로 사용된다.
- 면담이나 서비스 제공 등에 대해 사회복지사가 기억하는 능력에 따라 기록의 유용성이 좌우된다. 사회복지사가 많이, 정확하게 기억하면 좋은 기록이 되지만 반대의 경우 유용성이 떨어진다.

[예시1] 직접인용 과정기록(대화체)

면담 내용	사회복지사 의견	슈퍼바이저 코멘트
• 사회복지사: 어서오세요. 편찮으신데 여기까지 와 주셔서 감사합니다. 많이 불편하시면 병실로 가서 이야기해도 되고, 여기 소파에 누우셔도 됩니다. 불편해하지 마시고 편안하게 이야기하세요. • 김태희: 아니에요. 움직이는 것은 가능하고 가끔씩 운동도 할 겸 여기저기 돌아다니기도 해서 괜찮아요.(의자에 앉을 때 찡그림) • 사회복지사: 송혜교 간호사로부터 김태희씨의 상황에 대한 이야기는 간단히 들었습니다만 구체적인 이야기를 좀 더 해주시면 도움이 될 것 같습니다. • 김태희: 송혜교 간호사에게 이야기를 들어서 아시겠지만 제가 교통사고를 당해서 두 달이 넘도록 입원을 해야 한대요. 치료비는 보험회사에서 대준다고 하니까 별로 문제는 없는데 아이들이 문제예요. 4살짜리 아들과 2살짜리 딸이 있는데 유아원이나 어린이집에 안 다니거든요. 제가 데리고 있었는데, 제가 병원에 있으니 아이를 돌봐줄 사람이 없어요. 그동안 이웃에서 좀 봐주었는데 아무래도 미안하고 그쪽 사정도 안 되고……. 그렇다고 애들 아빠가 볼 수 있는 것도 아니고요……. (눈물을 글썽임)	밝은 얼굴로 들어왔지만 걱정을 많이 하는 모습을 보였고 중간에 한숨을 많이 쉬고 안절부절 못함	비밀보장이나 사생활 보호를 위해 사회사업과 상담실에서 면담을 한 것은 좋지만 장시간 앉기 힘든 클라이언트를 위한 별도의 배려가 필요함

[예시2] 간접인용 과정기록(이야기체)

2023년 2월 4일

외과 간호사 송혜교가 의뢰한 클라이언트 김태희와 첫 면담을 했다. 불편한 상황에서 상담실로 와준 것에 대해 감사하다고 말하고 불편하면 병실로 가서 이야기를 나눠도 되고 소파에 누워도 된다고 알려주었다. 클라이언트는 가끔씩 운동 삼아 여기저기 돌아다니기도 한다면서 괜찮다고 했다. 클라이언트를 의뢰한 외과 간호사로부터 상황을 들었지만 구체적인 이야기를 직접 듣는 것이 좋겠다고 하자 클라이언트는 교통사고를 당해서 두 달이 넘도록 입원을 해야 한다고 말했다. 치료비는 보험회사에서 처리하지만 두 아이(4살, 2살)를 돌보아줄 사람이 없다면서 걱정을 했다. 사고 이후 지금까지는 이웃집에서 봐주었지만 매우 미안하기도 하고 이웃집에서도 사정상 계속 봐줄 수가 없다고 했다. 또한 클라이언트의 남편도 애를 볼 수 있는 상황은 아니라고 하면서 눈물을 흘렸다.

면담 과정에서 이야기한 것을 그대로 대화 형태로 표현하는 것이 아니라 다른 누군가에게 이야기 해주듯이 풀어 쓴 것이 이야기체 기록이다. 이야기체 기록을 기록의 한 가지 유형으로 소개하는 책들도 있지만, 엄밀히 말하면 이야기체 기록은 면담 내용을 서술하는 방식이다.

- 앞서 과정기록에서 살펴본 예시에서 직접인용 방식이 대화체 기록이고, 간접인용 방식이 이야 기체 기록이다. 대화체 기록이 대본을 보는 느낌이라면, 이야기체 기록은 전지적 작가 시점의 소설을 읽는 느낌이라고 보면 된다.
- 이야기체 기록은 단지 글을 서술하는 방식이기 때문에 과정기록이나 요약기록 같이 정해진 틀 이 있는 것은 아니다.
- 과정기록에서는 면담 과정에서 일어난 모든 대화 내용을 다 담는 것을 원칙으로 하는데 이야기 체로 서술하게 되면 사회복지사의 관점이나 문장력에 따라 재구성될 위험이 높아진다. 그래서 과정기록은 대체로 직접인용 방식, 즉 대화체 기록을 취하게 된다.
- 요약기록에서는 사회복지사가 중심적인 내용, 꼭 필요한 정보들을 선택적으로 기록하기 때문 에 이야기체 방식으로 서술하게 된다. 그래서 요약기록과 이야기체 기록을 같은 것으로 설명하 는 교재도 더러 있다.

2. 요약기록

(1) 요약기록(summary recording)의 특징

이야기체 기록과 요약기록을 같은 것으로 소개하는 책들도 있는데 둘은 엄연히 다르다. 이야기체 기록은 서술하는 방식이고, 요약기록은 내용을 축약해서 쓰는 기록의 형태이다.

- 사회복지기관에서 흔히 사용되는 기록형태이다.
- 기록의 내용은 기관에 따라서 달라지지만 일반적으로 개시일, 사회력, 행동계획, 시간의 경과에 따라 변화된 상황, 개입활동, 중요한 정보 등을 포함하여 기록한다.
- 요약기록은 면담에서 중요한 내용만 간추려 간략하게 작성하는 것으로 세부적인 내용들은 제외한다.
- 사회복지사가 무엇을 제공했는지 보다는 클라이언트에게 어떤 변화가 일어났는지를 더 중점적으로 기록한다.
- 요약기록의 기준은 정해진 것은 없으나 대체로 시간의 흐름에 따라 기록하거나 주제별로 구분하여 기록한다.
  - 시간의 흐름에 따라 일정 간격을 두고 개입활동 및 변화양상 등을 중심으로 기록한다.
  - 여러 문제에 대한 개입이 동시적으로 이루어질 때에는 주제별로 구분하여 언제 어떤 개입이 진행되었고, 어떤 변화를 보이는지를 기록한다.

[예시1] 시간 흐름별로 구성한 요약기록(이야기체)

2023년 2월 4일

외과 간호사 송혜교가 김태희를 의뢰했다. 오늘 첫 면담을 했는데, 김태희는 교통사고를 당해 2개월 이상 입원해야 하는 상태이다. 입원기간 동안 4살 아들과 2살 딸아이를 돌보아줄 사람이 없어서 걱정을 많이 하고 심리적으로 불안한 상태이다. 입원기간 동안 자녀를 돌보아줄 서비스나 정보에 대해 도움을 요청했다.

2023년 2월 11일

2회 면담을 하였다. 지난 일주일 동안 수집한 정보에 대해 전달했다. 클라이언트인 김태희의 거주지역 근처에 있는 24시간 놀이방에서 아이들을 맡아줄 수 있었다. 비용은 병원의 후원회에서 지원해 주기로 했다. 이 소식을 들은 김태희는 매우 기뻐했으며 아이들에 대한 미안함이 조금은 덜어졌다고 했다. 남편에 대한 불만이 많았었는지 남편과의 갈등, 시댁과의 마찰에 대해 이야기하면서 많이 울었으며 조만간 다시 만나서 이야기를 나누고 싶다고 하여 2월 14일에 3회 면담을 하기로 했다.

[예시2] 주제별로 구성한 요약기록

클라이언트: 김태희(35세, 여)

의뢰자: 외과 간호사 송혜교
의학적 상태: 교통사고로 전치 10주 진단받음

제시된 문제

클라이언트는 1월 25일에 교통사고를 당해 전치 10주의 진단을 받았다. 두 달 이상 입원을 해야 하는 상황에서 두 자녀를 돌보아줄 사람이 없어서 많이 걱정하고 있고 이로 인해 심리적으로 매우 불안한 상태이다. 입원기간 동안 자녀를 돌보아 줄 서비스나 자원을 찾고 있었다. 겉으로 드러나지 않았으나 그동안 남편과 시댁문제로 스트레스를 심하게 받고 있었으며 힘들어 했다. 시어머니가 남편에 대해 과도한 기대와 역할을 요구하고 있으며 경제적으로도 크게 의존하고 있는 상태였다. 클라이언트는 시어머니가 자신의 가정에 대한 간섭과 기대에서 벗어나지 못하면 부부갈등 및 시댁과의 관계가 더 악화될 것에 위기의식을 느끼고 있었다.

가족상황

- 남편(정지훈, 35세, 회사원): 밤에 아이를 돌보고 있으나 회사에서 늦게 돌아오는 일이 많고 출근을 해야 하므로 아이를 더 이상 돌볼 수 없다.
- 아들(정경호, 4세): 여동생을 잘 돌보고 잘 놀아준다. 가끔 동생에 대해 질투를 하지만 큰 말썽은 부리지 않는다.
- 딸(정은지, 2세): 오빠와는 달리 투정도 심하고 욕심도 많다. 엄마와 떨어져서 지낸 적이 없었기 때문에 요즘처럼 이웃이 봐주는 것에 대해 낯설어 하고 다소 경계를 보이고 있다.

개입 계획

-
-

면담일시 및 내용

- 1회(2023. 2. 4.): 주된 호소 문제 탐색(입원기간 동안 자녀를 돌보아줄 서비스 요청)
- 2회(2023. 2. 11.): 정보전달
- 3회(2023. 2. 14.): 시댁과의 관계 및 문제에 대한 탐색

개입 결과

-
-

(2) 요약기록의 장점

- 사례가 장기간 지속될 경우 유용하며, 매일매일 면담 내용을 적어두는 사례노트를 활용하여 시간에 따른 변화나 과정을 기록해두면 좋다.
- 전체 서비스 과정을 고려하면서 쉽고 짧게 사용할 수 있다.
- 면담의 모든 과정을 기록하는 것이 아니라 사회복지사가 중요하다고 판단한 것을 선택하여 기록할 수 있는 융통성이 있다.

한걸음 더   사례노트

사례가 진행되는 동안, 즉 어떤 클라이언트에 대한 개입이 진행되는 동안 매일 있었던 면담 내용이나 개입상황 등을 간단하게 기록해 두는 것을 말한다.

면담대상				면담유형				일시	내용
클라이언트	남편	자녀	기타	전화	방문	이메일	기타		
○					○			2023. 2. 4.	• 1회 면담 • 주된 문제 탐색 및 관계형성 • 교통사고로 입원이 길어짐에 따라 어린 자녀를 돌보아줄 서비스 및 정보를 제공받기 원함
○					○			2023. 2. 11.	• 2회 면담 • 클라이언트 거주 지역 근처에 있는 24시간 놀이방에서 아이들을 맡아줄 수 있고 비용은 병원의 후원회에서 지원할 수 있음을 전달 • 3회 면담 약속: 2023. 2. 14.

(3) 요약기록의 단점

- 클라이언트의 언어적 표현이나 비언어적 표현 등이 사실적으로 전달되지 않을 수 있다.
- 클라이언트나 사회복지사의 생각이나 느낌이 잘 드러나지 않을 수 있다.
- 선택적으로 기록하기 때문에 면담내용이 지나치게 단순화되어 초점이 분명하지 않을 수 있다.

3. 문제중심(문제지향적)기록

(1) 문제중심기록의 특징

- 단순한 기록의 차원을 넘어 문제해결 접근방법을 반영한다.
- 문제를 목록화 한다. 문제목록은 사례계획과 개입의 초점을 제공하는 역할을 하며 개입의 책무성을 나타내는 문서의 기능을 한다.
- 개입의 초점을 명확히 하며 효율성을 향상시킨다.
- 문제중심기록은 흔히 SOAP의 형식을 사용한다.

(2) 문제중심기록의 구성

① 기초 정보(데이터베이스 구축)

- 문제목록을 작성하기 위해 자료를 수집한다.
- 성, 연령, 결혼상태, 기능, 재정상태, 검사결과, 중요한 인물 등

② 문제목록 작성

- 문제를 규정하고 구체적인 문제목록을 작성한다.
- 문제목록은 사례의 진행과정 초기에 확인된 문제를 나열하고 사례를 진행하면서 다른 문제들이 표면화될 때마다 새로운 문제가 추가된다. 각 문제에 체계적인 번호를 매겨 클라이언트의 문제유형을 쉽게 파악할 수 있도록 한다.

문제중심기록에서 사용하는 클라이언트의 문제목록

문제번호	문제	일시	해결된 문제	해결일시
1	거처가 일정하지 않음	2월 3일		
2	식사 불안정	2월 10일	무료급식 연결	2월 15일
3	우울증	2월 17일		

③ 계획과 목표 설정

- 규명된 문제와 관련된 계획과 목표를 수립한다.
- 문제목록에 있는 각 문제마다 개별적으로 계획과 목표를 설정한다.

④ 진행 및 결과 기록

서비스 진행과정과 변화내용에 대해 문제목록에 기재된 번호에 따라서 SOAP 방식으로 작성한다.

중요도

문제중심기록의 특징을 파악하는 문제도 출제된 바 있지만, 제시된 사례와 SOAP기록의 요소를 연결해보는 문제도 출제된 바 있다.

잠깐!

문제중심기록은 다학문적 접근이 필요한 의료분야에서 시작되었는데, 사회복지 분야에서도 사례관리 등에 따라 다양한 분야의 전문가와 함께 일하게 되면서 활용되고 있다.

(3) SOAP기록 방법

① S(Subjective Information, 주관적 정보)

클라이언트나 가족으로부터 얻는 주관적 정보. 기본적인 자료, 클라이언트가 느끼는 자신의 상황에 대한 인식과 감정 등

② O(Objective Information, 객관적 정보)

검사와 관찰로부터 얻은 객관적 정보. 전문가의 관찰, 검사 결과, 체계적 정보 등

③ A(Assessment, 사정)

주관적 정보와 객관적 정보를 검토해서 추론된 전문가의 해석이나 결론

④ P(Plans, 계획)

문제를 해결하기 위한 방법이나 계획

[예시] SOAP기록

- **클라이언트**: 김태희(35세, 여)
- **의뢰자**: 외과 간호사 송혜교
- **면담일시**: 2023. 2. 4.
- **면담장소**: 사회사업과 상담실
- **의료적 상태**: 2023. 1. 25.에 교통사고로 전치 10주 진단받고 입원

- S: "입원기간 동안 자녀를 돌보아줄 사람이 없어서 매우 걱정돼요."
- O: 낮에는 이웃이, 밤에는 남편이 자녀들을 돌봄. 김태희는 2개월 이상 입원해야 함
- A: 아이들을 돌보아줄 탁아서비스 및 비용문제를 해결할 수 있는 대안이 필요함
- P: 자녀를 돌보아줄 수 있는 지역사회 자원 찾아보기, 탁아서비스 비용을 지원해 줄 수 있는 자원 찾아보기

(4) 문제중심기록의 장점

- 다양한 분야의 전문가들이 함께 일하는 현장에서 의사소통을 수월하게 하며, 타 분야 간 협조를 원활하게 한다.
- 전문직 간 책무성이 증가된다.
- 특정한 문제에 초점을 두므로 적절하지 않은 정보는 기재하지 않게 되어 기록이 간결하다.
- 미해결 문제와 관련하여 대안적인 계획이나 다른 기관으로의 의뢰 등에 대한 윤곽을 그릴 수 있다.

(5) 문제중심기록의 단점

- 본래 미국의 의사인 로렌스 위드(Lawence Weed)가 문제중심의 의료 기록으로 개발한 것이어서 사회복지 분야에서 중요하게 생각하는 심리사회적 측면을 세심히 다루기에는 어렵다.
- 클라이언트의 강점보다는 문제를 강조하고, 개인과 환경의 상호작용보다는 개인에게 초점을 둠으로써 생태체계적 관점이나 강점관점과 잘 맞지 않는다.
- 문제의 사정이 부분적으로 이루어지고, 지나치게 단순화하며, 클라이언트의 능력과 자원을 덜 중요시하는 경향이 있다.

4. 녹음 및 녹화기록

(1) 녹음 및 녹화기록의 특징

- 음성녹음과 화면녹화를 이용하여 면접과정을 관찰하고 재조사하며 분석하는 것이다.
- 면담이나 개입장면의 전체를 기록하는 것이므로 직접 필기하는 것보다 효과적이다.
- 기록 보관의 보충적인 역할로 사용된다.

(2) 녹음 및 녹화기록의 장점

- 교육용으로 유용하다.
- 가족치료 및 실천에 대한 과정지향적인 접근법을 지도 · 감독할 때 유용하다.

(3) 녹음 및 녹화기록의 단점 및 주의할 점

- 클라이언트가 녹화나 녹음을 지나치게 의식하여 집중력이 떨어지거나 평소처럼 자연스럽지 않고 어색할 수 있다.
- 녹음이나 녹화 시 클라이언트에게 사전에 알리고 반드시 동의를 구해야 한다.

13장 사회복지실천 평가

한눈에 쏙!   중요도

❶ 사회복지실천 평가
- 1. 사회복지실천 평가의 개념
- 2. 평가의 목적
- 3. 평가의 유형

❷ 실천평가기법
- 1. 단일사례설계 ★★★ 22회 기출
- 2. 기타 평가방법

기출경향 살펴보기

이 장의 기출 포인트

이 장에서의 필수는 단일사례설계이다. 단일사례설계의 다양한 유형을 사례와 접목하는 문제에 대비하면서 학습해야 한다.

최근 5개년 출제 분포도

연도별 그래프

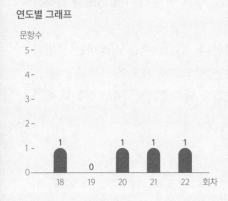

평균출제문항수

0.8 문항

최근 10개년 핵심 키워드

| 기출회독 128 | 단일사례설계 | 8문항 |

기출회차

1	2	3	4	5
6	7	8	9	10
11	12	13	14	15
16	17	18	19	20
21	22			

강의로 복습하는 기출회독 시리즈

1 사회복지실천 평가

1. 사회복지실천 평가의 개념

• 광의의 차원에서 사회복지실천평가란 사회복지실천활동이 효과적이었는지 그리고 효율적이었는지를 판단한다.
• 효과성은 목표의 달성 여부를 말하며 효율성은 비용 대비 효과성을 의미하는 것으로서 사용된 자원과 결과의 비율로 나타낸다.
• 협의의 사회복지실천 평가란 사회복지사의 개입 노력을 사정하는 것인데 이는 사회복지실천의 효과성을 평가하는 것으로서 개인이나 가족, 집단, 지역사회를 대상으로 실시한 개입이 변화를 일으켰는지, 어느 정도의 변화가 생겼는지를 사정하는 것이다.

2. 평가의 목적

책무성(accountability)
개인이나 기관이 자기가 한 일이나 결과 혹은 산물에 대해 책임을 지고 입증되거나 알게 된 과오를 수정할 수 있는 정도

• 개별 클라이언트에 대한 특정 개입의 효과성에 관한 정보를 통하여 클라이언트에게 최대한 도움이 되기 위해 평가를 실시한다.
• 서로 다른 문제, 특성, 환경을 가진 클라이언트들에게 상대적으로 효과적인 개입방법을 선정하기 위해 평가를 실시한다.
• 기관, 클라이언트, 전문가 그리고 지역사회에 대한 책무성을 향상시키기 위해 평가를 실시한다.

3. 평가의 유형

(1) 양적 평가

• 척도, 설문지, 계량화된 측정 기준 등을 이용하여 수집된 수량적 결과를 분석하여 확률적, 통계적 결론을 도출하는 방식이다.
• 주로 가설을 먼저 제시하고 그 가설을 검증하기 위해 진행된다. 이로 인해 평가결과를 가설에 맞게 조작할 수 있다는 문제점도 있다.

(2) 질적 평가

- 면접, 관찰 등을 통해 보다 심층적으로 통찰하여 연구결과를 도출하고자 하는 방식이다.
- 면접이나 관찰을 통해 얻은 자료는 객관성이 부족하다는 점에서 다양한 평가방법의 교차사용, 혼용을 통해 신뢰도와 타당도를 높일 수 있도록 한다.

(3) 결과평가(outcome evaluation)

- 결과평가는 설정했던 목표들이 얼마나 달성되었는가를 평가하는 것으로서 개입과정을 통해서 원하던 변화가 일어났는지를 평가한다.
- 클라이언트의 변화는 개입 외에도 다른 여러 가지 요인에 의해 영향을 받을 수 있기 때문에 결과가 개입으로 인해 일어났다는 것을 증명해야 한다.
- 결과평가를 하는 방법은 크게 개입 전후를 비교하는 단일집단 사전-사후 비교방법과 개입을 한 실험집단과 개입을 하지 않은 통제집단을 비교하는 방법이 있다.

① 단일집단 사전-사후 비교방법

- 사전-사후 비교방법은 사회복지실천의 효과성을 평가하는 데 많이 사용하는 방법이다.
- 평가하고자 하는 문제와 측정도구를 명확히 정하고 개입하기 전 문제가 어느 정도인지를 측정하고 개입 이후 다시 같은 방법으로 문제수준을 측정하여 그 변화를 개입의 효과로 보는 것이다.

  > **예** 자기효능감 향상 집단 프로그램의 효과성을 평가하기 위해 개입 전에 자기효능감 점수를 측정하고 개입 후 자기효능감 점수를 측정하여 그 차이가 크면 자기효능감 프로그램은 효과가 있다고 할 수 있다.

- 내적타당도가 낮기 때문에 결과를 신뢰하기 어렵다.

내적타당도
원인과 결과에 대한 확신 정도

② 통제집단 실험집단 비교 방법

- 개입을 한 실험집단과 개입을 하지 않은 통제집단을 비교하여 그 차이로 개입의 효과를 추정하는 것이다. 이 방법은 사전-사후 비교방법에 비해 많이 사용되지 않는데 사회복지실천분야에서는 윤리적 문제를 일으킬 수 있기 때문이다.
- 두 집단 간의 차이를 개입의 결과로 보려면 두 집단 간에 다른 요인이 영향을 미치지 말아야 하는데 실제로 그러한 효과를 통제하기 어렵다.

(4) 과정평가(process evaluation)

- 과정평가는 사회복지실천 과정을 평가하기 위한 것으로서 결과평가에서 간

과되기 쉬운 프로그램의 준비, 진행, 종결과정에서 환경적인 요인과의 관련성을 개입과정에 따라 분석하는 것이다.

- 클라이언트가 개입과정을 어떻게 지각하는가를 평가할 수 있는데 실천, 즉 개입과정이 자신에게 도움이 되었다고 느끼는지 아니면 부정적 영향을 미쳤다고 생각하는지를 알 수 있다.
- 과정평가의 결과는 결과평가의 결과와 차이가 있을 수 있다. 개입의 목표가 달성되었지만 개입과정에 대한 클라이언트의 평가, 즉 과정평가의 내용은 부정적일 수 있다.

(5) 실무자평가

- 실무자 평가는 실무자에 대한 평가로서 사회복지사의 행동, 태도, 속성 등이 개입과정에 어떤 영향을 미쳤다고 생각하는지에 대한 피드백을 요청하는 것이다.
- 사회복지실천 과정 및 결과가 보다 효과적이기 위해 사회복지사는 실무자평가에 대한 내용을 긍정적으로 받아들이고 개선을 위해 활용해야 한다.

(6) 형성평가(formative evaluation)

- 활동의 진행과정에서 개입을 부분적으로 수정 · 개선 · 보완하는 데 필요한 정보를 얻기 위하여 주기적으로 진전상황을 평가하는 활동이다.
- 사회복지사가 과정을 검토하도록 하고 필요한 경우에 개입계획을 수정할 수 있도록 한다. 이러한 의미에서 형성평가는 실천과정을 점검하는 평가라고 할 수 있다.

(7) 총괄평가(summative evaluation)

- 활동이 종결되었을 때, 그 활동의 결과로서 산출된 성과와 효율성에 대하여 종합적인 가치판단을 하는 평가이다.
- 사회복지실천에서 개입(프로그램)이 종결되었을 때 그것의 효과성, 즉 목적달성 여부와 관련하여 그 요인을 분석하는 것을 말한다. 이러한 면에서 형성평가와 대조된다.
- 개입이 목표로 하는 바를 얼마나 잘 성취했는지를 평가하는 것으로 개입방법의 성과나 효과, 즉 효율성과 효과성을 평가한다.

(8) 클라이언트 만족도 평가

- 개입기간 동안 클라이언트가 받은 서비스 혹은 프로그램에 대해 클라이언트의 의견을 구하는 평가방법이다.

- 단일사례나 또는 비슷한 서비스를 받은 모든 클라이언트 또는 특정 사회복지사의 서비스를 받은 모든 클라이언트에게 행할 수 있다.
- 개입의 결과에 대한 클라이언트의 주관적 인식을 알 수 있을 뿐, 개입의 효과성을 측정하는 것은 아니다.
- 프로그램이나 서비스 등 개입에 적극적으로 참여했거나 좋은 인상을 받은 클라이언트는 높게 점수를 주는 경향이 있고, 서비스에 만족하지 못했거나 소극적으로 참여한 클라이언트는 조사에 응하지 않았을 가능성이 크기 때문에 만족도 결과가 긍정적인 방향으로 치우칠 가능성이 있다는 점을 유의해야 한다.

(9) 동료검토

① 특징
- 사회복지사의 사회복지실천활동에 대해 동료 사회복지사가 평가하는 것이다.
- 동료검토를 통한 평가의 목적은 사회복지사 개인의 개입과정에서 나타나는 문제점을 수정하고 개선하며, 기관의 정책이나 절차에 대한 수정이 필요하면 요구하려는 것이다.
- 동료검토는 개입의 결과보다는 개입의 과정에 초점을 두는 것으로서 사회복지사 자신들이 좋은 실천활동이란 어떤 것인지에 대한 기준과 원칙을 논의하면서 평가에 반영하기도 하고 자신들의 실천활동 수준을 발달시킨다.

② 동료평가에서 검토되는 내용
- 클라이언트의 문제가 명확히 제시되었는가?
- 클라이언트와 그의 가족은 개입계획에 참여하였는가?
- 개입계획은 기록으로 정리되었는가?
- 개입방법은 클라이언트의 문제에 적합한 것이었나?
- 클라이언트와의 접촉빈도와 기간은 클라이언트의 문제와 관련해서 적절했나?
- 개입계획, 사회복지사의 행동, 사용된 접근방법은 장기적인 계획을 염두에 두고 있는가?
- 지역사회에 존재하는 자원을 적절하고 효과적으로 사용했는가?
- 목표달성을 위한 과정들이 진척되었는가?
- 사례에 대한 기록이 명확하고 분명하며 간결한가?
- 필요한 기관양식이 기록되었나?

기출회차				
1	2	3	**4**	5
6	7	**8**	**9**	10
11	12	13	**14**	15
16	17	18	19	**20**
21	**22**			

강의로 복습하는 기출회독 시리즈

Keyword **128**

2 실천평가기법

1. 단일사례설계 ^{22회 기출}

중요도 ★ ★ ★

단일사례설계의 주요 특징을 확인하고 어떤 상황에서 어떻게 이용할 수 있는지까지 생각해봐야 한다. 사례에 적용된 유형을 확인하는 문제가 줄곧 출제되었다.

💡 잠깐!

사회복지실천에서 실험집단 설계활용의 한계점
- 양적 연구에 적합한 사례 수를 확보하는 데에 어려움이 있다.
- 통제집단에 대해서 의도적으로 개입을 하지 않는다는 점에서 사회복지실천상 윤리문제가 제기될 수 있다.

(1) 단일사례설계(single subject design)의 개념

- 단일사례설계는 개인 및 가족, 소집단 등을 대상으로 문제를 해결하기 위한 개입의 효과를 과학적으로 입증하는 조사설계방법이다.
- 클라이언트에 대한 개입 및 결과의 인과관계를 살펴보기 위해 통제된 환경에서 개입 전과 개입 후의 변화를 시계열적으로 반복해서 측정하여 평가하는 것이다.
- 일반적으로 평가의 대상은 한 사람의 개인, 하나의 집단, 하나의 가족, 하나의 기관이 되지만, 한 명 이상의 클라이언트를 대상으로 하는 경우에도 적용된다.

(2) 단일사례설계의 특징 ⭐^{꼭!}

① 개입의 효과성 분석

단일사례연구의 일차적인 목적은 가설의 검증에 있는 것이 아니라 어떤 표적행동에 대한 개입의 효과성을 분석하는 데 있다.

② 표본의 크기=1, 분석단위=1, N=1

- 단일한 대상(개인, 집단, 조직, 지역사회 등) 사례, 즉 하나의 대상 또는 사례를 대상으로 한다.
- 조사의 대상이 되는 사례는 개인 또는 집단이다. 가족이나 집단도 대상이 될 수 있지만 가족 또는 집단 전체를 하나의 사례로 본다.
- 집단구성원들의 정보는 개별적으로 취급되는 것이 아니라 집단 전체의 평균이나 빈도 등으로 요약되어 하나의 사례로 취급된다.

③ 반복적인 관찰

- 경향과 변화 정도를 알 수 있도록 반복적인 관찰을 한다.

- 통제집단이 없는 대신 하나의 사례를 반복적으로 측정함으로써 개입의 효과를 파악한다.

④ 즉각적인 환류

- 반복적이고 연속적으로 자료를 수집하기 때문에 개입으로 인한 조사대상의 변화를 주기적으로 파악할 수 있다.
- 사례를 진행하는 도중에 도출되는 정보는 환류–수정의 반복적인 과정을 통해 새로운 개입방법을 수립하거나 개입방법을 수정함으로써 개입효과를 높인다.

⑤ 통제집단 없음

- 클라이언트는 스스로 통제집단이 되기 때문에 통제집단이 없다.
- 클라이언트의 문제, 상황, 목적에 관련된 개별화된 기초선(baseline)은 개입과정 동안 변화를 측정하는 기준이 된다.

⑥ 개입 전후 비교

단일사례설계는 개입 전을 통제상태로 보고 개입 중 또는 개입 후의 상태를 실험처치 후의 상태로 보아 개입 전후를 비교하는, 실험조사설계의 통제집단 후 비교설계와 같은 논리를 찾는다.

단일사례(연구)설계와 집단연구설계의 비교

	단일사례(연구)설계	집단연구설계
연구대상	개인, 가족, 소집단	모집단으로부터 무작위 표본추출
연구목적	표적행동에 대한 개입의 효과성 규명	가설의 검증
실험처치	하나의 사례를 반복 측정함으로써 실험집단과 통제집단과 같은 집단비교의 효과를 갖는다.	실험집단과 통제집단으로 나누어 사전·사후 검사값을 비교하여 실험처치의 효과를 평가한다.

(3) 단일사례설계 수행과정

① 문제의 확인 및 규정

- 조사대상이 가지고 있는 문제는 조사대상자 자신, 가족, 이웃 등 관련 인물들에 의해 확인될 수 있다.
- 문제가 확인되면 명확히 규정해야 한다.

② 변수의 선정

• 문제가 규명되면 문제를 경험적으로 인식할 수 있는 실험에 사용할 변수를 선정해야 한다.
• 실험에 사용할 변수는 문제를 합리적으로 대표할 수 있는 타당한 지표여야 한다.

③ 측정대상 선정

• 선정된 변수의 속성 중 어느 측면을 측정할 것인지 결정한다.
• 측정대상은 반복관찰이 가능해야 하므로 정기적으로 측정하기에 충분히 자주 나타나야 한다.

④ 개입목표의 설정

• 개입목표를 설정하되 구체적이고 명확할수록 문제해결이 용이하다.
• 문제의 원인을 제거할 것인가?, 문제 자체를 완전히 해결할 것인가? 등으로 목표를 설정한다.

⑤ 조사설계

AB, ABA, ABAB 등 구체적인 설계형태와 관찰시기 및 횟수, 자료의 출처, 자료수집방법, 기록방법 등에 대해 계획한다.

⑥ 조사 실시

• 설계에 따라 개입 전과 중간 등에 대한 자료를 수집한다.
• 자료는 그래프로 표시하고 그래프에 나타난 변화추세를 정리한다.

⑦ 개입평가(자료분석)

자료수집이 완료되고 그래프가 완성되면 변화의 파동, 수준, 경향 등을 검토하여 개입의 효과성을 평가한다.

(4) 단일사례설계의 기본 개념

① 기초선단계(baseline phase)

• 개입 전 국면으로, A로 표시한다. 단일사례설계에서 변화의 정도를 측정하기 위해 개입시점에서 설정하는 기준선이다.
• 대개 며칠 또는 몇 주간의 표적행동의 빈도, 강도, 지속시간을 관찰함으로써 설정된다.

- 개입 전에 관찰이 허용되지 않으면 이전의 행동패턴에 초점을 둔 클라이언트, 또는 클라이언트의 가족, 중요한 타인과의 면접 또는 기관의 기록 등의 정보를 통해 회고적으로 기초선을 설정할 수 있다.

② 개입단계(intervention phase)

- 개입이 진행되는 단계로, B로 표시한다.
- 실험설계에서 실험집단의 역할을 하며, 개입이 시작된 후 표적문제에 대한 자료를 수집한다.

(5) 단일사례설계의 유형 ★

① AB설계: 기본단일설계(기초선 → 개입단계) [81]

- 기초선(A) 설정 후 개입(B)이 뒤따르는 것을 말한다.
- 개입 전 국면(A)에는 개입이 없으며 단순히 표적행동빈도 등에 관한 관찰만 이루어진다.
- 개입이 표적행동의 변화에 미치는 효과의 신뢰도가 낮다.

AB설계

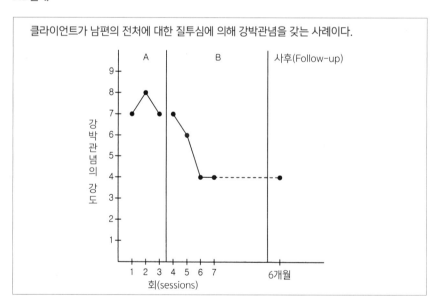

클라이언트가 남편의 전처에 대한 질투심에 의해 강박관념을 갖는 사례이다.

단일사례설계의 그래프

단일사례설계에서는 개입의 효과성을 평가하기 위해 기초선단계와 개입단계를 비교하는 방법을 취하며, 결과는 그래프로 나타낸다. X축에는 시간을, Y축에는 종속변인을 기록하는데 예를 들어 문제행동의 빈도나 강도 등을 표시한다.

② ABA설계(기초선 → 개입단계 → 제2기초선)

- AB설계에 개입 이후 또 하나의 기초선(A)을 추가한 설계이다.
- 일정 기간 개입하고 나서 개입 중단 후 표적행동을 관찰하는 설계이다.

- 기초선(A)-개입(B)-기초선(A)의 형태이다.
- 개입 이후에 기초선 관찰이 다시 이루어진다.
- 두 번째 기초선 기간은 처음 기초선과 같은 상태로 돌아간다는 의미에서 반전기간 또는 제2기초선이라고 한다.
- 제2기초선을 추가함으로써 AB설계의 낮은 신뢰도 문제를 극복한다.
- 단점: 윤리적인 문제로서 개입의 효과를 평가하기 위한 목적으로 인해 개입을 중단하는 것은 윤리적인 문제를 일으킨다. 또한 제2기초선 동안에 문제가 악화되지 않으면 개입 이외의 다른 외생적인 요인들이 영향을 미친 결과인지 개입의 효과가 지속되고 있는지 알 수 없다.

③ ABAB설계(기초선 → 개입단계 → 제2기초선 → 개입국면)
- ABAB설계는 외생변수를 좀 더 효과적으로 통제하기 위해 제2기초선(A)과 제2개입단계(B)를 추가하는 것이다.
- 기초선(A) → 1차 개입(B) → 반전, 철회(A) → 2차 개입(B)의 형태이다.
- 두 번째(A)에서는 개입을 철회한다.
- 개입과 철회를 반복함으로써 같은 결과가 나오면 인과관계를 명확히 할 수 있다.
- 개입을 철회하는 경우 윤리적인 문제가 발생할 수 있다는 단점이 있다.

④ BAB설계(개입단계 → 기초선 단계 → 개입단계)
- 기초선 측정 없이 바로 개입할 때 사용하는 설계이다.
- 클라이언트가 위기에 처해 있거나 기초선을 측정할 수 없는 상황에서 바로 개입하는 설계이다.
- 클라이언트 상황이 어느 정도 안정되면 개입을 중지하고 기초선 단계 자료를 수집한다.
- 개입이 이루어지기 전에 기초선을 측정하지 못했기 때문에 개입의 효과성을 알기 어렵고 개입 이후에 기초선을 측정하더라도 이미 개입이 이루어졌기 때문에, 기초선에는 개입의 효과가 어느 정도 반영되어 있다.

⑤ 다중요소설계
- 하나의 기초선 자료에 대해 여러 개의 각기 다른 개입방법을 도입해보는 것이다.
- 대표적으로는 기초선 A → 개입 B → 개입 C → 개입 D의 방식으로 진행되어 ABCD설계라고도 하지만, ABAC설계나 ABACA설계 등으로 진행되기도 한다.

- 융통성 있게 개입의 수정 및 변경이 이루어진다.
- 다중요소설계에서는 이월효과 및 순서효과, 외생요인 등이 고려되지 않는 한계도 있다.
  - 이월효과: 이를 테면, 개입 B로 인한 변화가 없다고 판단되어 개입 C를 진행했는데 이때 나타난 클라이언트의 변화는 개입 B에 따른 효과가 늦게 나타난 것일 수도 있다는 것이다.
  - 순서효과: 변화가 개입순서에 따라 나타난 것일 수도 있다. 만약 개입 B와 개입 C의 순서가 바뀌어 진행되었다면 변화 양상이 다르게 나타날 수도 있다는 것이다.
  - 외생요인: 개입 B와 개입 C 사이에 외부환경의 변화와 같은 개입 외에 다른 요소로 인해 클라이언트의 변화가 나타날 가능성도 있다.

보충자료

다중요소설계의 활용

⑥ 복수(=다중) 기초선(multiple baseline) 설계

- 둘 이상의 클라이언트, 둘 이상의 상황이나 문제에 대해 AB설계를 반복하여 외부사건을 통제하는 설계이다.
- 해당 대상자 혹은 해당 문제에 대한 기초선과 개입은 한번만 이루어지며, 일반적으로 중단이나 반전설계를 포함하지 않는다.
- 둘 이상의 기초선을 정하기 위해 개입을 중단하는 대신 둘 이상의 기초선을 동시에 시작하고, 개입은 각 기초선의 다른 시점에서 시작한다.

  에 학교생활에 문제가 있는 아동에게 개입할 때 하나의 기초선을 학교출석률로, 두 번째 기초선을 숙제에 대한 등급으로, 세 번째 기초선을 교사의 판단으로 설정할 수 있다.

- 표적행동이 아주 구체적이지 않은 이상 개입의 영향을 밝히기 위해서 복수 기초선을 활용하게 된다. 개입이 중단되지 않고 진행되기 때문에 윤리적 · 실천적 문제를 피할 수 있다.
- 개입의 인과적 결론을 더욱 확실히 하기 위해 개발된 것이다. 즉, 여러 문제, 여러 상황, 여러 사람에게 적용하여 같은 효과를 얻음으로써 개입의 인과적 효과와 확신을 높이려는 것이다.

합격자의 한마디

단일사례설계는 단일한 대상이나 사례를 대상으로 하지만, 복수기초선설계를 통해 두 가지 이상의 문제나 둘 이상의 클라이언트에 적용할 수 있다는 점 기억해두세요~.

⑦ 철회설계

- 개입을 중단하여 목표행동에 미치는 영향을 알아보고자 하는 설계로서, ABA설계, ABABA설계 등이 이에 속한다.
- 기초선(A) 측정 후 일정 기간 동안 개입(B)을 하고, 일정 기간 동안 개입을 중단(A)한다.
- 개입한 상태와 하지 않은 상태를 두 번 관찰할 수 있기 때문에 AB설계에 비해 개입에 대한 확신을 얻을 수 있다.

- 타당도를 저해하는 요인들(역사, 성숙, 통계적 회귀 등)을 통제하는 데 유용하지만 의도적으로 개입을 철회(중단)하는 것은 윤리적으로 문제가 있다.
- 단점은 이월효과, 순서효과, 우연한 사건과 관련된 제한점들이 있다.

(6) 종속변인 및 측정방법

① 단일사례설계를 적용할 수 있는 종속변인
- 부부간에 서로를 비난하지 않으면서 대화하는 횟수
- 하루에 부모가 자녀를 칭찬하는 횟수
- 잠자기 전에 자녀에게 책을 읽어주는 시간
- 하루 동안 떠오른 음주 및 흡연 욕구
- 불안, 우울 등 클라이언트의 감정이나 기분

② 측정방법
- 종속변인은 빈도, 지속기간, 강도 또는 양으로 측정할 수 있다.
- 표준화된 척도를 이용할 수 있다. 표준화된 척도는 신뢰도 및 타당도가 검증된 척도이다. 그러나 단일사례설계에서는 종속변인을 반복측정해야 하는데 표준화된 척도를 여러 번 동일하게 이용하다보면 클라이언트가 흥미를 잃을 수도 있고 반복에서 오는 문제가 발생할 수 있으므로 이를 고려하여 사용해야 한다.

③ 개별화된 평가척도
- 클라이언트의 표적문제를 관찰하기가 용이하지 않을 때 사용할 수 있는 측정도구이다.
- 단일사례설계에서 행동을 종속변인으로 설정하는 경우가 많은데 관찰을 해서 측정 가능하기 때문이다. 그러나 클라이언트의 표적문제를 행동으로 조작화하기 어려운 경우에는 개별화된 평가척도를 사회복지사가 개발하여 사용할 수 있다. 일반적으로 5점이나 9점 척도로 만들어진다.

개별화된 평가척도의 예

문제: 친구의 물건을 훔치고 싶은 생각이 떠오르는 것

1　　2　　3　　4　　5　　6　　7　　8　　9

- 1: 문제가 거의 없는 수준
- 9: 문제가 매우 많은 수준

④ 2개 이상의 지표

- 종속변인의 변화를 발견할 가능성을 높이기 위해 표적문제를 나타내는 지표를 두 개 이상 사용한다.
- 표적문제에 대한 조작적 정의를 내리고 그에 따라 2개 이상 지표를 찾아내고 측정한다.

(7) 개입의 유의성 분석

- 개입의 유의성이란 개입이 효과가 있는지, 변화는 유의미한지를 의미한다.
- 단일사례연구에서 개입의 유의성 문제는 다음과 같은 차원에서 분석된다.

① 시각적 유의성

기초선의 수준과 개입선의 변화들을 그래프에서 시각적으로 분석한다.

② 통계적 유의성

클라이언트의 변화가 우연히 일어난 것이 아니라는 확률적 판단에서 나오는 것으로 통계적 절차에 의해서 판단된다.

③ 실질적 유의성(=임상적 유의성)

개입으로 인한 표적행동에 의미 있는 변화가 일어났다는 것을 말한다.

예 클라이언트의 기능이 문제가 없는 다른 사람들의 평균적 기능이나 표준점수와 비교해서 차이를 보이는 것

④ 이론적 유의성

개입의 기초가 되는 이론이 클라이언트 변화의 방향에 대해 명확히 제시하고 있는 경우 단일사례설계상의 결과가 클라이언트에 대한 개입의 근거가 되는 이론에서 제시하는 변화의 방향과 일치하는지를 검토하는 것이다.

2. 기타 평가방법

(1) 목표달성척도(목적성취척도, Goal Attainment Scale, GAS)

① 개념

- 클라이언트가 개별화된 목표에 도달한 정도를 측정하는 평가도구이다.
- 정신보건 분야에서 정신장애인 평가도구로 개발되었던 것이다.

② 특징

- 목표를 설정한 후 그 목표의 달성 정도를 측정하는 데 사용된다.
- 표준화된 척도와는 달리 측정을 위한 내용이 미리 정해져 있지 않고 클라이언트가 자신의 목표에 따라 자유롭게 정할 수 있는 장점이 있으며, 이는 개별화의 원리에 부합된다.
- 클라이언트와 사회복지사의 목표가 의미하는 바를 명확히 이해할 수 있게 하며, 목표달성 정도를 수치로 표시할 수 있는 장점이 있다.

③ 절차

- 클라이언트의 목표를 결정한다.
- 목표달성 정도를 5점으로 척도화한다(-2점, -1점, 0점, 1점, 2점).
- 목표달성척도표를 작성한다. 목표달성척도를 만든 후 평가를 위한 기간을 정하고 사회복지사와 클라이언트가 함께 목표달성 정도를 평가한다.

목표달성척도의 예

- 이름: 이준호
- 목표수립 당시 수준: V (2023. 4. 15.)
- 개입이나 활동 후 수준: O (2023. 7. 15.)

성과의 수준	목표 1	목표 2	목표 3
	아이들과 친해지기	자원봉사활동에 적극적으로 참여하기	개인적인 성숙
전혀 성과가 없음 (-2)	만나면 인사도 못함	수동적으로 마지못해 하는 자원봉사	나 혼자 잘 산다는 마음을 가짐
기대 이하의 성과 (-1)	이름을 외우고 인사를 꼬박꼬박 한다.(V)	참여에 의의를 두는 자원봉사 (V)	형식적인 외부로 보여지는 행동에만 관심. 속으로는 불만
보통(0)	같이 있는 동안 재밌게 대화할 수 있다.	참여일이 정해지면 가서 열심히 함	나 스스로 속으로나 겉으로나 만족스럽게 열심히 산다.(V)
기대 이상의 향상 (+1)	아이들이 먼저 말을 걸어온다.	내가 먼저 봉사날짜를 챙겨 참여함	나 이외에 다른 사람에게 눈 돌릴 줄 안다.
최적의 향상(+2)	서로 대화가 잘 되고 말이 통한다.	다른 사람을 격려해 같이 자원봉사활동을 하게 함	개인적 이기심을 넘어 진실로 도움을 주는 마음을 가진다.
comments	아직은 이름 부르는 정도다. 앞으로 더 친해지고 싶다.	봉사활동이 아직은 부담스럽다. 편해질 수 있었으면 좋겠다.	봉사활동뿐만 아니라 개인적인 내 생활의 성숙. 회사동료와의 관계에서의 목표

※ 필기체로 표시된 부분은 본인이 작성해야 함

(2) 과제성취척도(과업성취척도, task achievement scale)

① 개념

사회복지사와 클라이언트가 합의한 개입과제를 성취한 정도를 평가하는 방법이다.

② 특징

- 사례에 대한 개입활동이 기초선을 설정하거나 단일사례설계를 이용하기 어려울 때 유용하게 활용된다.
- 과제중심실천에서 개발된 것으로, 과제중심실천은 목표를 위한 작업을 여러 개의 독립적인 활동과 과제로 세분화하고 이를 약 1~2주 안에 수행하는 것을 목적으로 한다. 이때 합의된 과제가 실제로 달성되었는지를 측정하는 것이 과제성취척도이다.
- 시간과 자료가 부족할 때 사용할 수 있는 이점이 있다.
- 보통 4점 혹은 5점 척도를 사용한다.

과업성취척도의 예

과업(과제)	성취수준	등급
도시락 배달 서비스 확보	다음 달 1일부터 시작	2
간병인 서비스 연계	대기자 명단에 등록	2
가족과의 연락	아들과 연락이 닿아 방문함	4

※ 1. 최소한 달성 또는 전혀 달성되지 않음 2. 부분적 달성 3. 상당히 달성 4. 완전 달성

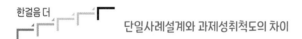

한걸음 더   단일사례설계와 과제성취척도의 차이

과제성취척도는 사회복지사와 클라이언트가 합의한 과제의 성취한 정도를 측정하는 것이기 때문에 기초선을 설정할 필요가 없다. 그래서 단일사례설계를 이용하기 어려울 때 과제성취척도를 활용할 수 있다. 단지 주어진 과제를 얼마나 잘 성취했는지 확인하기만 하면 되기 때문이다.

예를 들어, 금연 프로그램에 참여하는 참가자에 대해 단일사례설계는 일단 기초선을 설정해서 일주일간 얼마나 많은 양의 담배를 피우는지 측정한다. 하루 평균 5개비라면, 사회복지사는 개입 전에 흡연량을 하루 평균 담배 2개비 이하로 줄이기로 목표를 설정하고 개입을 시작한다.

반면, 과제성취척도에서는 기초선 설정단계 없이 바로 하루 평균 흡연량을 1개비 이하로 줄이기로 목표치를 설정하며, 이것이 과제가 된다. 그리고 그 과제를 얼마나 잘 이행했는지를 확인한다. 따라서 기초선을 설정할 필요가 없기 때문에 자연스럽게 시간이 절약되는 장점이 있다.

미주목록

1) 허남순 외 역, 2004: 26-28.
2) Johnson et al., 2001: 43-44.
3) Zastrow, 2003: 23-24.
4) Johnson et al., 2001: 52.
5) Kirst-Ashman & Hull, 1993; 장인협, 2001: 12.
6) Federico, 1973: 146-147; Zastrow, 2003: 25-26에서 재인용.
7) 고지희 외, 2006: 36-58.
8) 장인협, 2005: 36-38.
9) 장인협, 2005: 37-39.
10) 장인협(下), 1989: 347-348.
11) NASW, 1999: 520; 김규수 외, 2003: 184.
12) 김규수 외 역, 2002: 112.
13) 장인협(下), 1989: 349.
14) 장인협(下), 1989: 369-370.
15) Dobson, 1988: 12-13.
16) NASW, 1999: 520-525.
17) 장인협(下), 1989: 369-370.
18) Dobson, 1988: 13-14; 234-240.
19) Ellis, 1988: 16-18; 273-278.
20) NASW, 1999: 526-527.
21) Dobson, 1988: 23-24; 85-115.
22) 장인협(下), 1989: 203-204.
23) 장인협(下), 1989: 205-209.
24) 장인협, 2005: 349.
25) 장인협(下), 1989: 220-224; NASW, 1999: 256-268; Epstein, 1992: 204-205.
26) NASW, 이문국 외 역, 1999: 256-268.
27) NASW, 이문국 외 역, 1999: 257; Epstein, 1992: 140-148; NASW, 이문국 외 역, 1999: 258
28) Epstein, 1992: 153-180.
29) NASW, 이문국 외 역, 1999: 260-261, 258.
30) NASW, 이문국 외 역, 1999: 258, 261-267; Epstein, 1992: 225-230.
31) NASW, 이문국 외 역, 1999: 258.
32) 김민경, 2017: 100.
33) 이원숙, 2008: 151; 오봉욱 외, 2020: 169.
34) 이원숙, 2008: 153-155.
35) 김민경, 2017: 101.
35) 장인협(中), 1999: 39.
36) 장인협, 2005: 487-488.
37) 장인협, 2005: 461.
38) Miley et al., 2001: 77-78.
39) Cowger, 1992: 139.
40) Goldstein, 1990: 267.

41) 장인협, 2005: 462-463.
42) 장인협, 2005: 473-475.
43) Miley et al., 2001: 98-104.
44) Golan, 1978: 63-70.
45) Puryear, 1979.
46) Golan, 1978: 71.
47) 김민경, 2017: 137-140; 이영호, 2015: 188-192.
48) Eichler, 1988: 4; 이화여자대학교 사회복지연구회, 2001 재인용.
49) 허남순 외 역, 2004: 223.
50) 허남순 외 역, 2004: 223~224.
51) 김규수 외 역, 2002: 465; 허남순 외 역, 2004: 193-194.
52) 허남순 외 역, 2004: 220-222.
53) 이화여자대학교 사회복지연구회 역, 2001: 61-62.
54) 김규수 외 역, 2002: 466-467.
55) 김규수 외 역, 2002: 466-468.
56) 허남순 외 역, 2007: 405
57) 이화여자대학교 사회복지연구회 역, 2001: 218-219.
58) 허남순 외 역, 2004: 188.
59) Epstein, Baldwin & Bishop, 1983.
60) 이팔환 외 역, 2001: 135, 232, 234.
61) 이화여자대학교 사회복지연구회, 2001: 227.
62) 장인협(中), 1999: 107.
63) 최순남, 2002: 475; 김영모 외, 2000: 361.
64) Townland & Divas, 1995: 13-14.
65) 허남순 외 역, 2004: 230.; Toseland & Rivas, 1995: 15.
66) 허남순 외 역, 2004: 230-231.
67) 허남순 외 역, 2004: 252-253.; Toseland & Rivas, 1995: 15.
68) 이팔환 외 역, 2001: 245-249
69) Toseland & Rivas, 1995: 96.
70) Toseland & Rivas, 1995: 109-119.
71) NASW, 이문국 외 역, 1999: 1252.
72) Toseland & Rivas, 1995: 84-85.
73) 허남순 외 역, 2004: 249-251.
74) 이화여자대학교 사회사업학과 편, 1995: 276-277.
75) NASW, 이문국 외 역, 1999: 1253.; 이화여자대학교 사회복지학회 편, 1993: 280.
76) Toseland & Rivas, 2001: 90-91.
77) Toseland & Rivas, 1995: 76-77.
78) Yalom, 1985; Northen, 1969.
79) 남세진 외, 1997: 294-295.; 이팔환 외 역, 2001: 345.
80) Johnson, 2001: 392-393.
81) Slomin-Nevo & Vosler, 1991: 42; 이팔환 외 역, 2001: 178 재인용.

참고문헌

고미영, 2002, 『사회복지실천의 가치와 윤리』, Reamer, Frederic G., 사회복지실천연구소.
길귀숙 외, 2016, 『사회복지실천기술론』, 양서원.
김규수 외 역, 2002; 2006, 『인간행동과 사회환경』, 도서출판 나눔의집.
김기덕, 2002; 2004, 『사회복지윤리학』, 도서출판 나눔의집.
김기원, 2001, 『사회복지조사론』, 도서출판 나눔의집.
김민경, 2017, 『사회복지실천기술론』, 양서원.
김영모 외, 2001, 『인간행동과 사회환경』, 고헌출판부.
김정진, 2014, 『사회복지실천기술론: 사례와 함께하는 사회복지실천기술 연습』, 학지사.
김환환 외, 2016, 『사회복지실천기술론』, 창지사.
김혜란 외, 2008, 『사회복지실천기술론』, 나남출판사.
남세진 · 조흥식, 1997, 『집단지도방법론』, 서울대학교출판부.
도광조, 2018, 『사회복지실천기술론』, 양서원.
반포종합사회복지관 · 실천사회복지연구회, 2006, 『사회복지척도집』, 도서출판 나눔의집.
서혜석 · 이혜숙 · 이윤형 · 한경리, 2010; 2015, 『사회복지실천기술론』, 양서원.
송성자, 1997, 『가족과 가족치료』, 법문사.
양옥경 외 역, 2004, 『사회복지와 탄력성』, 도서출판 나눔의집.
양옥경 외, 2004, 『사회복지윤리와 철학』, 도서출판 나눔의집.
엄명용 · 김성천 · 오혜경 · 윤혜미, 2000, 『사회복지실천의 이해』, 학지사.
엄명용 · 노충래 · 김용석, 2011, 『사회복지 실천기술의 이해』, 학지사.
원요환, 2007, 『사회복지실천기술론』, 학현사.
오봉욱 · 전동일 · 서대석 · 한주빈 · 최종복 · 전수미 · 성치상, 2020, 『사회복지실천기술론』, 동문사.
이문국 외 역, 1999, 『사회복지대백과사전』, 나눔의집.
이상균 외 역, 2000, 『사회복지 면접의 길잡이』, 도서출판 나눔의집.
이영호, 2015, 『사회복지실천기술론』, 공동체.
이원숙, 2008, 『사회복지실천론』, 학지사.
이윤로, 2005; 2011, 『사회복지실천기술론』, 학지사.
이팔환 외 역, 2001, 『사회복지실천이론의 토대』, 도서출판 나눔의집.
이화여자대학교 사회복지연구회 역, 2001, 『가족복지실천론』, 도서출판 나눔의집.
이화여자대학교 사회사업학과 편, 1995, 『가족치료 총론』, 동인.
이화여자대학교 사회사업학과 편, 1993, 『집단사회사업실천방법론』, 동인.

장수미 외, 2017, 『사회복지실천기술론』, 학지사.
장인협, 1989, 『사회복지실천론 (上)』, 서울대학교 출판부.
장인협, 1999, 『사회복지실천론 (中)』, 서울대학교 출판부.
장인협, 1989, 『사회사업실천방법론 (下)』, 서울대학교 출판부.
전희수 외, 2018, 『사회복지실천기술론』, 양성원.
조미숙 · 유용식 · 윤춘모 · 현영렬, 2020, 『사회복지실천기술론』, 동문사.
최순남, 2002, 『인간행동과 사회환경』, 법문사.
한인영 외 역, 2002, 『위기개입』, 도서출판 나눔의집.
허남순 외 역, 2004, 2007, 『사회복지실천이론과 기술』, 도서출판 나눔의집.

Dobson, K. S.(Ed.)(1988), Handbook of cognitive-behavioral therapies, New York: Guilford.
Golan, N.(1978), Treatment in crisis situations, New York: Free.
Mattaini, M. A.(1993), More than a thousand words: Graphics for clinical practice, Washingtion. DC. NASW Press.
Miley, K. K., O'Melia, M. & Dubois, B.(2001), Generalist Social Work Practice. An empowering Approach, Allyn & Bacon.
Milner, J. and O'Byrne, P.(2002), Assessment in social work(2nd ed.). Palgrave, Macmillan.
Saleebey(1996), The Strength perspective in Social Work Practice: Extensions & Cautions.
Saleebey, D.(1996). "The Strengths Perspective in Social Work Practice: Extensions and Cautions", Social Work, 41(3), 296-305.
Sheafor, Bradford, W. Horejsi, Charles, R.(2003) Technics and Guidelines for Social Work Practice(6th, ed.), Boston: Allyn and Bacon.
Slomin-Nevo, V. & Vosler, N. R.(1991), "The use of single-system design with systemic brief problemsolving therapy", Families in Society 72.
Toseland, R. W. & Rivas, R.(1995), An Introduction to Group Work Practice, Boston: Allyn and Bacon.
Toseland, R. W. & Rivas, R.(2001), An Introduction to Group Work Practice, 4th ed. Bostone: Allyn and Bacon.
Zastrow, Charles H. (2003). The practice of social work, 7th. ed. Brooks/Cole- Thomson learning.